クリシュナムルティとの木曜日

一生をつらぬく自己教育のヒント

稲瀬吉雄

コスモス・ライブラリー

クリシュナムルティとの木曜日

―一生をつらぬく自己教育のヒント―

目次

プロローグ―あなたも「クリシュナムルティ」体験を

クリシュナムルティとの出会いの衝撃

「授業を受けなければクリシュナムルティの存在を知らずに一生を終えていただろう。」

これは、２０１７年度松山大学で、私が担当した教育学Ⅱ（後期）の授業の感想として、ある学生が書いてくれた文の一節です。同様の感想は、これに限らず少なからず出されました。新鮮な気持ちと共に一条の希望の光のようなものを私にもたらしてくれました。先のことばのすぐ後では、**「クリシュナムルティのことを知って本当によかった。」**と述べ、得も言われぬ充足感を学生たちが胸に抱いてくれたことが感じられたからです。

私は、長年高校教員として本務を遂行してゆくかたわら、約四十年にわたり内的対話の相手として読み続けてきたのがクリシュナムルティでした。クリシュナムルティ、霊妙な何とも心地よい響きのする名をもつこの人物は、二十世紀を代表する哲人と称されました。世界中を人生劇場の舞台とし、**「人をして絶対的に自由なる存在」**にすべく、人間の覚醒のために天職として人々と飽くことなく半世紀を超えて対話（細かくその実態を見れば、公開トーク、対話と討論、個人的面談、散歩・会食中の会話、散歩中の語らい等に分けられるが、ここではクリシュナムルティと人々との同じ空間での交わりという点で最大公約数的なところをとることばとして〝対話〟を使いたい。）をし続けたのです。その生涯は、一個の紛れもない人間のもつエネルギーの凄さ、その圧倒的存在感を醸し出し、この世に人間が生きていることの何たるかを、今なお強烈に私たちに問いかけてきます。人生への処し方、そして魂のこもった彼の語りからは、学生の皆さんが先行き不透明な現代日本の社会の中で生き抜いてゆく上で、必ずや確かな指針と生きるエネルギーを得ることができるのではないかという強い思いの下、本学での教育学Ⅱ（後期）の講座で取り上げることとしました。

「クリシュナムルティ」授業（松山大学）の実践を通して

授業では、パワーポイント、クリシュナムルティの生の声、関連資料を駆使しつつ、彼の人物像をできるだけ具体的に提示してゆくことに意を注ぎました。クリシュナムルティの生への姿勢、魂に響くあまたのことばが聞き手である学生が自らの現状を見つめ、そこからエネルギッシュに一歩踏み出すきっかけとなってくれればとの思いを抱きつつ、２０１７年度は延べ十四回（積雪のため一回は休講）、そして２０１８度は延べ十五回、**毎週木曜日**に授業を行うことができました。

授業に係る感想文を通して、〝今を生きる〟学生たちのありのままの心に響いてゆくクリシュナムルティのことばのもつ力の強さに感じ入りました。彼のことばを自分を見つめる**鏡**として聴いてゆこうとする学生たちが少なからずいてくれたことは喜びでした。この事実は、次のような思いを携えて、私に自身クリシュナムルティに係る三冊目となる本の執筆へと心を動かしてくれました。

「クリシュナムルティ」授業形式による、「思い」の伝達を

クリシュナムルティの圧倒的存在感、そしてそこから発せられることばは、本学の学生のみならず、現代の日本の学生を始めとするとりわけ若者の心にストレートに響くことばではないのか。閉塞した状況にある社会で誠実に生きてゆきたいと思っているあまたの人々に私なりに彼の心からのことばを届けてゆきたい。松山大学での授業をベースに、**世界中の人々をして「絶対的に自由なる存在」たらしめるという超難関のテーマにどう挑んでいったのか、**その人生にスポットを当てたい。そして彼が自らの人生のそれぞれの時をどう生きたか、半世紀を超える世界中をめぐっての対話人生を通して人間をどのように見つめ、どこに自由への道を見出していったのか等々。その大河の如き歩み全体は「人間の全的変容への揺るぎない歩み」と言えるものであり、それは言い換えればクリシュナムルティという一個の紛れもない人間に生起した「教育現象」と「自己教育現象」の歩みの過程として捉えることもできるのではないか。なぜなら対話を人生の生業《なりわい》としたクリシュナムルティが、自らの教えを人々へ伝えてゆくベクトルは、**「教育現象」**としてその場に居合わせた人々へ伝播していったであろうと考えられるから。他方所を変え、品を変えるが如く多種多様な世界中の老若男女を問わないあまたの人々との応対は、彼ら彼女らから彼自身有形無形の刺激を受け続けたに違いない。その交わりはその都度、クリシュナムルティ本人にとって、人々からの学びのベクトルが生起しているとも言え、その意味で彼の人生は**「自己教育現象」**として生起してもいったと言えるのではないか。その証拠として、長きにわたる対話人生における彼の放つことばは微妙に変化していったことがその対話録や関係者の証言から十分うかがい知れるのです。＊

　クリシュナムルティに向き合ってゆき、その姿を学生に示してゆくことは、畢竟《ひっきょう》、唯一無二の一人一人の人間の個性に応じた成長を志向する教育学本来の目指すところの真ん中をゆくものである。この思いは、次第に全国の学生の皆さんを始め、人生を真剣に生きてゆこうと考えられている若者、そして年代を超えて多くの人々にも届けたいとの強い希望としてわが胸に沸いてきました。

久々に生まれいずる強烈なエネルギーを心と身体一体となって感じている自分がそこにいました。こうして今作の出版と相成りました。今作は、前述の事情もあり、より臨場感を醸し出すために、**聞き手に直接語りかけてゆく、「皆さんは・・・」の授業形式**をとることにしました。

クリシュナムルティの人生の歩みを幹としつつ、授業の回数を重ねてゆくことで、枝葉も伸ばしつつ、全体として一本の大きな「樹」を立ててゆきたいと思います。それは人間の中にある計り知れないエネルギーが充満してゆく姿＝**人間が自由な存在として変容を遂げつつ、自らの個性の顕現を図ってゆく確かな道を歩む姿。**

念のため言っておきますが、本書は松山大学での初めての「クリシュナムルティに係る授業」である２０１７年度及び２０１８年度後期の教育学Ⅱを基本としています。ただ、授業のそっくりそのままの忠実なる再現ではありません。話しことばを軸に展開される授業と、書きことばからなる授業形式の本は自ずと様相を異にします。授業では、今や大学での授業でも前述のとおり必須アイテムの一つとなっているパワーポイントを軸に、クリシュナムルティの生の声、参考資料を使いました。肉声と書きことばでは、ことばの受け手の印象は自ずと異なります。また、内容においても、二年間にわたる実際の授業で言い足りなかったところ、そして視点を変えて述べた方がより理解が深まるであろう箇所を取り上げています。

臨場感で劣る紙上で、授業形式を採用するのはそれなりに意味があると私は思います。話者から学生を聞き手として想定している紙上での授業空間は、その場その場の話の内容を明確化し、読者は話者からのことばを自らに向けられたものとして受け止めやすい状況に置かれるのではないでしょうか。

＊主にインドでのクリシュナムルティの足跡と活動を記した大著『クリシュナムルティ伝』（*J. Krishnamuruti*）の著作をもつ、インドの著述家・伝記作家のププル・ジャヤカールは、クリシュナムルティ存命中の（八十五歳）の一九七八年十二月八日に行われたある会見の中で、次のように述べている。クリシュナムルティの教えに関する限り、三つの主要な時期を区切りに、教えに変化が生まれていった、と。

初めの段階は一九四八年。二番目の時期が一九六〇〜一九六一年、そして三番目が一九七二〜一九七三年。この三つの時期を経過しながら、ププルはクリシュナムルティの教えが個人としての私とは無関係な教え、絶対的な教えとなり、教えに深まりと成熟と拡張が見られるようになった、という。彼の教えは、時と共に普遍的なものとなり、自己中心性からまったく自由な生を最優先すべき考えとなっていった、と。ププルの話からは、クリシュナムルティの教えは**三つの特質すべき時期でその教えに変化**が見られるが、**その生涯を通して、絶えず変化**しており、**「個人の中に自己知を覚醒させる」**ところにその核心を見ていたことが伺える。（強調は稲瀬、イーブリン・ブロー『回想のクリシュナムルティ第2部：最後の一歩・・・』より）

私の「クリシュナムルティ体験」を語るということ

世に授業形式及び講義形式の本は数多く出版されています。長年大学で専門とされた学者がある人物なり、あるテーマなりについて蘊蓄《うんちく》を語るものが多く見受けられます。私は、これまでの主戦場は高校教育界であり、大学ではありませんでした。その意味では、「お前にクリシュナムルティについて授業する、講義する資格があるのか」との自らへの問いは、正直しばらくの間重くわが身にのしかかりました。

自問自答する日々の中にあって、当時の私にとって背中を押してくれた一冊の本がありました。それは「経営の神様」の異名をとる**「松下幸之助」(1894-1989)**とは一体いかなる存在者であったのか、の問いに果敢に挑んでいった**江口克彦氏(1940〜)**の著書**『凡々たる非凡―松下幸之助とは何か』**(H&I)の中に記されていたことばでした。


釈迦と弟子の関係の中で、師である釈迦の考え方を完全に理解してない身である自分(弟子)は、今の段階で若い人に話をすることが出来るでしょうか、という問いに対して、釈迦は「真理を理解した度合いは、人によって異なる。だから、**理解した度合いに応じて、説法すればよい**」と静かに答えた。(強調は稲瀬)

こう松下幸之助氏は江口克彦氏に話をされたとのこと。読書は、不思議なものです。今の自分のこころの迷いに一条の光を差し込み、前に踏み出す勇気を与えてくれることばに出会えることがしばしばあります。この時の松下幸之助氏の口を通した釈迦のことばは、勝手ながら私に対しても呼びかけてくれているように感じました。

「よし、私の理解に応じた話はできるのではないか、多年に及びクリシュナムルティのことばを読み込みつつ、**私の中で熟してきたものだけにしぼって、語らせていただく。**とりわけ私がクリシュナムルティに出会った時と同じくらいの年齢の学生の皆さんを特に聞き手の中心に据えることは、私の出発点に立ち返る意味でも意義深いものがあるに違いない。」と意を強くしました。

それでは、これから始まる授業形式の本書の見取り図を大まかに示すことにしましょう。

本書の軸にすえること、そしてクリシュナムルティのことばへの参入

○遥かなる人生という旅路を歩んだクリシュナムルティの節目にあたるいくつかの事柄にスポットをあてつつ、そこでのクリシュナムルティの生き様が訴えているもの（ここにこそクリシュナムルティに現れた**自己教育現象**の姿がある）を見つめてゆく。そして、そのこと（＝見つめる）を通して、読者自らの心に映じた世界を読んでゆく、見つめてゆく行為へと共にエネルギーを向けてゆきたい。

○**クリシュナムルティの教えの核心**にあるものはすべからく**すべての人間が直面してゆかなければならないことであること**。とりわけ日常生活の中にそれは見出されるものであること、そのことが自らの人生を革新してゆく一筋の道であることに共に気づいてゆきたい。

○クリシュナムルティが**教育という現象**に託した特別の思いの在り処、を見定めてゆきたい。

○**クリシュナムルティの教えは自己教育へ勇気を持って進んでゆくことへの何よりの大きな支え**となるものであることに共に気づいてゆきたい。

○以上のような軸を見据えてた上で、クリシュナムルティの膨大なことば群、これは大海に比すべきものであるが、氏の人生の歩みの節目節目で見せた生きる姿勢、そして教えの真髄をなす魂のこもった生のことばを幅広い著作群の中から、可能な限り**多く抽出して引用してゆく**ことにあえて意を注ぎました。ひとえに氏の生のことばに直に触れてゆくことが何より大切であると考えたからです。読者の皆さんは、本文中にその都度引用されてゆくクリシュナムルティのことばに直面してゆくことで、これまでの「ことば体験」からは異質の**豊かな感受性**に裏打ちされた数多くの珠玉のことばの贈り物を受け取るに違いありません。そのことを楽しみに思う感情をそれぞれのこころの奥底に湛えて、一言一言に深く聴き入っていただけたらと思います。

加えて、本文の表記について一言付言しておきます。今作もクリシュナムルティに関する私の前著二作（**『新しい精神世界を求めて—ドペシュワルカールの「クリシュナムルティ論」を読む』**、**『クリシュナムルティ その対話的精神のダイナミズム』**いずれもコスモス・ライブラリー刊）同様、書き終わってみれば、380ページを優に超える多くのページを費やす結果となりました。前二作の反省に立って、少しでも読者の皆さんが次のページをめくってゆく意欲を持ち続けてもらえるよう、今回はページごとに、キーとなることば、核となる文を**ゴシック体太字**とし、文章中に**アクセント**をつけました。読者の皆さんは、視覚で捉えてゆく各ページを幾分か抑揚、強弱を自然の形でつけつつ、ことばのつらなりが生み出すその都度の意味の光景を時にスピード感をもって、また時に立ち止まってじっくり見てゆく旅をしていただければ、著者としてこの上なく嬉しく思う次第です。

二年間の「クリシュナムルティ」実授業を終えて

返す返すクリシュナムルティを大学の教育学の講座として取り上げてゆくことは、**私にとって大きな挑戦**でした。おそらく現代の日本の大学でクリシュナムルティに特化して、しかも教育学として取り上げているケースはほとんどないのではないでしょうか。二十世紀の生んだ哲人のこと、真正の世界教師との称号を冠せられた、稀有な人間存在のことがどうしてこれまで日本の大学で真正面から取り上げられなかったか、その事情は正直分かりかねます。でも、摩訶不思議な現象であるとずっと私は思ってきました。だから私がというほど、しゃしゃりでてゆく気持ちはありません。しかし、いい加減な気持ちで、しかも明日の日本をになう若者である学生の皆さんにクリシュナムルティを紹介してゆくわけにはいかないとの強い覚悟がありました。授業では、情熱を傾け、彼の人生に思いを馳せつつ、今できる限りのことばで、一言一言学生に語りかけてゆくことに心血を注ぎました。どれだけのことばが学生の皆さんに届いたか、その全容をつかむことは物理的にはできません。しかしながら、巻末に掲載させていただいた受講生の感想からは、クリシュナムルティとの出会いにより、出会う前には感じることが出来なかった気づきが芽生えたことを伺えるのではないでしょうか。私の理解不足で不十分な形で伝えてしまっていることもあるかも知れません。でも冒頭で紹介したように学生の皆さんの多くが、クリシュナムルティの存在に、そこから発せられることばに少なからず心が打たれたことは紛れもない事実でありました。**「やってよかった」**と心の底から思えました。

本書の表題に込めた思い

改めまして、本書は、松山大学での「クリシュナムルティ授業」を礎に、至らなかった点など、できうる限り検討を重ね、今私に可能な限りのクリシュナムルティ理解の姿を、十四回構成で示させていただくものです。

もっとも、本書の読者の皆さんを学生と限定しているわけではありません。老若男女を問わず、本書の世界に肩の力を抜いて入ってきていただきたいと思います。

読者の皆さんとこれから共に進みゆく**「クリシュナムルティの世界」探究の旅路は、同時に「私たち自身の世界」探究の旅路**でもあります。**毎週木曜日**ごとに実際の授業で探究していったテーマを中心に、**自分自身の生の現実をそこに映し出し、見つめてゆく作業を、共に実践してゆくこと**に力を注ぎました。この世に縁あって生まれしすべての人間が、生の充実、喜びを感じることができる、より善き社会、平和な社会を作ってゆく道は、**「まず、ここから、自分から」**というクリシュナムルティの生涯変わらぬ「生の技法」に深く共感してゆくことから始まると私は思います。

私自身、毎週木曜日はクリシュナムルティの魂と学生の皆さん、(ひいては読者の皆さん)が出会うための案内役を引き受け、クリシュナムルティの教えのことばが、一人一人の「今この時」の生を映し出す**鏡**であることを、深く自覚し、共に鏡に映し出された自己の姿を見つめてゆく時としてゆきたい。そのことが、ひいては**自分自身を革新、変容**してゆくための**自己教育への確かな一歩**を記してゆく道であると信じつつ。そしてその一歩はそれぞれの人生をつらぬいて実践してゆくための一歩という意味で、本書のタイトルを**『クリシュナムルティとの木曜日――生をつらぬく自己教育のヒント』**としました。

こうは言っても、読者の皆さんの多くは、おそらく『クリシュナムルティとの木曜日』というタイトルについて、風変わりなものだ、との印象をもたれているのではないかと思います。この点について、ここで今少し付言しておきたいことがあります。

本書の元となった、松山大学でのクリシュナムルティにかかる授業を行ってゆく際の心構えの参考として、それまでに読んでいた本の中から、一冊の本が私のこころの中に不思議に蘇ってきました。**『モリー先**

生との火曜日』（ミッチ・アルボム著、別宮貞徳訳、NHK出版）という名の本です。今から約二十年前に日本で出版され、話題となった本です。スポーツコラムニストとして当時活躍していたミッチ・アルボムが、難病ALS（筋萎縮性側索硬化症）に侵されていた彼の大学時代の恩師モリー・シュワルツ教授（社会心理学の草分け的存在）から受けた毎週火曜日の死の床で行われた授業の記録本でした。テーマは「人生の意味」について。避けられぬ死を前にして、モリー先生が語る最重要テーマは「愛」でありました。この「愛」こそは、本書の主人公であるクリシュナムルティが最も大切にしていたものでもありました。そして、後にモリー先生の今一つの名著**『モリー先生の最終講義』**（松田銑訳、飛鳥新社）を読んでいて、彼が何とクリシュナムルティとワシントンで逢ったことがあることを知りました。この間のいきさつをモリー先生はこう記していました。

わたしが瞑想法を受け入れるきっかけとなったのは、それより何年も前の、クリシュナムルティとの出逢いでした。クリシュナムルティはインドの哲学者で、わたしは一九四九年あるいは一九五〇年代の初めに彼に逢いました。わたしの精神分析療法の治療者が彼に興味を抱いていたので、わたしも彼がワシントンに来た時、話を聞きに行って、非常に感心したのです。（『モリー先生の最終講義』）

これは何かの縁かという思いが私の胸に沸き起こってきました。モリー先生のようには正直滋味豊かに語ることは難しいものの、教え子への接し方はいい意味でまねることができるのではないか、いやそうすべきであろう、と私なりに熟考しつつ、この二年間にわたる「クリシュナムルティ」授業を松山大学で行って参りました。

モリー先生の場合は、毎週木曜日自宅でのたった一人の教え子との授業でしたが、私は毎週木曜日の、松山大学のとある教室での多くの学生（2017年度受講者数173名、2018年度同144名）を相手としての授業。授業の形態は違えど、授業へ臨むこころだけは、モリー先生に恥ずかしくない態度で臨めた、と内心自負の念を持つにいたることができました。このような意味合いを込め、かつ『モリー先生との火曜日』との出会いに感謝し、『クリシュナムルティとの木曜日』というメインタイトルを本書に付けさせていただいたこと、プロローグの終わりに当たって申し添えます。

読者の皆さんとのこれから始まる十四回の木曜日の出会いをこころから楽しみにしています。それでは、皆さん、再びエピローグでお会いしましょう。

第一回　クリシュナムルティの世界へ

―私の「自己教育」の扉―

寺山修司の名言を導き手として

皆さんこんにちは。**教育学**を担当する**稲瀬吉雄**です。よろしくお願いします。

さて、皆さんはいろいろな思いを抱いて、本講座を受講してもらったことと思います。教育学という学問は、数ある学問の中でも最も皆さんに馴染みがあると言っても過言ではありません。

皆さんは、今、それぞれこの教室に座っていますが、過去小学校時代から高校時代まで、膨大な授業を中心とした学びを経験して今に至っている事実に、まずは思いを馳せてみてください。高校卒業までで も、おそらく二〇〇〇〇時間以上の授業を受けてきているわけで、これって凄いことですね。そして、刻々と刻みつつある唯一無二な人生の時の積み重ねを、現在から未来へ向けてしていかなければならない人生の現実にも同時に思いを馳せてください。実際にしばしの間、心の中のタイムトンネルを幼少時から今、そして未来へと高速でたどってみましょう。・・・・何が見えてくるでしょうか。

ここで一つ私の好きなことばを紹介しましょう。ことばの錬金術師の異名をとった劇作家の**寺山修司氏（1935-1983）**のことばです。**「時計の針が前にすすむと〈時間〉になります。後にすすむと〈思い出〉**

になります。」今この時も、時の刻みは前へ前へと進みゆきますが、人生の節目節目で心の中の時計の針を後にすすませて、過ぎし日の自分を振り返ってみる、この試みは人間のみに許された貴重なものでしょう。さあ、どんな光景が見えてきたでしょうか。無論ここでそれを発表してもらうには及びません。ただ、その光景の中に、現在、皆さんの教育というものに抱いている思いが姿となって現れ出ているといえるのではないかと思います。

クリシュナムルティに向き合うこと

さて、**今日から毎週木曜日の昼下がり、本教室に皆さんと私とが出会って始まる学びの空間**は、**ある一人の人物の人生の歩み**にスポットをあて、その歩みが**皆さんの人生とどのような関わりをもつものであるのか、共に学んでゆくための場所**です。その人物の名は、**インド生まれの哲人ジッドゥ・クリシュナムルティ（1895-1986）**。おそらく初めて耳にするという人が大半でしょう。高校の「倫理」・「世界史」の教科書にも載ってはいないので無理もないところです。何を隠そう、この私自身も大学生になるまでは知らなかった存在です。

今日を境にして、皆さんは本授業を通して、クリシュナムルティという人物の人と思想、そしてその教育観に触れてゆくこととなります。古今東西を見渡し、様々な分野で傑物がこの地上に存在してきた、今存在していることについてはあなた方も想像に難くないでしょう。その中で、どうしてクリシュナムルティを取り上げるのか、今まさに疑問を抱いたかも知れません。

その最大の理由は、本講座を担当する私自身が高校教員として歩んできた人生において**最も影響を受け**

た人物であり、**約四十年間にわたって内的対話の相手としてきたのがクリシュナムルティであった**ということ。**彼の深く、熱い思い**を日本をこれから背負ってゆかなければならない特に**若い世代の人たちに伝えてゆきたい**という強い願いが沸き起こったからです。

クリシュナムルティほど、生涯を通して森羅万象を徹底的に見つめ続けた人はいないのではないかといっても過言ではありません。世界中を半世紀以上にわたり巡り、老若男女を問わない数限りない人々の生の現場に踏入り、余すところなく「人が生きているありのままの姿」を見続けたエネルギーの凄さ。そこから発せられる愛と真理と自由への思い、人としてこの世に生きてゆくことの何たるかに気づかせようとする圧倒的人間力の輝きは、人として成長をしてゆくことを希求する教育学の学びとしてゆくことに**最適**であると判断して、思い切ってクリシュナムルティを取り上げることとしました。

本授業の流れ

本授業は今日を含めて十四回予定しています。初回である今日は、二度と訪れることはないであろう私たちの人生を唯一無二なものとして、「教育」という人間にとって最も身近な現象がどのようにかかわり、皆さん自身を自己変容してゆくものであるか。ことばを換えて言いますと、人生の途上で、皆さんを成長させてゆく契機となる場面は具体的にどのような場面があるのか。そこでどのような取り組みが求められ、結果として**一人一人が変容を遂げてゆく存在になりうるか。**その変容の場面を大きく**「自己教育の場面」**と捉えてゆけるのではないかと私は考えてきました。

まずは私自身がこれまでの人生を振り返り、印象深い「自己教育の場」にスポットを当てたいと思います。そして「自己教育」の主要な場といえる青春時代の読書の遍歴中に運命的に出会ったクリシュナムルティとの場面にタイムトラベルしつつ、その再現を試み、その衝撃を伝えてゆくことにしたいと思います。そのことを踏まえて、第二回目以降、**一九〇九年、インド・ベンガル湾**で**「世界教師」の器**として発見され、人生劇場の幕を開け、**一九八六年、アメリカ・カリフォルニア**にて幕を閉じた、世界を舞台にしての彼の生涯は、皆さんの人生とどのように関わり、輝きを放つものとなっているのか、できうる限り具体的に考察してゆきたいと考えています。本授業後半では、クリシュナムルティが一貫して熱い思いを抱いていた**「教育の世界」**にスポットをあて、**これからの日本で取り組まなければならない教育の姿＝「自己教育」の姿**を浮き彫りにしてゆきたいと思います。

教育の本質と「自己教育」

さて、人間に共通するいのちの営みについて、日本を代表する教育学者であられた**大田堯氏（1918-2018）**は、ある本の中で次のように述べられています。

生命は、流れ続ける川のような、自然の循環系の機能そのものと言うべきもので、**動的平衡体**とも言われています。・・・私は**「ちがうこと」**、**「かかわること」**、**「かわること」**の三つを、三角点、トライアングルと言っています。中村桂子さんらのものを読んで、「かわること」を三角形の頂点にして、「ちがうこと」、「かかわること」をその足として、生命の特徴を関係づけてみました。（強調は稲瀬、『ひとなる―ちがう・かかわる・かわる』）＊

（ちがう、かかわる、かわる）ところに教育の本質を見出しておられる大田氏の透徹したまなざしが鮮やかに読む者のこころに響く場面といえるでしょう。私は、誰もが知っている和語を連ねてゆく形で生命の本質ひいては教育の核心を説く大田氏の人間の見方については深く共鳴します。その上で、生きてゆくのはあくまで一人一人の人間が自らのいのちをいかに輝いたものとすべく、生涯を通して「自己教育」を旨として、大田氏の言う（かわる）こと＝自己変容を遂げつつ、人格の完成を目指してゆくのか、この問いこそ皆さんのように若い年代の人たちは勿論のこと、あらゆる年代の人々、老若男女を問わない人々すべてに向けられた問いではないかと信じます。

ところで、本授業で取り上げる二十世紀が生んだ哲人・クリシュナムルティは、人生をあらゆる側面から見つめ、万人が直面してゆかなければならない「生」の現場を鮮やかにかつ繊細に描き出してゆきました。彼のことばに全力で傾注することにより、**クリシュナムルティの「生」へのまなざしそのもの＝私たちの「生」の鏡となる**ということ。あとは、その鏡に映し出された自らのいのちの諸相を逃げずに見続けてゆくことが大切になるわけですね。

具体的には来週の第二回目の授業からこの作業は始まってゆきます。その作業に移って行く前に、今から授業者である私自身のクリシュナムルティ体験の一端を述べさせてもらいつつ、そこに「自己教育」の一つの具体的な姿を見出してもらい、感じてもらいたいと思っています。

＊本書の共著者である山本昌知氏（1936〜）は、岡山大学医学部卒業後、医療法人広知会青山病院に勤務。1972年岡山県精神保健福祉センター所長。1997年「こらーる岡山診療所」を開設。患者さんと共に出演した映画「精神」は釜山国際映画祭他で最優秀ドキュメンタリー賞を受賞し、世界から注目を浴びる。

心を耕すことばは〝そこ〟にある

先日、ふと家でみていた小冊子の最終ページに素敵なことばを見つけました。それは日本を代表する指揮者の**佐渡裕氏（1961～）**のことばでした。

人生には／自動ドアなんてありません。／押すにはちょっと／ためらうドアもある。／開かないドアも、／カギのかかったドアもある。／でも開けることで、その先が見えるなら。／自分で開いていくしか／ないんですよ。（『美感遊創』第一八四号）

佐渡氏自身のこれまでの人生の来し方を物語っているような印象深いことばです。このやさしさの中にも力強さをしたためたことばを通して、多年にわたり佐渡氏がドアを勇気をもって開け続けてきた積み重ねがあったに違いないと思わずにはおれません。本授業も、佐渡氏とは異なるフィールドですが、一つずつ皆さんと共にドアを開けてゆき、その先の光景をいっしょに見てゆきたいと心より願っています。

今日の授業は、（ちがう、かかわる、かわる）ことを教育の根本に見据える大田氏に学びつつ、かかわり、かわってゆく動きを自己教育の動きとしてみてゆく具体的な形を、皆さんに示してゆきたいと考えています。そして、最後に私が遠き青春時代、ちょうど現在の皆さんの年頃に出会ったクリシュナムルティとの読書を通した内的対話の始まりが、その後の人生の私自身の自己教育の真のスタートともなった様を紹介してゆきます。

「自己教育」こそが、「教育現象」の核心

皆さんは、教育ということばを聞いてどのようなイメージが心に沸くでしょうか。小学校以来、長きにわたって通い詰めた学校を舞台とした教育がおそらく一番強い印象をもって迫ってくるでしょう。これは当然と言えば当然のことだと思います。

しかしながら、教育という人間特有の営みを深く、広く考えるならば、それは何も学校教育に限られたものではないということに気づくのにそんなに時間はかからないでしょう。

教育をこの世で生き抜いてゆくことと最も密接な関係のある人間的行為であるという発想をここで思い浮かべることができるかどうかが大きな分かれ道となるでしょう。教育技術や様々な知識論に係る教育論も大切ですが、私たち人間にとって最も大切な日々生きてゆくことそのものと密接に関係したものとして教育のダイナミズムを論じる本は、案外少ないと言ってもいいかも知れません。

その意味からすると、私にとって近年の読書において**小山俊一氏**、そして**鶴見俊輔氏**の教育論との出会いは幸運でありました。＊　両者が展開するいわゆる「自己教育論」が実にインパクトのある考えとして、教育の本質を考察してゆく手掛かりを与えてくれるに十分なものがあったからです。

『プソイド通信』（伝統と現代社刊）という奇妙な名を冠した本の中の「〈教育現象〉とはなにか」というテーマの下で、披露されている印象深い教育観の持ち主が小山俊一氏です。小山氏のことばにしばし耳を傾けてみてください。

人間が「学ぶ（ことができる）存在」であるかぎり、人間生活のあらゆる局面に〈教育現象〉とい

うべきものがあらわれる筈で、そのつどそこには教育の現場というべきものが出現する筈だ、つまり教育の現場（むろん学校にかぎらない）をまさに教育の**現場**たらしめるもの、それが〈教育現象〉だ――というのが私の考えだ。（強調は原文、『プソイド通信』）

小山氏は中学教師を十三年やって、やめて十年になる時にこの論考を書いておられ（一九七三年）、これは余談ではありますが、『プソイド通信』発行時（一九七七年）の現住所がわが郷里の宇和島市にあり、何か不思議な縁を感じます。この本が書かれてからすでに四十年以上が経過していますが、ここで披露されている教育現象に関する小山氏の見解は、決して古びておらず、教育の本質を考えてゆく時に、いつも還ってゆくべきところを示唆してくれていると私は思います。

小山氏のこのことばについて、まず皆さんに思いをとどめてもらいたいのは、「**人間生活のあらゆる局面に〈教育現象〉というべきものがあらわれる**筈で、そのつどそこには教育の現場というべきものが出現する筈だ」という指摘です。

おそらくこの箇所について、皆さんの脳裏に、今、沸き起こる疑問は「教育現場」とは一体何か、という問いではないでしょうか。

この問いをあらかじめ予想していたかのように、小山氏は、このように「現場」を見て取ります。

ある普遍的なもの共通なものが、ある特殊具体のかたちのもとに展開されるとき、そこに「現場」がある。ところがこの地上に実在するものはすべて特殊具体物なのだから、あるひとつの特殊具体物が何の現場であるのか、つまりどんな普遍的なものがそこに具現しているのかを見てとるためには、それだけの視点ないし視力が必要になる。（『プソイド通信』）

ちょっと難しい表現の下、「現場」の説明が施されていますが、ゆっくりじっくり読み込めば、その意味するところは理解してゆくことが可能であると思います。あせらずにゆきましょう。小山氏がここで言わんとするところは人間の複雑な諸種の行動も、それがある種共通する理念の下で展開されている場合―例えば神の栄光のために行動を起こす場合、階級闘争の刻印として様々な行動が把握されてゆく場合等々が具体的な「現場」として紹介されています。

そして、とりわけ教育という人類の歴史と共に古い事実において、その現場性をどこに見出しているのか、との沸き起こる問いに、小山氏はその問いを真正面から受けとめ、こう明確に答えてゆきます。

人間がかぎられた手持ちの手段を使って、直面する状況（問題）をのりこえるところには、つねに〈教育現象〉が生ずるということ。**「自己教育」こそが、〈教育現象〉の核心だ**ということ。（学校で教師の手にかかっても〈教育現象〉はありうる、すなわち学校も教育の現場たりうる、また教師自身にも〈教育現象〉が生じうる。と少しの皮肉もなくいうことができるだろう）。（強調は稲瀬、『プソイド通信』）

決然たる響きのする小山氏のことばですが、皆さんの胸にはどう響いているでしょうか。**「自己教育」こそが、〈教育現象〉の核心だとの文言は、まさしく本授業全体を貫く大切なモチーフ**ともなっているところでして、その意味で、小山氏の教育観に私はシンパシーを感じています。ただ、これも余談になるかも知れませんが、先のことばの中の（学校で・・・）は、本人はわざわざ少しの皮肉もなくいえる、と言われていますが、そう言えば言うほどその当時の教育状況への痛烈な皮肉として私の耳に響いてきます。ここはことば使用の難しいところでもあります。ただ言えることは、学校こそがそして教師こそが教育の現場の中心にあるということは世の常識ですが、そのことについて、「学校**も**教育の現場**たりうる**」、「教師自身**にも**〈教育現場〉が生じ**うる**」との表現の中に、小山氏が当時の学校、教師に対して懐疑的な気持を抱いておられたことを見て取るのはあながち間違いではないでしょう。

このことがどのような思いを、問いを皆さんの心に呼び起こすかはあくまで皆さんの問題です。一つの大いなる問題提起を直截的《ちょくせつてき》な表現ではないですが投げかけているわけで、読書というものはそれを読む者が自分の責任でそのことばを受け止めて、そこから想像力豊かに考察を深めてゆくことが大切になってくる、この場面はまさしくそんな「思考」をゆさぶる場面ではないかと思います。

小山氏は自己教育の現場について、本の中で具体的な例を三つばかり紹介してくれていますが、今日は**「獄中の永山則夫のばあい」**と題された魅惑的な文章の骨格部分に限って紹介してゆきます。獄中の永山則夫とは、**一九六八年に連続射殺事件**を起こした人物のことです。

永山則夫連続射殺事件とは、一九六八年（昭和四十三年）十月から十一月にかけて、東京都港区（ホテルのガードマン射殺）・京都府京都市東山区（民間の警備員射殺）・北海道函館市（タクシー運転手射殺）・愛知県名古屋市（タクシー運転手射殺）の四都道府県において、各犯行当時十九歳の少年だった永山則夫が相次いで起こした、拳銃による連続殺人事件のことです。

短期間の内に四人もの命を拳銃で奪った殺人囚永山則夫に訪れた、獄中という教育現場にスポットを当てて考察したのが小山氏の論考でした。

後に『無知の涙』に結実した獄中での永山の猛勉強の成果は、ひとつの稀有な「自己教育現象」のドキュメントだといえる、と小山氏は書いておられます。＊　そして、「**ひとりの人間の一生をひとつづきの教育過程としてとらえることができるだろう**が、そのばあい、その全過程を通じて最も根本的な『教育現象』は、ひとがそれぞれ**「与えられた自己条件を引受ける」**その過程のなかにある、と私は考える」と、小山氏の自己教育論の核心部分が明かされています。

永山が引き受けなければならなかった自己条件は果たして何だったのか。それは、彼の個的存在、その身体と素質のみならず、北海道網走市呼人番外地に極貧の家庭の八人の子の七番目として出生したという出生の条件、および彼の生立ち方（たとえば五歳のとき三人の幼い兄姉と共に網走に置去りにされて飢えと寒さの一冬を辛うじて生きのびたというような経験）もそれに含まれる、と小山氏は言います。

小山氏の筆致は冴え渡り、この後永山が凶悪な犯行に及ぶにいたった背景となる自己条件、そして獄中での猛勉強に入った永山の精神に訪れた第二の自己条件とも言える、死と犯行の記憶と彼の現存との格闘の日々について詳細に記してゆきます。

ここでその中身を余すところなく皆さんに話すことはできかねます。しかし**死の恐怖**とたたかいながら、**「おれはなぜあれをやったのか」**と**「おれはなぜ生きているのか」**という二つの自問と格闘しなければならない。これが**獄中における永山の「自己教育現象」のほんとうの内容**との小山の指摘が、ことの中心をついていることばだと思います。

小山氏は永山則夫に訪れた「自己教育現象」に係るこの優れた論考の最後の方で、「彼の〝自己〟への接近の苦闘はいまもつづけられているにちがいない。」と述べています。この論考が書かれたのは、一九七三年であり、長きにわたった永山の獄中生活も、それから二十四年後、一九九七年の八月一日、東京拘置所での死刑の執行でピリオドが打たれました。

永山自身が引き受けなければならなかった自己条件の引き受け方、責任の負い方について、**「(あの犯行をやらなかったら)私は一生涯ただの牛馬で終ったであろう」**との永山のことばを受けて、応える小山氏のことばが胸にささります。

永山は、十五年にわたって「他人が彼を作りあげたもの」を、手当り次第に四人の人間を何の理由もなく殺すというばかげた極端なやり方で徹底的に引き受けた、すなわち私の考え方からすれば、**犯行は彼の一生における最大の〈自己教育現象〉の仕上げだった**、そういえるだろう。(強調は稲瀬、『プソイド通信』)

犯行は一生における最大の「自己教育現象」の仕上げであるとは、あまりに冷酷な運命ではないか、とこみ上げてくるものがあります。でも、これはことのあるがままの姿をことばにしてあらわしたものであると私は感じています。皆さんには、ぜひとも、永山の一生、そして永山に訪れた「自己教育現象」を冷静に見て取る小山氏の観察を通して、**万人共通の自己教育=おのれの自己条件を引き受けるという仕事の重み、**そして獄中で「もう手遅れである」と心情を吐露していたということからうかがい知れる悔恨の情から自由となることができなかったことの重みをしっかり受け止め、これから先の皆さん一人一人の「自己教育」へ思いを馳せてもらいたいと思います。

＊『永山則夫――封印された鑑定記録』（岩波書店）の著者、堀川恵子氏は獄中での永山則夫の猛勉強について、こう記している。「・・・その猛勉強ぶりも、石川医師［稲瀬注：石川医師とは永山の精神鑑定を行った精神科医の石川義博氏（当時３８歳）のこと。石川氏と永山との２７８日間にわたるやり取りの１００時間を超える録音テープが本書の骨格を成している。］が鑑定書で指摘したような**劣等感の裏返しだったのかもしれない**が、・・・」（強調は稲瀬）

人生の根本問題をすてない

次に、もう一人の**「自己教育論者」鶴見俊輔氏（1922-2015）**について、触れてゆきます。鶴見俊輔氏は四年前の平成二十七年にお亡くなりになられました。九十三歳の生涯を閉じられましたが、戦後代表的な文化人、日本を代表する哲学者です。私にとって鶴見氏は第一に**『教育再定義への試み』**（岩波現代文庫）の著者として忘れることのできない大切な方であります。決して厚くはない本ではありますが、これからの教育が大切にしなければならない核心を、わかりやすいことばにのせて記してもらっている名著であると私は感じてきました。何度読み返してきたかわからないほどページは手垢で汚れています。

本の中にちりばめられた卓見の中でも、「自己教育」への鶴見氏の思いは、小山氏とはまた異なる語感を携えて読む者にずしんと響いてきます。

親問題をすてないということ。

人は生きているかぎり、今をどう生きるかという問題をさけることができない。今生きているということが、問題をつくる。それが親問題である。誕生のときから、そういう親問題をかかえて、それとりくみながら、満六歳をこえて学校に入る。そのとき生徒はすでに親問題をもっている。それは、どうして学校に行かなくてはならないのかという問題であり、どうして生きてゆかなくてはならないのかという問題でもある。（『教育再定義への試み』）

鶴見氏は、**教育という人間の本源的な営みを、学校教育にとどまらず、生涯にわたって行われるもの**と見、個人においては誕生から老い、死という過程の中に、そして同時に目を転じて、人類の歴史の始まりから終わり、国家の始まりから終わりまでを視野に入れて教育を見つめるところに大いなる特色があります。

教育を生涯という長いスパンで見てとることを基底とし、鶴見氏の次なる視点の妙は、**全体（total）**、**まるごと（whole）**で捉えてゆく教育現象の姿にあります。**トータル**は、個人個人に対しての全体（total）の中での評価でもって位置づけをはかってゆこうとすること。生徒たちに一定の尺度を用いての評価及び比較を行うことで、結果として**差異化**をはかってゆく、いわゆる**教育現象**ととらえる。これに対して、**ホール**はそのような教育化の動きにあらがう一人一人の生徒の全力をふりしぼった**直面する状況への対応**をあらわすことばであり、こちらは**反教育現象**とみなされる。そして、生徒自身が生きて行く現場は、このトータルとホール、教育と反教育のダイナミズム（この全体を広く〝教育〟と呼んでいいだろうと鶴見氏は考えています）が生起しているといえます。思うに、この教育と反教育のダイナミズムを生きつつ、局面局面をどう打開してゆくかに、その場その場の自己教育の場があるといえるのではないでしょうか。

参考までに、「まるごと」をあらわす鶴見氏の肉感十分なことばを紹介しておきたいと思います。


まるごとというのは、そのひとの手も足も、いやその指のひとつひとつ、においをかぎとる力とか、天気をよみとる力とか、皮膚であつさ、さむさ、しめりぐあいをとらえる力とか、からだの各部分と五感に、そしてそのひと特有の記憶のつみかさなりが**共にはたらいて、状況ととりくむ**ことを指す。その人のこれまでにうけた傷の記憶が、目前のものごとのうけとめかたを深めたり、ゆがめたり、さけたりすることを含む。（強調は稲瀬、『教育再定義への試み』）

一つ一つのことばをおろそかにしない鶴見氏の言語感覚がいかんなく発揮されているところです。万人の生に共通する目前の課題に全身全霊をかけて取り組んでゆかなくてはならないことをあらわすことばとして託された「まるごと」ということばが、こうやって解きほぐされてみますと、ずしんとこちらに響いてくるようで不思議ですね。

先の鶴見氏の本の中には、まだまだ教育についての鋭い考察が具体的に施されています。本授業の終盤のクリシュナムルティの教育論についていっしょに見てゆく際に、今一度登場してもらいたいと考えています。

さて、これまで小山俊一氏、鶴見俊輔氏の「自己教育論」について見てきました。皆さんの心の中では、今、「自己教育」ということばが意味する世界へと、意識が向かっていってくれているでしょうか。なぜなら、**今、**皆さんが直面していかなければならないことだからです。

両者の「自己教育論」の根幹にあるのは、万人が生きている限りその内容は無論異なるものの、人の生と共に起こる出来事＝出会いそのものが自己を高めてゆく一つ一つの機縁になるという考え方ではないかと思うのです。

出会いはそう、**時々刻々の変化する自らのこころとの出会いが最も身近な出会い。**その中には**「思考」**があり、**「感情」**があり、**「感覚」**があります。皆さんは日々これらのものとどのように出会っているのか。まずはここに目を向けようではありませんか。そして、人との、ことばとの、自然との出会いはどうなっているのか。その刻々の場こそ、「自己教育」の場であることが両者の力強いことばとの出会いから気づくことのできる、学ぶことのできることだと私は思います。そして、本授業の中心人物であるクリシュナムルティもまた、時々刻々の生との直面の大切さを終生語り続けました。

ぼくは黄金を発見したのだ

さて、今日の授業も野球でいえば七回を終え、八回を迎えるあたりにさしかかりました。野球では波乱の展開も予想される終盤戦ですが、ここでは今ひとつ展開を図ってゆきたいと思います。それは他ならぬ私自身の「自己教育」の現場についての話です。

法学を学ぶことが表向きの大学生活の軸であった私の遠き大学生時代。でも私の心の中は、言い知れぬ深い闇を抱えた中で過ぎていった時代でもありました。将来への漠然とした不安、人生の意味を問うてゆくやみがたい衝動、高校時代には予想だにしなかった音楽（特にクラシック）の世界へ、そしてこれまたそれまでの自分の生活にはほとんど入ってこなかった読書の世界への没頭、**全体として深く内向していった時期**でありました。容易に突破口の見えない様々な精神上の問いの渦の中に巻き込まれ、そこから脱出しようともがけばもがくほど深みにはまってゆく、いわゆる負のスパイラル状態にいたのが、私の二十歳頃の状況でした。このような状況の中にあって、心の奥底で求めていたのが**「自由への憧れ」**ではなかったかと思います。思うにまかせない精神の葛藤状態から脱出を図りたいと、自然と書物の中にその活路を見出そうとする働きが私の中に自然と芽生え、それはいつしか書物の森の世界、読書の世界へ分け入ってゆくこととなりました。とりわけ、ドストエフスキーの、『カラマーゾフの兄弟』を始めとする巨大な小説群の中へ深く沈潜し、人間精神の深層へと自分自身の意識が向かっていった時期でもありました。

そして、乱読時代にあって、いろいろ渉猟《しょうりょう》してゆく中で、私の運命の本、**ヘンリー・ミラー著『わが読書』と出会う**ことができたのです。**昭和五十四年八月、**今から約四十年前のことでした。全編興味の尽きない内容で、ページを繰るのがわくわくするような本。訳者の田中西二郎氏の格調の高い訳文も魅力的でした。そして**「クリシュナムルティ」**と銘打たれたわずか十数ページの文章にまさに運命的に私は出会ってしまったのです。読後感は圧倒的で、これまでに経験したことのない充足感を感じたことを昨日のことのように思い出します。読書の醍醐味を心底感じることができた**私にとって人生のターニングポイント**となったと言っても言い過ぎではない四畳半の下宿先での出来事でした。

現存する人物で、クリシュナムルティほど実際に会いたいと思う人はいない、との、ミラーの赤裸々な心情の吐露は、この人物への漠たる憧れを喚起してくれるものとなりました。豊富な人生経験に裏打ちされた人間観察力の優れた小説家・ミラーの心にクリシュナムルティのいかなる人間力が重く響いてこのような感想を述べるに至ったのか。上下段二段組に小さな文字がぎっしり敷き詰められた編成の本でしたが、クリシュナムルティの人と思想、行動を簡潔に描写してゆく筆致も冴え渡り、一気に最後まで読み進めたことが強烈な印象と共に蘇ってきます。返す返すあの時、私は宝物のような極上のことばの贈り物をいただいているとの胸の高鳴りを感じていました。

心中穏やかならぬ状況を生きていた私にあって、ミラーによって次々と明かされてゆくクリシュナムルティという名の人間存在から、人が目指すべき本当の目標地点について、一条の光を降り注いでもらったように感じました。

「人間は自己の解放者である！」これこそ**究極の教え**ではないか？・・・「真に偉大な教師たちは法を布かない、かれらは人間を自由ならしめようと欲する」（クリシュナムルティ）・・・もし彼に使命があるとしたら、それは人々から幻想、妄想を剥ぎ取り、理想、信仰、迷信等の偽りの支えを――あらゆる種類の松葉杖を投げ棄てさせ、かくて人間性のまったき尊厳を、まったき可能力をば、人間にとりもどさせることである。（強調は稲瀬、『わが読書』）

クリシュナムルティを描写してゆくミラーのことばが氏の人間存在の真実に迫ってゆく力感を帯びたところだと思えます。ヘンリー・ミラーそして白眉の読書論『わが読書』との出会いには感謝ということばでは言い尽くせない縁の有難さを痛感しています。結果的に自分にとって、まさしく**「自己教育」への扉を開いてくれたものであり、私にとって人生の真の「自己教育」のスタートとなった出会い**でした。

そして、あれから四十年という歳月が流れました。私は高校教育界に身を置きつつ、以後１９８０年代初頭からクリシュナムルティ紹介に尽力してこられた**翻訳家の大野純一氏（1944～、現コスモス・ライブラリー代表）**と知己《ちき》を得たことも大きな出来事でした。上京するたびに大野さん（以下、親しみを込めてこう呼ばせていただきます）とお会いし、クリシュナムルティのこと、人生のことをいろいろお話でき、その都度、明日からの活力源とさせていただいたこと、本当に私にとって貴重この上ない人生の出会いとなりました。そして大野さんを始めとする方々の御努力で次々と翻訳出版されたクリシュナムルティ本読解を軸として、細々とではありますが**長きにわたって私はクリシュナムルティを内的対話の中心的人物として過ごしてきました。読書の場が、まさに私の「自己教育」の場となった**のです。

無論クリシュナムルティばかりを読んできたわけではありませんが、彼のことばを読むたびに、今生きていること全体がどのようなものとしてあるのか、自然とそこに意識が向かってゆく自分に気づくことができました。これはなかなか他の読書では経験しがたいものでした。

次週から実際の中身に入ってゆく本授業は、私のクリシュナムルティ体験を通してつかんだこと、感じたこと、考えたことをもとに、一回一回テーマを設定し、クリシュナムルティが見た世界、宇宙を鏡として、皆さんと共に鏡に映し出されてゆく人生の諸相をあるがままに見てゆく試みを粘り強く行ってゆきたいと思います。

「見てなんになるのですか」、という声が聞こえてきそうですが、それは「見てのお楽しみ」、やる前からわかるはずもないではないか、というのが私の本心です。ぜひ、**私といっしょに「観察の旅」**を歩んでください。それが今年度この講座で互いに出会ったもの同士の不思議な縁を大切にするということだと信じます。

最後になりますが、クリシュナムルティの名言中の名言である**「あなたが、世界である」（You are the world）**との簡潔なことばにこめられた真実を、ことばの本当の意味で個人個人が気づいてゆく試みの中に、教育の未来、そして人間の未来がかかっていることを、本授業を行ってゆきながら皆さんといっしょに得心してゆけたらと心から願っています。

では、また来週。

第二回　自由なる精神の成熟

―クリシュナムルティの登場―

一点から一点への最長距離の教え

皆さんこんにちは。先日、新聞コラムで有名な「天声人語」の過去のスクラップを何気なく見ておりまして、ある日（二〇一〇・四・一六）のコラムに目が止まりました。それはフランスの哲学者の**ジャン・ギットン（1901-1998）**の**「学校とは一点から一点への最長距離を教えるところであると、私は言いたい」**ということばの引用箇所でした。一点から一点の最短である直線を描いてゆくのではなく、ジグザグしながら、悩みつつ自分でいろいろなことを見出してゆく。いわば最長距離をゆくところに真の学校の価値があるということが示唆されていることばですね。

本授業も、クリシュナムルティの人と思想と行動にスポットを、これから当ててゆきますが、森羅万象の中に息づく人間の生の豊饒さを見つめてゆくことの大事さを根底におくクリシュナムルティの生きる姿勢をまるごとつかんでゆくためには、それはそれは多面的、多角的な視点からの考察が不可欠です。ギットンのことばを胸に、**粘り強い探究の旅へ共に**踏み出してゆきましょう。

さて、今日はクリシュナムルティの誕生、世界教師の器としての発見、神智学協会・星の教団のこと、生誕のインドを離れイギリスを始めヨーロッパ遊学の時代の内面のドラマに光をあててゆきたいと思います。まずもって、皆さんも私も今この教室にいること自体、不思議この上ないことですね。ここでまみえるきっかけとなった決定的な起点は、言うまでもないことですがこの世への**誕生**です。「おぎゃー」という泣き声と共にお互いいのちを刻み今日まで歩み続け、ここにたどり着いたことは間違いのない事実です。

その意味で、基本的に人生という長い道程を歩んでゆく人の生を見てゆく時、第一に考察の目を向けるところは、「誕生」にあります。皆さん、意識の矢はそこに向かっているでしょうか。誰を親にもつか、誰を兄弟姉妹とするか、一人っ子であるか、はたまた誰を親戚にもつか、どこの国のどこの地域のどの時代に生まれつくか等々、私たちは、自らの力で、自らの責任でこの世に誕生してくるわけではないという事実。この共通する事実のもとに誕生せる一人一人の人間のいのちが置かれた生の条件は、それこそ千差万別の様相を呈していると言えます。

ここで思い出してもらいたいのは、前回紹介した小山俊一氏のことばです。小山氏は、「与えられた自己条件を引き受けることのなかに最も根本的な〈自己教育現象〉がある、そしてそれはすべての人についていえることだ」と述べました。このことばは、クリシュナムルティの人生にもあてはまる大事な指摘ではないかと思います。そして、それは皆さんにも私にもあてはまる人生の黄金律といえるものです。

クリシュナムルティが引き受けた「自己条件」

クリシュナムルティが引き受けなければならなかった自己条件とは何であったのか。それは**一八九五年五月十一日**、インド・マドラス（現：チェンナイ）から約百五十マイル北にある、**マダナプール**という小さな丘の町に、**父のジッドゥ・ナリアニアと母のサンジーヴァンマとの八番目の子として誕生**したこと。彼は、ヒンドゥー教の伝統に従い、クリシュナ神（第八子とされている）にちなみ、**ジッドゥ・クリシュナムルティ**と名づけられました。ジッドゥ家はテルグ語を話す伝統的な中産階級で、神智学の熱心な信奉者でもありました。ジッドゥは、彼らの故郷の村名でありました。曽祖父は著名なサンスクリット学者、祖父も有名な学者、父のナリアニアは、英国行政下で徴税局の官吏、タシルダール（地代徴収官）で、地方長官の地位まで上がるなど、その環境からして、恵まれた家庭でありました。クリシュナムルティが**十歳のころに母が亡くなりました。**そして、一九〇五年一月、幸運にもナリアニアがアシスタントの職として、神智学協会に就職でき、クリシュナムルティは、父と三人の弟及び一人の甥《おい》と共に、教会本部の構内に住むこととなったのです。（以上『生と覚醒のコメンタリー２』の解説参照）

少し細かく、クリシュナムルティの生い立ちについて紹介しましたが、彼の誕生にまつわる関係の糸をこの時点でたどっておくことは大切なことだと考えたからです。

ここで注目すべき点は、**神智学協会の本部がインドのアディヤールにおかれ、**協会本部の構内にクリシュナムルティが住んでいたという事実です。このまさに奇跡的出来事が発生していなければ、クリシュナムルティの人生はどのようなものとなっていたのか、仮定の話を持ち出してそのことについて真面目に考えることの空しさを感じるものの、どうしてもここはそのような仮定形の人生行路に思いを馳せずにはおれないところです。

クリシュナムルティの「発見」

さらに摩訶不思議なことは、**一九〇九年四月**のある日の夕刻、当時の神智学協会の中心人物の一人、**リードビーター（1854-1934）**が**ベンガル湾**の岸辺を同行のものと散歩中に、川岸のベンチに腰かけている一人の少年を見て、その少年がかつて経験したことのない霊気（オーラ）を放ち、その少年の中には**一点の利己性も見られない**と同行者に話したということ。それがほかならぬクリシュナムルティでありました。

地球上では、今日も数十億の人間たちが交わり、数限りない人生の歯車を知らず知らず回してゆく動きがあったことでしょう。人と人との交差がいかなる未来を招来してゆくかは、無論神のみぞ知る世界でしょう。今から約百十年も前の、リードビーターとクリシュナムルティとの出会いもその様相は、一見人と人との出会いの一つですが、結果的にクリシュナムルティの人生を眺望するのに、この出会いは単なる出会いということばでは片づけるわけにはいかない、**運命という得も言われぬ人知を超えた力のようなもの**を感じざるをえません。

リードビーターとクリシュナムルティとの運命的な出会いによって展開されてゆく人生劇場を見てゆく時、視野に入れておく必要がある事柄があります。それは、リードビーターは先ほど触れたように、神智学協会という宗教団体のリーダーであり、クリシュナムルティが発見されたことイコール、神智学協会という一つの世界的な宗教団体の中に、期せずして身を投じることとなったという事実です。

「神智学協会」と世界教師

ここで、皆さんの心の中で、神智学協会がどのような教義をもった宗教団体であるのか、疑問の矢が放たれているのではないでしょうか。少し神智学協会についてポイントとなると思われるところ、見てゆきましょう。

本協会とは、十九世紀最大のオカルティストとの呼び声の高かった**マダム・ブラヴァツキー夫人（1831-1891）**、ヘンリー・オルコット大佐**（1832-1907、神智学協会の初代会長）**などが核となって、**一八七五年ニューヨークで設立**された、いわゆる**神秘主義思想の団体**です。ちなみに、**一八七九年**には、**インド・アディヤールに本部**が移されました。そして、この団体において、中心的な役割を担っていたのが、幼少の頃より霊媒体質だったとされる、ブラヴァツキー夫人だったのです。

彼女はヒマラヤに住む「白色同胞団」（精霊）から宇宙の真理を学ぶことができたと主張するなど、同協会をオカルト色に色濃く染めていきました。

当時の協会は、**ロード・マイトレーヤ［＝「世界教師」（救世主）］の存在**を信じ、これまでに二人の世界教師がこの地上に神の化身として現れ出たと教えていました。そのうちの一人は紀元前四世紀の**シュリー・クリシュナ**、もう一人が**イエス・キリスト**でした。そして、まもなく三人目の化身として、地上に舞い降りて来る。この**降臨の世界教師「器（乗り物）」**として選ばれたのが、当時少年だった**クリシュナムルティ**その人だったのです。

ここで当時の神智学協会にあって、クリシュナムルティと深い関係をもつこととなる二代目会長の**アニー・ベサント夫人（1847-1933）**について触れておきたいと思います。彼女は、一八八八年にブラヴァツキー夫人が出版した大著**『シークレット・ドクトリン（秘密教義）』**と題された二巻本の解読をロンドンの『レビュー・オブ・レビュー』誌から依頼されたことをきっかけとして、その内容に打ちのめされました。

そしてベサント夫人は、数週間も経たないうちに、生涯にわたり関わることとなった**神智学への転向を敢行しました。ベサント夫人にとっての大いなる人生のターニングポイント**と言ってよい決断でした。彼女はそれまでに教育者、雄弁家、意欲的な女権拡張論者、労働組合運動の先駆者として、ヴィクトリア朝のイギリスにとって、すでに知名度の高かった人物でした。

一九〇〇年までに、彼女は偉大な世界教師（霊的指導者）の再来を確信するようになり、インド、アメリカ、ヨーロッパを精力的に回り、そのことについて各所で講義を行ってゆきました。世界教師到来の期待は、協会全体に広まり、数千人もの協会員がベサントの講義を聞くために押しかけていきました。

中でも、一九一二年一月に**「なぜ私は〈世界教師〉の到来を信じるのか？」**というテーマで、イギリス・エディンバラのクイーンズ・ホールで行われた講演は印象的なものとなりました。当時カリフォルニアでの深刻な政治・社会的大変動の真っ只中に偉大な「世界教師」が再来することにベサント夫人は大いに期待感を抱くようになり、新人類出現の兆候を察知した点が一つ。今一つは、文明が文化を台無しにし、人類を自滅の瀬戸際まで追いやっているという事実への透徹したまなざし。植民地主義は行き詰まり、有色人種は自由を求め、科学技術の発達による通信・戦争の諸手段の高度化は、世界中の人々の間に新しい関係の構築を不可欠なものとした。これらの混沌とした状況に、秩序をもたらすためには新たな理解がぜひとも必要となる。疑いなく、**「愛の諸力（Power of love）たちが彼らの遣いを世界に送り込むための機は熟している**とベサント夫人は考えるに至りました。

「星の教団」とクリシュナムルティ

その世界教師への布石として、ベサントはクリシュナムルティ十四歳の時、彼を**自分の養子**としました。そして、**一九一一年**には、クリシュナムルティ少年を世界教師として迎え入れるための**「東方の星の教団」(The Order of the Star in the East)が設立**されました。ちなみに、教団は、一九二七年には、非常に多くの人々がクリシュナムルティを乗り物として「世界教師」が到来したと信じるようになったのをきっかけとして、**「星の教団」**に改名され、その目的も次のように改められました。

一、この世に〈世界教師〉が顕現したことを信じるすべての人々を結集させること。

二、人類のために〈彼〉が〈彼の〉理想を実現するよう、万全を尽して〈彼〉のために働くこと。この教団はいかなる教義も、信条も、信念体系も持たない。その依って来たる源［生みの親］は〈教師〉であり、その目的は〈彼〉の普遍的な生命を具体的に表現することである。（『変化への挑戦』参照）

これまでのところ、今一度振り返っておきましょう。後の世界教師の器としての一九〇九年のベンガル湾での発見という奇跡的な出来事も、まずはインドに生まれ落ちたという、そして神智学というニューエイジの新宗教の大きな波が押し寄せてきた時代のリーダーとの交わりが物理的に可能であった場所で生活していたという事実。これらのことは、後からそれは神の摂理のごときものであったとか、理屈をつけるのは可能ですが、ここで大切なことはあくまで事実をしっかり見据えておくことでしょう。

一八九五年の四月のとある夕刻、神智学協会の本部のあるアディヤールの近郊のベンガル湾のほとりで、たたずんでいた一人のぼろをまとった少年が、リードビーターにより「発見」されたという事実。これがまごうことなきクリシュナムルティの特筆すべき人生の真のスタートとなったという事実そのものに私たちは目を向けたいと思います。すべてはここから始まったわけですから。

神智学協会のリーダーの一人、リードビーターに発見されたことにより、クリシュナムルティの人生の歯車を回してゆく回し手は、これから十数年間は神智学協会及び星の教団という宗教団体に握られてゆくこととなりました。

クリシュナムルティは、発見当時は英語も満足に話すこともできない少年でしたが、ベサント夫人とリードビーターの保護の下、以後「世界教師の器」として養育されてゆくことになりました。大好きな弟ニティヤと共に、特異な教義体系を持つ神智学協会に入り、英語を仕込まれるかたわら、「霊的進化」の道を歩まされることになってゆきました。

インドからヨーロッパへ

ベサント夫人は養母、後見人として温かな愛情でクリシュナムルティと三つ年下のニティヤを包み込み、**兄弟は共に一九一二年にイギリス**に渡り、それから**ヨーロッパ各地の遊学の旅**をすることとなりました。

初めてイギリスの地を踏みしめた時、**ロンドンのチャリングクロス駅**では、大群集がベサント夫人、クリシュナムルティ、ニティヤを出迎えました。その中には、**エミリー夫人**もいました。彼女は後にクリシュナムルティの貴重な伝記を書いた**メアリー・ルティエンス（1908-1999）の母親**で、以後約二十年にわたり、自らの人生を彼を中心にして過ごすこととなりました。ところで、英国人のある神智学協会会員が述べた感想は、ヨーロッパ遊学当初のクリシュナムルティの姿を見定めておく上で、貴重な証言となっています。

ほぼ肩まで垂れている長い黒髪と、虚ろな感じの黒い大きな目を持った、奇妙な風采であった。（『変化への挑戦』）

先ほど、クリシュナムルティはヨーロッパ遊学を機に、人生の振り子が大きく振れることとなったと述べましたが、それは具体的には、インド在住時に彼に施されたリードビーターらからの**神智学協会の教義に基づいた条件づけ教育**から、周りの環境の異なる地に赴くことで、鮮やかに視界が広がっていった、後の人生のいわば、**真の基礎固めをすることができた特質すべき季節＝いわば自己教育へ大きく舵が切られた時代を生きた**と言っても過言ではないと思います。

このことは、私たちが自分の人生の歩みを考えてゆく上で、貴重な「学びの場」を提供してくれていると思います。皆さんは今貴重な青春時代を過ごしていますが、次なる人生のステージに入ってゆく時と、今この時がどのような関係にあるのかについて考えてゆく上で、クリシュナムルティが若かりし頃どのような姿勢で日々を送っていたのかを見つめてゆくことが大事な学びとなるのではないかと思います。

少年時代からの変わらぬ懐疑精神

クリシュナムルティは、弟ニティヤとヨーロッパ遊学の旅を終え、インドに帰還し、後に彼の人生の一大転機となる**一九二九年八月の「星の教団」解散宣言**の前年、**一九二八年夏オランダ「キャンプファイヤー・トーク」と題する一連の講話**にのぞみました。その講話集（『自由と反逆』コスモス・ライブラリー刊）の中の**「探究」**と名づけられた章を読めば、少年時代からの精神の特質、そしてヨーロッパ時代、インド帰還という流れの中の自分の精神のありようを、冷静かつ具体的に振り返りつつ情熱的に聴衆に語っている様子がずしりと伝わってきます。ここで、クリシュナムルティは、自分自身の精神構造形成の中核部分を包み隠さず披露しているのです。その骨格部分を紹介してゆきます。

クリシュナムルティのことばから伺われるのは、彼の徹底的な**「見者」としての圧倒的な存在感**です。

具体的に彼の目（心眼）が捉えたものは？

○人々が自分の願望の罠に、蜘蛛の巣にとらえられた蠅のようにかかる姿
○どこに行っても、自分の幸福が所有物の多さに基づくと考えている人々
○この世界の楽しみをすべてもちながら、その奴隷にされているがゆえに混乱の中に生きている人々
○大きな愛をもちながら、愛を与えると同時にそれから自由でいられる方法を見出していないがために、自分の愛に束縛されている人々
○知識においては賢明だが、他でもないその知識に縛られている人々
○世間から身を引いて隠棲した賢者を、労働の虜囚となっている無知な人々

願望、幸福、愛、楽しみ、知識、賢者などの本質を看破するクリシュナムルティの洞察力の息づく姿が垣間見れる場面ではないでしょうか。いずれも常識の世界ではプラス価値でもって考えられることが多いと思われますが、その内実を凝視すればそれぞれの事柄に関わる人のこころに自由さが欠けていることに気づくことができるのではないでしょうか。すでに若かりし頃より、クリシュナムルティ少年には自由への並々ならぬ洞察力が働いていたことが明らかとされています。

クリシュナムルティ少年は、いかに自分が少年時代から**「反抗」の中にいて、自分でゴールを発見し、**

確立したいと願っていたか、回想風に強調しています。リードビーターに発見され、神智学協会という宗教団体のしかも「世界教師」の器という特異な運命を担わされた身でありながら、ベンガル湾での「発見」以前から、クリシュナムルティの内面は懐疑の炎、反逆の炎に燃え、様々な壁―偏見、信念、軽信、恐怖―に惑わされることはなかったという事実は、やはり驚くべきことであります。

ヨーロッパ遊学時代のクリシュナムルティ

そして、クリシュナムルティの人生の真の基盤を作り出したと言っていいのが、弟ニティヤと共に臨んだ、約十年に及んだヨーロッパ遊学時代でありました。当時を回想してゆく彼のことばからは、**徹底した懐疑精神**がみなぎり自立した精神が育まれていったことがストレートに伝わってきます。

クリシュナムルティがヨーロッパにわたり神智学協会との関係がどのようなものであったのかを知るうえで恰好のことばが、彼自身の口からこう述べられていたことを見逃してはなりません。

私はまた神智学者たちに、ジャーゴン（注・稲瀬：専門用語）、理論、その会合、その意味づけ、そしてその生の説明もろとも反抗した。会合に行くと、講師たちが私を満足させることも幸福にすることもない同じ考えを繰り返しており、**私はいよいよ集まりから遠ざかる**ようになり、神智学の観念をたんに繰り返すだけの人たちに会うのは**稀になった。**（強調は稲瀬、『自由と反逆』）

神智学協会、そして星の教団から「世界教師」の器として大きな期待をかけられている身でありながら、クリシュナムルティの内面は、自らの生と当時最も密接な関係にあったと目される神智学の教義をも、徹底した懐疑精神で対していたことを見るにつけ、彼の真理探究への揺るぎない不退転の覚悟に出会える場面ではないかと思います。

クリシュナムルティの観察の目には、境界、限界は存在せず、**この世のすべてのものの正体を暴かんと、鋭いまなざしを向け続けてゆきます。**

○劇場に行く人々○政治的、社会的、宗教的権力をもった人々○労働者の会合、共産主義の会合○ほとんど財産をもたない人々○人助けをしたいと願っている人々○哲学・宗教、偉人伝の読書等々

クリシュナムルティは、次々と**代理体験**をしてゆきながら、どの人の内部も不幸と不満の休火山が存在していること、いずれの観察からも彼が思い描くような「幸福」のしるしをそこに見出すことはできなかったとあるがままに述べているのです。

インド帰還後のクリシュナムルティ

さらに、インド帰還後においても、クリシュナムルティの透徹した観察眼が捉えたインド社会の人間の生の状況は喜ばしいものとは映りませんでした。

インドの人々が自分自身を裏切っていること、同じ伝統を引き摺っていること、女性を残酷に扱っていること等々の否定的な生の状況を見逃すことはありませんでした。そして通常称賛されるインドの深淵な哲学、素晴らしい寺院もクリシュナムルティを満足させることはできず、総じて、彼はヨーロッパでもインドでも、幸福を見出すことはできなかった、と**徹底した反逆の精神の旗を降ろすことはありませんでした。**

私はずっと護衛され、保護されてきた

今日の授業は、一九八五年にインドのマドラス近郊のマダナパールで、バラモン階級のジッドゥ家の八番目として「誕生」し、一九〇九年に神智学協会のリーダーのリードビーターに「世界教師」の器として発見され、やがて今一人のリーダーであるベサント夫人の養子となって、ヨーロッパ遊学の旅を約十年行い、一九二一年にインド帰還当時までのクリシュナムルティにスポットを当てました。

この間のクリシュナムルティの精神がどのような状態であったのか。実に興味深いところです。人生を歩んでゆく表街道として、この時期のクリシュナムルティは「神智学協会」の来るべきリーダーとして期待を一心に担っていた存在であったこと。当然の流れとしてリードビーター、ベサント夫人を始め「神智学協会」は組織の総力を上げて、クリシュナムルティに対して教祖への道を歩まさんと、有形無形にプレッシャーを掛けていったであろうと思われます。

しかしながら、クリシュナムルティはそれら外圧をものともせず、氏のことばを借りるならば、ずっと精神は**「空白」(vacant)**を生涯保ち続けた、と驚くべきことばをメアリー・ルティエンスに語っているのです。*

この話を始め、クリシュナムルティの長大な伝記を書いたメアリーとの間で、氏の晩年に行われた一連の対話は、非常に興味深いものがありました。クリシュナムルティの近くにいて、氏の「生」を実感しつつ長年歩んできた彼女にあっても、氏の人間存在には大いなる謎があったのです。中でも、大きなそれは、少年時代ぼんやりしていて知恵遅れにも見えかねない少年から、どうしてあのような複雑で独特な教えが生まれたのか。そして、成長してゆくプロセスの中で、どうして神智学等々の教えや知識によって、氏の精神がいっぱいにされることなくいられたのか等々。

両者の対談は、クリシュナムルティの人間存在をめぐってその謎を解き明かそうとしてゆきました。そして結果的には、**「今までずっと護衛され、保護されてきました」**とのクリシュナムルティのことばがくっきりとした形で氏の長きにわたる精神状態を知らしめることとなりました。

それで何がわかったのか、という声が聞こえてきそうですが、確かにそれだけでは氏の存在の謎に迫ることは到底出来かねます。しかしながら、二人の長い対話中にも出ていましたが、氏が強調していた点は**「自分の教えがもしも独特なものであるなら、他の人々はそれを得ることはできないし、それには何の価値もありません」**と言い切っているところなのです。そして、自らの存在の意義について、**「水にはけっして水とは何かを見出すことはできない」**ことを引いて、そのことを自分が探索するのは自分のすることではないとメアリーに告げるのでした。

クリシュナムルティは、「自分の革命的な教えについての知覚は、徐々に、ゆっくりとやってきたに違いありません。・・・自分がこの世界でしなければならないことのために病気になってはなりません。話すことができなくなるので。**この肉体があるのは講話のためなのです**」とさらにことばを重ねてゆきました。

(以上『クリシュナムルティの生と死』参照)

氏の生涯を俯瞰して見るに、このことばがいかに重みをもったものであったのか、そのことはこれからの学びを通して皆さんのこころの中に深く刻印されてゆくことと思います。氏が生涯を賭してどうして、その革命的な教えを飽くことなく世界中の人々に語ってゆき続けたのか。その紛れもない圧倒的な行為の重みが雄弁に彼の教えと人間存在の意義を雄弁に物語っていること、を本日の授業の最後で伝えておきたいと思います。

皆さんのこころには、この間のクリシュナムルティの生がどのようなものとして立ち上がっているでしょうか。外に現れ出る時々のクリシュナムルティの行動、彼を取り巻く環境の変化、そしてこの間の彼の内面のドラマと、誕生から二十五、六歳までのクリシュナムルティの生を見てゆくことが、どのように皆さん一人一人の生と交差してゆくのか。その生を見つめる皆さん一人一人のこころにいかなるさざなみが起こったのか。そのさざなみこそが**皆さんの今この時の生の在り方への気づきへのシグナル**であると思います。

今後とも、クリシュナムルティの「生」からほとばしる私たちの日常生活への気づきのシグナルとの出会いを楽しみに、共にクリシュナムルティの世界に深く入ってゆきましょう。

＊クリシュナムルティとメアリーとの最初の対話は、一九七九年六月にイギリスのブロックウッドにクリシュナムルティがやってきたとき、メアリーが出向いて実現した。居合わせていたメアリー・ジンバリストがメモをとった。この対話は、ある朝、芝生とその向こうの野原を見下ろす、南向きのクリシュナムルティの大きな寝室で行われた。この時、クリシュナムルティは青色のバスロープをまとい、背をまっすぐに伸ばし、足を組んでベッドに坐っていた。二人の対話は、ザーネン及びブロックウッド集会の後、そしてやはりブロックウッドで催された科学者たちのセミナーの後、秋にブロックウッドで再び行われた。（以上、『クリシュナムルティの生と死』より）

第三回　人間力の全面的覚醒
―神秘体験、プロセスの受容―

「常識力」が試される時

皆さんこんにちは。早いもので授業も三回目となりました。

皆さんは、日々の生活を送ってゆく中で、テレビのニュース等で日本国内、そして世界中の出来事を見聞きしていることと思います。政治、経済、スポーツ、社会面など人間の多種多様な行動が引き起こす出来事に触れて、驚き、歓喜、落胆、悲しみ、苦しみ等々、様々な感情を、これまでの人生においても経験してきたことでしょう。物心ついてから今日に至るまでの膨大な時の刻みと共に生まれ出た様々な感情が経験となり、蓄積され、徐々に一人一人の中で常識として育まれ、生の基盤をつくってゆくのだと思います。

今日の学びは、そのようなこれまで皆さんが培ってきた**常識が試される場面に出会う**ところにある、と始めに言っておこうと思います。それは、**一九二二年八月**、当時滞在先のアメリカ・カリフォルニアのオーハイ峡谷にて、クリシュナムルティに訪れた**神秘体験**、そして**プロセス**という不思議な現象。皆さんが、これまで培ってきた感性、理性が一体となってこの現象にどのように対してゆくのか、これはやってみなければわかりません。

皆さんのこころの中で働いている**常識力**は果たしてこのクリシュナムルティに訪れた神秘体験、プロセスという、彼の生涯を語るに避けて通ることのできない出来事に直面してどう反応するのか、まずはそこに学びの第一歩があるということを覚えておいてください。

それでは、さっそく始めてゆきましょう。

十年ぶり、親子涙の再会

一九二一年に約十年ぶりに、クリシュナムルティが**インドに帰還**した時、この時を待ち焦がれていたベサント夫人にとっては喜びこの上ないものであったと想像されます。でも、彼の心中はすでに神智学協会や星の教団について関心をなくしてしまっていました。しかしそのことをベサント夫人に告げることはありませんでした。養母の心中をおもんばかってのことだったのでしょう。

兄弟は三か月半インドに滞在しましたが、その間二人はベサント夫人といっしょにインド各地を旅して回りました。兄弟が神智学協会の本部のあるアディヤールに到着後ほどなくして、彼らはマドラスに住んでいた彼らの父親である**ナリアニア**に会いにゆき、ひれ伏して、インド人の良き息子たちのように額で彼の足に触れました。年老いた父親は、息子たちに会えたことがとても嬉しかったので、涙にくれて話すことができませんでした。

一九二二年四月には、兄弟はリードビーターの移り住んだオーストラリアのシドニーへ赴きました。これは当地で行われる神智学総会に出席するためでした。シドニーの波止場で、**兄弟はリードビーターにほぼ十年ぶりに会い、**互いに喜びを分かち合いました。

翌々年の**一九二四年**に**父ナリアニアは死にました。**父として息子たちの人生をどのように見てたのか、その心のうちは無論知る由もありませんが、人生の最終盤に親子の再会という贈り物が届けられ、「よかったな」と思えるシーンです。

シドニーからカリフォルニアへ

この頃、クリシュナムルティにとって分身と言っても過言ではないニティヤの健康状態が芳しくなく、シドニーでの医師の診断により左肺のみならず右肺も冒されていることが判明してしまいました。治療のためスイスに戻るよう勧告されたが、インド経由は暑すぎるとのことで、サンフランシスコ経由で旅することが決まり、途中下車し、カリフォルニアのオーハイ峡谷に滞在することになりました。ちなみにこのとき彼らに同行したのが**アメリカ神智学協会事務総長**で、総会のためにシドニーにいた**A・P・ウォリントン氏**でした。

この峡谷は、肺病患者にとって好適な気候の地であり、クリシュナムルティもニティヤもこの地に魅了されました。兄弟は七月六日にオーハイに到着し、そこにあった松材製の小さな別荘で二人きりになることができました。ちなみにウォリントン氏は、近くにあるもう一軒の別荘にいました。最初の数週間は、彼らは馬に乗って山の中に行き、深い峡谷を流れ落ちて来る小川で沐浴し、今まで一度も味わったことのない**すべてのしがらみからの自由**を思いきり楽しむことができました。兄弟にとってはまさに至福の時を過ごすことができたと想像できます。

ところで、この地で一人の年若き金髪のかわいい娘**ロザリンド・ウィリアムズ**が兄弟の人生に加わってきました。ニティヤが熱を出すことが多くなり、ひどく咳き込むようになってきたときのことでした。彼女は看護婦然とした、とても快活で、陽気で、ニティヤを機嫌よくさせ続けてくれる子でした。この頃、クリシュナムルティは生まれて初めて恋に落ちた**ヘレン・ノース**にまだラブレターを書いていました。＊

＊一九二一年九月にクリシュナムルティがオランダのアムステルダムに立ち寄った際、当時十七歳であった魅力的なアメリカ人の少女、ヘレン・ノースと出会った。彼女は、神智学協会オランダ代表だった叔母の家に滞在して、バイオリンの稽古をしていたのである。ヘレンは、その後神智学協会を去り、スコット・ニアリング〔1883-1983〕という二十一歳年上の人物と結婚した。

クートフーミ大師からのお告げ

ところで、一九二二年六月下旬にはリードビーターを通じてクートフーミ大師（ヒマラヤあたりに住んでいたとされる）から、次のようなお告げを受けたとされます。＊

見解や方法の相違には寛大であれ。なぜなら、その各々が内側のどこかに真理の断片を隠し持っているからである。たとえ、しばしばそれがほとんど元の面影もないほど歪められていようと。各々の無知な精神の地獄の闇の中の、あの最もかすかな光の輝きを探し求めよ。なぜなら、それを認め、育成することによって、汝は赤児の兄弟を助けうるのだから。（『クリシュナムルティの生と死』）

メアリーが記すクリシュナムルティの伝記の一節の箇所ですが、私たちの常識は、一連の記述に対して正直すんなりと「首をたてにふる」、つまり「なるほど」とうなずきがたいところかも知れません。クートフーミ大師なる存在が一体何者であるのかその正体がわからない、そしてその方からのお告げがリードビーターを通してどのようにクリシュナムルティに告げられたのかも定かではないからです。このような状況に対しては私たちの常識は「胡散臭《うさん》い」「眉唾物《まゆつばもの》」と断じ、この不思議な出来事から目をそらしてしまうようになってしまうかも知れません。

しかしながら、この事態への公平な態度は、クートフーミ大師、リードビーター、クリシュナムルティ三者の間で行われた「お告げ」という行為が現実にあった、とクリシュナムルティが、のちにこのお告げのことばをベサント夫人同様母親的存在のエミリー夫人に書き写したものを送っている事実をそのまま認めることにあると私は思います。

くどいようですが、私たちとしてはそのお告げの経緯については理解を超えるところがあったとしても、それをクリシュナムルティが現実に受け取ったことを素直に認めた上で、その内容について注目する必要があるのではないかと思います。

なぜなら、ここに記されていることは、後の「星の教団」解散宣言から真正の世界教師として世界を巡ってあまたの無名の人々との交わりの人生を歩んでゆくクリシュナムルティを支える「心の軸」を示してくれていると思われるからです。

実際、メアリーが伝記の中でこう記しているところが注目されます。

シドニーにいたクリシュナに対する大師のお告げは彼に大きな影響を与えた。八月十二日に彼はエミリー夫人に、過去二週間にわたり自分は毎朝そして寝る前にそれぞれ三十分間それについて瞑想してきたと書いている。「大師たちとの古い接触を**私は取り戻しつつあり、**そして結局、人生で重要なのはそれだけなのです。」（強調は原文、『クリシュナムルティの生と死』）

＊神智学協会はモーリヤ大師とクートフーミ大師（完成した魂の持ち主）が特別な保護下に置いたと言われる。神智学協会の創設者の一人、ブラヴァツキー夫人の時代には、これらの大使は、チベットのある渓谷に、立派な人間の姿をして、お互いに近くに暮らし、そしてそこから世界の他の場所に旅するため、しばしば出て来ると信じられていた。（『クリシュナムルティの世界』）

クリシュナムルティの神秘体験、プロセスの実相

こうエミリー夫人に書いてから五日後、**クリシュナムルティは彼の人生を根本から変えた三日間にわたる体験をする**こととなりました。いよいよ**本日のヤマ場**にさしかかることとなりました。今から皆さんと共に見てゆく、クリシュナムルティの身に起こった三日間のいわゆる「神秘体験」をどのように皆さん一人一人が受け取るか、無論それは皆さんに託されています。ただ、それは紛れもない一個の人間に現実に起こった出来事である、との一点はしっかり認めておくことが大切かと思います。それというのも、**この神秘体験には四人の紛れもない目撃者**がいたからなのです。すなわち、**弟ニティヤ、ウォリントン氏、**アメリカ・リベラル・カトリック教会司教総代理の**ウォルトン氏、**そして**ロザリンド**の四人です。

それでは、貴重かつ不思議な生命現象のあらましを順次重要な点を抽出しながら時系列で紹介してゆき

ましょう。最初に紹介してゆく内容は、弟ニティヤが「神秘体験」後二週間してベサント夫人とリードビーターに送った詳しい報告書をもとにしたものです。

なお、以下の記述について、

○印は、現実にクリシュナムルティの心身に起こったこと、

●印は、ニティヤの感想、

△印は、クリシュナムルティ以外の彼を取り巻く人の行動を、

□印は、ロザリンドの行動及び彼女の身に起こったこと、

をそれぞれ表しています。では、いっしょに見てゆきましょう。

●私たち**全員の人生**が、**起こったこと（神秘体験）によって深甚な影響を受けた**と言っても過言ではないと私は思います。

〈十七日の木曜日〉

●私たちは終始**非常に注意深く彼を見守った**ので、何もかもが鮮明に私たちの記憶に残っているのです。

○この日の夕方、クリシュナムルティはやや疲労と不安を感じていました。そして、**首筋の中程**に、**大きなビー玉ほどの大きさの畏縮した筋肉のように見える、痛そうな塊**ができていたのです。（この塊が出来ていることは、周りの人が気づいていた。）

〈十八日の金曜日〉

○クリシュナムルティはうめき声をあげ始め、急な震えとおののきの発作が起こり、その震えをかわすべく両手を固く握りしめたが、その姿はまさしくマラリア患者のようでした。

○世話役を担っていたロザリンドを押しのけて、ひどく暑いと訴え、そして彼の目は**彼が不思議な無意識状態に深く陥っている**ことを示していました。

●部屋の反対側に坐っていた、ウォリントン氏は、物質界以外の界《プレーン》から伝わってくる影響の結果、クリシュナムルティの身体の中で何らかの**プロセス**が起こりつつあるということに気づいたのです。（この事は、後にウォリントン氏がニティヤに話してくれた。）

○朝のうちにクリシュナムルティの容態はさらに悪化し、数分ごとに彼はベッドの中で起き上がり、私たちを押しのけ、またもや震え始めたが、この間ずっと彼は半ば無意識になっていたようです。

○というのも、彼がアディヤール（インド）やそこの人々のことを、まるで目の前のことのように話したからです。

○その後昼食になると、彼は静まり、すっかり具合が良くなったらしく、十分に意識が回復していました。

○でも、午後は再びうめき苦しみ、食べたものももどさざるをえない状態にもなり、**意識も半ばしかない、ずっと苦痛の中にある様子**でした。

□とても奇妙なことに、私たちが食事をとる時には、彼は静かになり、ロザリンドは彼から離れて食事をとるのに十分な時間をもつことができました。

〈十九日の土曜日〉

○彼の入浴後に**それ（プロセス）**は再び始まり、彼は前日よりもさらに意識が薄れているように思われ、日中ずっとそれは、規則的な間合いで彼に休息を与え、ロザリンドに食事を許しながら続きました。クリシュナムルティにとって、**土曜日は体調的に最悪の日**でした。

〈二十日の日曜日〉

●最悪の土曜日に比して、**日曜日には私たちは輝かしいクライマックスを目のあたりにする**こととなりました。

△三日間にわたりずっと、私たちは皆精神と感情を平成平穏に保つようにこころがけました。

□ロザリンドは三日間彼のそばで過ごし、彼の要求に応じてゆきました。（世話が必要な時、一人を望んだ時に臨機応変に応える。）

●彼と共にいるロザリンドを見、自分の愛を没我的に、いささかの私情も交えずに注ぐ姿を見守ることは実に心地よいものでした。

●ロザリンドは、まだ十九歳の身でしたが、クリシュナムルティと私たち全員を助けるために特別にここに連れて来られたということが、その後の出来事（ロザリンドの身に起きたこと）によって物語られています。

□ロザリンドは、年若く神智学のことをほとんど知らないにもかかわらず、この三日間彼女は**偉大な母親役**を果たしたのです。

○クリシュナムルティの具合はさらに悪く、彼の意識はますます断続的になっていきました。彼は、ベサント夫人やアディヤールのことを話し、「**インドへ行きたい！**　なぜ彼らは私をここへ連れてきたのだろう？自分がどこにいるのかわからない。」と繰り返しました。

●夕刻六時頃、突然、**家中が何かすさまじい力でいっぱいになった**ように思われ、クリシュナムルティはまるで取り憑かれたかのようでした。

○彼はベッドの汚さ、家の耐え難い汚さ、まわりにいる全員の汚さにひどく文句を言い始め、苦痛に満ちた声で、彼はたまらなくインドの森に行きたいと言いました。
△彼が独りになりたいという意思を表明したので、私たちは彼を残してベランダに集まりました。
○△でも数分後クリシュナムルティはクッションを抱えて私たちに加わり、**ベランダの上は、五人がそれぞれの位置をとり、**薄明かりを背に紫色に染まる、ずっと遠くの丘に顔を向けて、私たちはほとんど何も話さずに坐っていました。
●すると、**クライマックスが差し迫っている**という思いが私たちに押し寄せてきました。私たちの思考と感情のことごとくが、何か偉大な出来事への妙に安らかな期待でぴんとはりつめていたのです。
△ウォリントン氏が天与の霊感を得、家から数ヤード離れて新緑の葉をつけていた**胡椒の若木**—香しい花をたわわに咲かせ、鮮やかな色のハチドリや、かわいらしいカナリアや、ブンブンいう蜜蜂の出入りする場所—の下まで行くよう、クリシュナムルティを優しく促しました。
○クリシュナムルティは最初はしぶっていたが、やがて自発的に出かけてゆき、「もっとはやくなぜ、ここに連れてきてくれなかったのか」と叫ぶように訊ねました。やがて、彼は**詠唱**し始めました。静かな疲れた声で、アディヤールの「聖Shrine Room」で毎晩歌われていたマントラ［真言］を唱えました。
●この晩、彼が胡椒の木の下で祈りの歌を歌い終えた時、菩提樹下の仏陀を思い浮かべ、あたかも再び〈彼〉がクリシュナムルティに祝福を送られたかのような、あの光輝の波動が平和な谷間に広がっていくのをまたもや感じたのです。
●あたりは**〈偉大な方の存在〉で満たされているよう**に思われ、そしてひざまずいて拝みたいという大きな切望が私の中にこみ上げてきました。なぜなら、私たち全員の心の憧れである〈偉大な方〉が自らやって来られたからです。私たちの眼には、〈彼〉は見えませんでしたが、**全員が〈彼〉の光輝を感じた**のです。
□ロザリンドの眼が開けられ、そして彼女は見たのです。**「〈彼〉が見えませんか、〈彼〉が見えませんか?」**と彼女が私たちに言った時、**彼女の顔は神々しく**なっていました。なぜなら、**彼女は聖なるボーディサットヴァ〔ロード・マイトレーヤ〕を見た**からです。彼女の顔は彼女の心の恍惚を示していました。
△静かに私は、〈彼〉が私を〈彼〉の僕として受け入れてくれるように祈り、そして私たち全員の心はその祈りでいっぱいになったのです。
●居合わせていた**多数の〈方々 Beings〉の光輝と栄光は三十分**続きました。
□ロザリンドは、喜びに震え、ほとんどむせび泣きながら「ほら、見えますか?」あるいは「音楽が聞こえませんか?」と何度も繰り返し言いました。
△それから間もなく私たちはクリシュナムルティの足音を聞き、そして彼のほの白い姿が闇の中をこちらに向かって来るのが見え、そして**すべては終わりました。**
□**ロザリンドは気を失って椅子に倒れこんだ**が、何も――なおも耳に残っている楽の音を除き、すべてが彼女の記憶から消え去っていたのです。
　ここまで、ニティヤの報告に基づいて三日間の出来事の骨格部分を順次紹介してきましたが、皆さんはどのような感想を抱いているでしょうか。どうか、自分のこころの中に現れ出た「思い」をしっかり、じっくりあるがままに見つめてゆく作業をやり続けていってください。

私は「光」を見たのです

ここまでは、ニティヤの観察記録からでしたが、続いては出来事の中心人物である**クリシュナムルティ自身による報告書**から、その特徴的なところを抽出してみたいと思います。

最初の日、クリシュナムルティはきわめて**超常的（extraordinary）な体験**をしました。いわば**あらゆるもの―無生物も生物も―との一体感を感じ取った幸福な体験。**道を補修している人、その人がつかんでいるつるはし、彼が砕いていた石、青い草の葉、道路補修工の感じ、考えていること、木の枝や葉の間を通り抜ける風、草の葉にとまっている小さな蟻、鳥たち、ほこり、騒音、ドライバー、エンジン、タイヤ等々。**あらゆるものが私の中にあったという一体感。**＊クリシュナムルティは、この上ない幸福感に浸っていました。ここからは、クリシュナムルティ自身によるこの超常現象の中にあって幸福感の絶頂にある自分を語ることばに共に耳を傾けてゆきましょう。

> 私はこのうえもなく幸福でした。なぜなら、私は見たからです。何一つ今までと同じではありえないでしょう。私は生の源泉の澄み切った清水を飲み、私の渇きは癒やされたのです。二度と再び私が渇きをおぼえることはありえないでしょう。二度と再び私が暗闇に陥ることはありえないでしょう。**私は〈光〉を見たのです。**すべての悲しみと悲しみを癒す**慈悲心**に触れたのです。それは私自身のためのものではなく、**世界のため**のものです。・・・（強調は稲瀬、『クリシュナムルティの生と死』）

報告書は、ニティヤ、クリシュナムルティ自身によるものの他に、ウォリントン氏の体験報告もあり、兄弟の報告の真実性を保証しました。

＊クリシュナムルティのこの神秘的な体験―すべてのものとの一体感―のことを思う時、私の脳裏をよぎることばがある。それは今は亡き戦後日本の代表的な思想家であった**吉本隆明氏（1924-2012）**がある本（吉本隆明『背景の記憶』宝島社）の中で吐露したこと。すなわち、吉本氏は、**「他者を自分として感ずることができるかどうかを人性上、そして人間の社会的存在の仕方の最後の問い」**と考えていたということ、を。クリシュナムルティの神秘体験は吉本氏の最後の問いの応答にどのような影響を与えるのかどうか。実に、興味深いところである。吉本氏がクリシュナムルティの万物との一体感の境地に立ったという言明をどのように受け止められるか。興味は尽きないところである。（強調は稲瀬）

神秘体験、プロセスをどう見るのか

これまで、クリシュナムルティの心身に起こったありのままの出来事の核の部分を見てきました。皆さんはこの報告をどう感じたでしょうか。皆さんの常識はどう反応したでしょうか。今、皆さんの学びはまさにそこにあります。じっくり**こころの中に現れ出る様々な思いにまなざしを**向けましょう。

今の時点で、例えば「ええ、こんなことが本当に起こるのか、にわかには信じがたいが？」等々おそらく、肯定的な感想よりも、懐疑的な感想を持つ方が多いと思われます。なぜなら、クリシュナムルティの心身に起こったとされる現象は、通常人が体験する領域を遥かに超えたものであるからです。でも、ここは、学びの最前線として、新たな自分を発見してゆくことにつながる場となるかも知れないとの真摯な態度で、この現象に向き合ってゆくことが大切な姿勢ではないかと思います。

クリシュナムルティの、三十代半ばから九十になんなんとする気の遠くなるほどの長きにわたる「世界への歩み」のまぎれもない現実を、今に生きる私たちは歴史的事実として知っています。そこからすると、とりわけクリシュナムルティ自身が感動的に語った先のことば、**「私は光を見、すべての悲しみ、苦しみを癒やす慈悲心に触れ、生の源泉の清水を飲み、これからの生は私自身のためではなく、世界のためのもの」**とのことばの重みを感じないわけにはいきません。ここに、クリシュナムルティの発した膨大なことばの真実なる響きの源が示されていると、感じずにはおれません。

ところで、ここでクリシュナムルティに起こった神秘体験について、触れておかなければならない大切なことがあります。それは俗に**「プロセス」**という名で言われている、クリシュナムルティの身に起こったこれまた**摩訶不思議な現象**なのです。彼は三日間で生の源泉という真理に触れるという幸福感に浸ることができた一方で、**肉体的には名状しがたい塗炭の苦しみ**にこれ以後、生涯を通して、かなりの長期にわたって耐えてゆかなければならない運命にありました。

とりわけ神秘体験後、その年の年末近くまでの約三ヶ月間にわたり毎晩肉体がこうむった苦悶についてのニティヤの記述はまことに痛ましいものがあります。

クリシュナムルティによって「彼ら（they または them）」と呼ばれていた複数の眼に見えない存在が、彼に施した**手術**、十月の初めに施したクリシュナムルティの目に対する**洗浄行為**（＝クリシュナムルティの言「それは砂漠の中に縛りつけたまま、自分の目蓋を切り取られて、灼熱の太陽に自分の顔をさらすようなものです。」）

さらに、きわめつけは彼らは、彼の頭の中の何かを**開け始め、**筆舌に尽くしがたい**苦しみ**を与え、「どうか、お願いだからそれを閉じて」とクリシュナムルティをして言わしめるにいたった事実。

この誠にショッキングなニティヤの記述によるクリシュナムルティの苦悶の現実を前に、**私たちの理性、感性は大いなる挑戦を受けている**ように私には思えます。このことをミステリアスな出来事として一過性のものとして見るか。それとも私たちと同じ人間に起こった嘘偽りない出来事として認めるか。はたまたその現象は私たちとは異質の貴種の身に起こった誠に稀有な出来事、一般の私たちには起こりえない、従って私たちと接点をもたないと見るか。さらには、確かに常識的にはにわかに信じがたい出来事であるが、ニティヤを始め目撃者が複数存在している現実を直視し、その出来事の信憑性《しんぴょうせい》を保証した上で、その現象の意味するところ、とりわけ人類の未来への何らかのメッセージとして、「クリシュナムルティの神秘体験」及び「プロセス」を私たちとつながるものがあると見てゆく道。こういったところが考えられるところではないかと思います。

どれが正しい、どれが間違いとここで言ってもそれほど益するところは少ないのではないかと思います。伝記作家であるメアリーも、クリシュナムルティの八月十七日～二十日の体験及び「プロセス」について、ベサント夫人そしてリードビーターの神智学の立場からの解釈を伝記（前掲書）の中で紹介しています。専門用語で申し訳ないですが、第三イニシエーションの通過とか、クンダリニー（蛇の火）の覚醒説、医師、心理学者たちによる偏頭痛、ヒステリー、てんかん、精神分裂病などが示唆されました。でも、メアリーはクリシュナムルティの身に起こった出来事に対して、**「どれも該当しない」**と断じています。メアリーのことばに、ここはしっかり耳を傾けようではありませんか。

「・・・多くの神秘家たちは、むろん、幻を見、声を聞いたが、しかしこれらは果たしてこれほどの身体的苦悶を伴っていただろうか？　何らかの物理的説明はあるだろうか？　人は、神秘的なそれしかありえないという結論に至ることを強いられるのだろうか？　確かだと思われるのは、以後数年間にわたってクリシュナの肉体に起こったことが何であれ、それは、彼の後の教えの源となった**何らかの超越的な力またはエネルギーのための経路に彼がなることを可能にした**ということである。」（強調は稲瀬、『クリシュナムルティの生と死』）

後のクリシュナムルティの半世紀以上に及んだ対話人生に必要不可欠であったであろう莫大なエネルギー。ありとあらゆる人々の生きる現場に直に参入してゆく彼の底知れぬ人間力の凄さ。外見は小柄な身体のどこにこのような力が蔵されていたのか。疑問は疑問を呼び、容易に納得のサイン（首をたてにふる）を自らに告げることはできません。でも、クリシュナムルティの生を学びとして見てゆくものとして、**彼の正体をあばいてゆくことこそが大事なことであるのだろうか？**　ここは思案のしどころだと思える。私も曲がりなりに数十年クリシュナムルティのことばに触れてきましたが、クリシュナムルティが見たとされる**「生の源泉」**に、**私たちも推参**してゆこうとする方向に、**私たち自身のまなざしを向けてゆくことこそが真に生産的なこと**だと信じます。これから先も、この思いを胸に、皆さんと共に、クリシュナムルティの世界にさらに深く歩を進めてゆきたいと願っています。

第四回　「星の教団」解散宣言へ向かう精神の軌跡

―変貌するクリシュナムルティ―

「反逆者」クリシュナムルティの誕生

皆さん、こんにちは。前回はクリシュナムルティの心身に起こった摩訶不思議な神秘体験、そして「プロセス」を中心に据えて見てきました。これらの現象をどう受け止めるのか、それは皆さん（無論私を含めて）一人一人がこれまで培ってきた常識力が試されている、と私の考えを伝えました。あれから一週間経ちました。まさに覚醒の時来る、クリシュナムルティの体験に対しては、弟のニティヤや彼自身の報告に現れた表現をありのままに受け取ることが、読者としての正当な姿勢だということを私たちの共通の基盤として、これから先もクリシュナムルティの生を鏡として、私たち自身の学びの場とすべく、粘り強く見てゆきましょう。

本時は、彼の人生行路の大きな岐路となる、**二十代後半から三十代前半にスポット**をあててゆきます。とりわけ**クリシュナムルティ三十四歳の時、一九二九年の「星の教団」解散宣言**という、クリシュナムルティに訪れた人生最大の決断の時と言っても過言ではない**歴史的事件に至る内面のドラマ**を丹念に見てゆきたい。そこでは**「生の源泉」**に触れたという絶対的基盤の下、何ものの権威にも組しない**「反逆者」の誕生**の場面に出会えるからです。クリシュナムルティが**弟ニティヤの死**を始め、人生の厳粛な事実と逃げることなく**直面**してゆく姿は、私たちが生きてゆく場にも重ねて見つめてゆくことができます。人生の歩みの途上でクリシュナムルティは局面を打開するためにどのようにそれを見つめ、考え、そして行動に転じていったのか。その姿は必ずや皆さん自身の今、生きている姿を強烈な光でもって照り返さずにはおかないと信じます。では、今日の授業始めてゆきましょう。

弟ニティヤの死

一九二二年八月の神秘体験後から一九二四年にかけて続き、その後も長きにわたってクリシュナムルティの身に起きた、いわゆる「プロセス」の発生と足並みをそろえるかのようにして、彼の精神内部ではしだいしだいに「世界教師」としての自らの役割への自覚がより明確化してゆきました。

内面で進行してゆく「世界教師」への自覚という将来の歩みの基盤形成の重要な時期にあって、クリシュナムルティにはとりわけ悲しい別れがありました。**一九二四年二月に父ナリアニアが死に、**そして**翌年十一月には最愛の弟、ニティヤがこの世を去ってしまった**のです。

父ナリアニアとの十年ぶりの再会、そして死去については既に前回の授業で触れました。ここは、**弟ニティヤの死に、クリシュナムルティはどう直面したのか。**そこにスポットをあててみたいと思います。

皆さんの中にも兄弟、姉妹がいる人が多いかと思います。いつかはこの世を去っていかなければならない身同士ではありますが、**クリシュナムルティ三十歳、ニティヤ享年二十七歳での今生の別れ**となりましたあまりに若い別れと言わなければなりません。

一九二五年十一月八日、ベサント夫人、エミリー夫人、クリシュナムルティらの一行は、欧米での活動を終えてナポリからコロンボに向けて出港して間もなく、カリフォルニアに居たニティヤがインフルエンザにかかったとの一通の電報を受け取っていました。その五日後の十三日、船（オルムズ号）がスエズ運河に入った大嵐の晩に、同行していたベサント夫人からニティヤの死の知らせをクリシュナムルティは受けたのです。**この時の彼の落胆がいかに大きかったたか、**メアリーの伝記が雄弁に物語っています。

三歳下のニティヤは、兄クリシュナムルティの同伴者として、絶えず行動を共にしてきた、特に実務的能力にたけた人物でありました。ヨーロッパ遊学中、クリシュナムルティは大学受験に失敗したのにニティヤはなんなく合格、パリ遊学中は、自動車とトラクターをインドに輸入するための会社をロンドンに作ろうと希望していたこともあり、進取の精神に満ちた優秀な若者でした。

しかしながら、前回の授業で詳しく見たように一九二二年の八月に兄であるクリシュナムルティの身に起こった神秘体験を目撃したことが、彼の人生設計を根底から一変させました。つまり、自分の人生は、兄の仕事のサポート役を果たしてゆくことにあるとの使命感をもつにいたったわけです。クリシュナムルティ自身も、自らの使命を今後果たしてゆく上で、ニティヤの助力は欠かすことのできないものであると強く感じておりました。そしてヒマラヤのマスターたちがニティヤのいのちを延ばしてくれるものとの確信を抱いていました。それだけに、ニティヤの死の知らせは、クリシュナムルティを根底から打ちのめし、彼の人生観、ベサント夫人及びリードビーターによって形どられ、**ニティヤの絶対的支援**を受けながら果たしてゆく予定であった**クリシュナムルティの未来設計は一挙に崩れ去った**わけです。

皆さんはここまでの話、どのように受け取るでしょうか。こころの中でどのような思いがめぐっているでしょうか。年若くしてこの世を去ったニティヤの無念、そして兄クリシュナムルティの落胆、苦悩。ニティヤの死から十日間に見せたクリシュナムルティの表情、行動は、深い愛情に満ち溢れた一人の赤裸々な青年の生の姿でした。まさに人として生きるということの何たるかを、この時のクリシュナムルティは見事に体現していました。メアリーはこう記しています。

夜になると彼はすすり泣き、『ニティーヤ』とうめくように叫んだ。・・・来る日も来る日も彼の悲嘆は続き、幻滅を感じ続けた。来る日も来る日も、彼はニティーヤがいない生の現実に必死で直面しようと努めた。彼は**内的革命**を遂げつつあり、それによって新たな力を見出していった。（強調は稲瀬、『クリシュナムルティの世界』）

われわれは一つになったのだ

クリシュナムルティという一個の人間が直面しなければならなかった最愛の弟ニティヤの死という現実。九十年という生涯の中にあって、幾度となく人生の節目を経ていったであろう彼にとって、この時の苦しみの深さ、そしてそこから逃げることなく耐え忍び、新たな生きるパワーを見出していった人間クリシュナムルティの力が一つの輝ける象徴として読者である私たちに訴えかけてくる場面ではないでしょうか。

さて、一行がコロンボに到着するまでには、彼は**自分の悲嘆をほとんど祝福とも言えるものへ**と変えたと、メアリーは記しています。以下は、ニティヤについて、クリシュナムルティが書き、東方の星の教団の機関誌『ヘラルド・オブ・ザ・スター』一九二六年一月号に掲載された論説の一部です。

われわれ二人の兄弟のこの世での楽しい夢は終わった。・・・肉体的には引き裂かれはしたが、しかしわれわれはけっして別々ではない。**われわれは一つになったのである。**・・・今や私は、・・・永遠にして不壊であり、何ものにも屈することなき大いなる愛があることをはっきりと感ずる。（強調は稲瀬、『クリシュナムルティの生と死』）

クリシュナムルティとニティヤとの生前の関係、ニティヤの死がもたらしたクリシュナムルティの深い嘆き、苦悩、そしてそれに必死に耐え、そこから芽生え、永遠の大いなる愛の存在への揺るぎない確信。**最愛の弟ニティヤの死への全身全霊を賭けたクリシュナムルティの直面**は、新たな意識、人生への真新しい視野を大きく広げてゆくものであったことが、ここから読み取れるのではないでしょうか。そして、自らの体験を通して、私たちに**苦しみへの真の対処法**という、人生を送ってゆく上で避けて通れない現実への生きるヒントを提示してくれているように思われます。まさに、**「自己教育の場」**と言えるでしょう。

変貌するクリシュナムルティ

最愛の弟ニティヤの死を乗り越えたクリシュナムルティの人生の時として、**一九二五年**は印象に深く刻まれる年となりました。この年の**十二月二十八日**に**神智学協会総会**に続いて、東方の星の教団の大会がありました。三千人以上の出席を得て朝八時から**バンヤン樹の下**で開かれた最初の集会で、クリシュナムルティが「世界教師」についての話の終わりに近づいていた時、彼は**突然変容した**のです。この重要な局面をメアリーはこう記しています。

「〈彼〉は、欲し、願い、切望している人々の許《もと》にだけやって来るのです。」と言っていたのだが、その時**彼の顔は変化し、**そして**彼の声はとてつもない威厳とともに朗々と響き渡った。**「そして私は、思いやりを欲し、幸福を欲している者、解放されることを切望している者たちのためにやって来る。私は改革するためにやって来るのだ。取り壊すためではなく。私は、破壊するためではなく、建設するためにやって来るのだ。」

われわれのうちの、その変化に気づいた者たちにとって、それはぎょっとさせる瞬間でした。（強調は稲瀬、『クリシュナムルティの生と死』）

ベサント夫人も確かにそれに気づき、東方の星の教団の最後の集会で、こう言いました。「・・・［十二月二十八日の］その出来事は、選ばれた乗り物がはっきり聖別された［世界教師の用に供されるべく奉献された］こと・・・ずっと以前選ばれていた肉体が**最終的に受け入れられた**ことを示しています。・・・〈到来Coming〉が始まったのです。」（強調は稲瀬）

リードビーターも同様に確信し、クリシュナムルティ自身もなんの疑いも持っていませんでした。事実、クリシュナムルティは、翌一九二六年一月五日の弟子たちの集会で、「私は、個人的にはあの日からすっかり違ってしまったと感じます。・・・・」「クリシュナムルティが今や自分は貝殻のように感じる—それほど**絶対的に非個人的（インパーソナル）**になっている—とクリシュナムルティが彼女に告げた。こうエミリー夫人の日記に書き留めていた」、と記されています。（強調は稲瀬、前掲書）

そして特質すべき点は、**「自分の身体からの完全な分離感覚は、彼の一生を通じて続いた現象であった。」**

とメアリーがクリシュナムルティの生涯を見通して書いているところです。精神と身体をめぐる関係は、いつの時代でも人々の関心の的となってきましたが、クリシュナムルティという一個の人間に生起したこの不思議な現象をどのように見るか。ここでも私たちに**「人間とは何か」**という根本的な問いへの無視できない事実の重みを提供してくれている、と述べておきたいと思います。

「東方の星の教団」から「星の教団」へ

クリシュナムルティの中に起こってきたこのような変容とあいまって非常に多くの人が、クリシュナムルティを乗り物として**「世界教師」が到来したと信じる**ようになってきました。そしてこれを受けて**「東方の星の教団」が一九二七年に「星の教団」に名称変更**され、その目的も次のように改められました。

一、この世に〈世界教師〉が顕現したことを信じるすべての人々を結集させること。

二、人類のために〈彼〉が〈彼の〉理想を実現するよう、万全を尽して〈彼〉のために働くこと。この教団はいかなる教義《ドグマ》も、信条《クリード》も、信念体系《ビリーフシステム》も持たない。その依って来たる源《インスピレーション》［生みの親］は〈教師〉であり、その目的は〈彼〉の普遍的な生命を具体的に表現することである。（『クリシュナムルティの生と死』）

「幸福の王国」をめぐって

クリシュナムルティを長とする星の教団、そして神智学協会にとって「世界教師」としての地位を、揺るぎないものとしてゆこうとする流れの中にあって、彼が講話で話す内容は、明らかに星の教団、神智学協会がもくろむ「世界教師」の存在とは異質な、**クリシュナムルティ独自の思想・哲学が泉のように湧き出てきました。**一九二六年の**「幸福の王国」**、翌年の**「解放」**というテーマで行われた**オランダ・エルダー城での講話**から、印象深い箇所を紹介しましょう。

まずは、「幸福の王国」に係る講話から。

私は、あなた方がやって来て、**私の窓から見るように**していただきたい。・・・私はすべての人、本当に愛しているすべての人、苦しんでいるすべての人に属している。・・・私は本当に感じているがゆえに、私は**あなた方にも**感じるようになってもらいたい。私はあらゆるものを愛おしく思うがゆえに、**あなた方にも**すべてのものを愛おしく思うようになってもらいたい。・・・これが生きるに値する唯一の生であり、所有するに値する唯一の〈幸福〉である。（強調は稲瀬、『クリシュナムルティの生と死』）

「解放」をめぐって

続いて、「解放」についての講話から。

内面に絶え間ない動揺がなければなりません。・・・私はドアになることはできますが、しかし**あなた方自身がドアを通り抜けて、**その向こうに解放を見出さなければならないのです。・・・**解放を遂げた者は〈教師〉になったのです**――私のように。炎の中に入り、炎になるための力は各人の中にあるのです。・・・私はここにいるので、もしもあなた方があなた方の心の中で私をつかまえるなら、私はあなた方に到達するための力を与えるでしょう・・・**解放は少数の者、選ばれた者、選民たちのためにあるのではないのです。**（強調は稲瀬、『クリシュナムルティの生と死』）

皆さんはクリシュナムルティのことばをどのように受け止めたのでしょうか。この印象深い二つの講話の中に、彼は、後年真正の「世界教師」となってゆく、その確かな芽を見出すことができると言っても決して言い過ぎにはならないと思います。

まさに揺るぎない人生行路の軸が形成されている場面に出くわすことができたと言えましょう。そして、ここでクリシュナムルティが述べている内容、すなわち**人間だれしもが自分の力で真理を見出さなければならないこと**を、どこまで心中深く聴き入ることができるか。厳しく問われている**自己教育のまさに正念場**のところであることを決して忘れてはなりません。

「幸福の王国」、「解放」とグルの存在を絶対的な前提として真理への階段を一段一段登ってゆく営みを基本とする星の教団、神智学協会の教えとはスペクトルの異なる真理観、生命観を講話の中で開陳していったクリシュナムルティ。会員たちの関心の的であったであろう「世界教師」及び「最愛の方」の存在について、**この年の七月の末に開催されたエルダー城での集会**で、メアリーが言うには、クリシュナムルティ自身の立場について彼が今までにしたうちで**最も重要な声明**を行ったのです。以下、声明のポイントとなる箇所にしぼって紹介します。

わが〈最愛の方〉とは大空であり、花であり、あらゆる人間です・・・**わが〈最愛の方〉と私は一体である**と、確信をもって、他の人々を納得させるための度を越したいかなる興奮も、誇張もなしに言えるようになるまで、私はけっして語りませんでした。私は、誰もが欲する漠然とした一般的な事柄について話すようにしました。「私は〈世界教師〉である」とはけっして言いませんでした。が、今、私はわが〈最愛の方〉と自分が一体だと感じているので、私はそう言明します。（強調は稲瀬、『クリシュナムルティの生と死』）

「最愛の方」の正体とは

「最愛の方」そして「世界教師」の正体をクリシュナムルティから直接聞きただそうとする人々のこころの中を見透かしたかのようなクリシュナムルティの言明。ことばの限界を知り尽くした上で、それでも人々にことばで可能な限りの説明を施して、「最愛の方」および「世界教師」の何たるかへの対処法を真摯な態度で示してゆく彼の姿勢が見事に発揮されている場面ではないでしょうか。

思えば、一九二二年のオーハイ峡谷での神秘体験によって大いなる変容を遂げていたクリシュナムルティにあって、そこから過ごしてきた数年間は、変容が一過性のものではなく、決して後戻りすることのないクリシュナムルティという一個の**生命体全体の変容**に至ったことが改めて得心できる彼のことばだと思えます。しかし、人々に自らつかんだものを表明してゆくことを運命づけられていたクリシュナムルティにあって、「〈最愛の方〉と自分が一体である」と確信できるまでには、クリシュナムルティと言えども、少なからざる時間を要したことが表明されているところは、看過してはならないところだと私は思います。

そして、いわゆる「利己性」が彼自身の中から消え去ったクリシュナムルティであったればこそ、先の講話の最後で次のように述べることができたと思われます。

> 実は〈真理〉はあなた方の内にあるのです。・・・〈最愛の方〉とは誰のことなのか、と私に尋ねても無駄です。説明が何のためになるというのでしょう?なぜなら、**あらゆる動物、あらゆる草の葉、苦しんでいるあらゆる人、あらゆる個人の中にあなた方が〈最愛の方〉を見ることができるよう**にならないかぎり、あなた方は〈彼〉を理解することはできないからです。（強調は稲瀬、『クリシュナムルティの生と死』）

一九二九年の「星の教団」解散宣言に向って成熟してゆくクリシュナムルティの内的変容の様は、これまで縷々《るる》見てきたように彼独特の言語表現を用いながら、いかに「真理」、「幸福」、「自由」、「解放」への道がそれはそれはいばらの道であったのか。イーブリン・ブロー著『回想のクリシュナムルティ第1部：最初の一歩・・・』（コスモス・ライブラリー刊）に記載されている**クリシュナムルティの真理探究をめぐる、正直な苦しみの事実の表明**を通してうかがい知れると思われます。

> **真理を見出すことは絶え間ない苦闘でした。**なぜなら、私は他の誰かの権威、他の誰かの要求、あるいは誘惑に満足しなかったからです。私は自分自身の力で発見することを欲し、かくして当然ながら、見出すために苦しみを味わわねばなりませんでした。（強調は稲瀬）
>
> ――『真理の運び手 *Who Brings the Truth?*』一九二七年

不穏な空気が漂う一九二八年当時の状況

刻々と運命の時へ向っていっていた**一九二八年当時、**クリシュナムルティは尋常ならざる精神内部での苦闘を経ながら独自の「自由の道」探究に勇敢な歩を進めつつありました。一方、星の教団、神智学協会のメンバーたちは、依然として伝統・教義の枠の中から出ることなく、教導されることに満足を見出し、決して自らが自らの灯となる道を模索してゆくことは大勢としてありませんでした。彼らはもっぱら、グルたちのことばを頼りとして、霊的階段を確実に登り、最終的には「人類の普遍的同胞団《ブラザーフッド》の核を作る」ためにひたすら努力していたわけです。

彼らの身に立って、クリシュナムルティの激しい揺さぶりをかけたシャープなことばがどのような波をこころに引き起こしたか、ここはぜひともおもんばかってもらいたいものです。クリシュナムルティの自立への促しは、素直に聞き入るにはあまりに激烈な響きをもったものでした。そして、氏の姿勢は、それまで歩んできた自分の生きる地盤を根底から揺るがすものとして、受け入れがたいものであったと想像できます。

「エルダー城の上空は不和の雲におおわれていた」との大野氏の当時の状況を示すことば（前掲書）は、ただごとならぬ出来事の到来を予感させるものがあります。

ところで、ここで皆さんに紹介したいクリシュナムルティの講話があります。それはこの当時、「星の教団」と「世界教師」との関係について質疑応答する形で進められた、教団の拠点であるエルダー城でのクリシュナムルティの言明です。

教団員からのいくつかの質問に対するクリシュナムルティの応答から成り立っていますが、ここでは、これまでも幾度も触れてきました「世界教師」にまつわる問いへの彼の注目すべき返答を見ておきたいと思います。

「〈世界教師〉という呼称はクリシュナジ（稲瀬注：クリシュナムルティの敬称）にとって何らかの意義を持っているのか？」という質問にこう答えています。

常にただ一人の〈世界教師〉がいると私は言明する。ただ一つの〈生〉があり、そして誰であれ人がその〈生〉を実現するやいなや、彼は〈世界教師〉となる。仏陀が〈正覚者〉であり、キリストが〈神の子〉であったように。・・・私が伝えたいのはこういうことである。各人が〈生〉というものを、自分自身の内にあり、他の〈生〉からは別個のものと感じている。が、〈生〉は一つである。その表現は多種多様であるが。不可分なる永遠の〈生〉を人が感じ、知り、意識し、単に知的にではなしにそれを理解するに至るやいなや、彼は〈世界教師〉となる。（強調は稲瀬、『回想のクリシュナムルティ第1部：最初の一歩・・・』）

ここで表明されている「世界教師」観を私たちは見誤ってはなりません。一見「世界教師」ということばからは、一般大衆を精神的に指導してゆく稀有な存在者のイメージがかなり強固なものとして出来上がっている感があります。でも、クリシュナムルティはこういった**固定化された「世界教師」像を打ち砕いてゆきます。**「世界教師」はただ一つの「生」と一体となったものに与えられる名であること。そこから、不可分なる永遠の「生」に到達したものは「世界教師」となる、と「世界教師」ということばに託された新たな意味理解へ人々をいざなってゆきます。ことば自体を発明してゆくことは叶わぬ限界状況の中で、いかに自由なる発想を呼び起こし、新しいことばの意味を見出しつつ**「生」の奥深さに人々を直面させてゆくか、**クリシュナムルティの存在感が際立っているところではないかと思います。

不可避なる「星の教団」解散宣言へ

一九二八年から一九二九年への移り変わりの中で、クリシュナムルティと団員との間の関係を、大野氏はクリシュナムルティの**「世界中心的スタンス」**と団員の**「自集団中心的スタンス」**との間の乖離が決定的になっていったと次のように評しておられます。

自ら山頂に至った者として、クリシュナムルティは団員たちにもそこまで登って、そこからの広々とした壮麗な眺めを共にしないかと誘っていたのである。が、団員たちはどうやらクリシュナムルティが言うような**真の自由や解放を望んでおらず、山の麓で自己満足していたかったようである。**（強調は稲瀬、前掲書、『回想のクリシュナムルティ第1部：最初の一歩・・・』）

本日の授業は、これまでとします。皆さんは今どのような印象をもっているでしょうか。

教育学Ⅱとして取り組んでいる目下の授業のねらいは、**クリシュナムルティの「生」とその教え、そして氏の行動を私たち自身の「自己教育」の場として見つめてゆく**ことにあります。先週の神秘体験、「プロセス」後のクリシュナムルティが変貌を遂げてゆく過程を見てゆく中に、最愛の弟ニティヤの死に遭遇してのクリシュナムルティの人間味あふれる態度。いかに感受性が豊かであったことか。そして悲しみに直面しつつそれを乗り越えてゆく逞しさ。人間にとって最も避け難い悲しみの一つである肉親との別れにいかに対処してゆくか。大いなる「自己教育」の場ではなかったかと思います。

さらに本時の授業を通して、皆さんにぜひ思いを馳せてもらいたいことは、「世界教師」ということばに込められた意味をめぐる問題です。人間関係を通して成立する私たちの「生」にあって、精神的指導者を求めてゆく心性は根深いものがあろうかと思います。クリシュナムルティを取り巻く「神智学協会」、そして「星の教団」の組織も、いわば人間性の根源に巣くうところから生まれ出たものである側面は否定できないでしょう。

真理探究という大テーマの下、クリシュナムルティをトップに頂いて、氏の指導に基づいて組織結束を図り、組織の存在価値を見出してゆこうとするど真ん中に、クリシュナムルティがいたという紛れもない事実。このことにまずもって深いまなざしをむけてみなければなりません。どれだけ精神的重圧がのしかかっていたことか。

しかし、**クリシュナムルティは自らの基底から湧き上がる洞察の光のみを依りどころにして精神が成熟していった**ことを印象深い数々のことばによって私たちは知ることとなった本時の学びではなかったでしょうか。「世界教師」とは何かをめぐる先の彼のことばの中に、そのことが象徴的に表現されていると私は思います。そして、その意味するところが、世の常識といかに次元の異なるものであることか。クリシュナムルティが長い生涯にわたって森羅万象への透徹したまなざしによって明るみに出す無限の意味の世界へ入ってゆく姿がこの**「世界教師」をめぐる意味の深み**を通して、はっきりとした形で見えていると思います。

一九二九年八月三日、オランダ・オーメンキャンプにて、「生」と一体となった揺るぎないクリシュナムルティの思いは、世に名高い**「星の教団」解散宣言**に結実してゆきます。次回は**人生のターニングポイント**として、クリシュナムルティが人生の舵を大きく切ることとなる現場に、皆さんと共に立ち会いたいと思います。そこは私たちにとっては、まさに**「自己教育」の場の一つの極**と言える場に違いありません。しっかり、見届けようではありませんか。では、また来週、この教室で。

第五回　決然たる解散宣言と一自由人としての揺るぎない歩み

―人生のターニングポイント―

「決断」という精神の荒野を歩みゆかねばならぬ人生

皆さん、こんにちは。本時は、前回予告していたとおりクリシュナムルティの人生における大いなる**ターニングポイント**となった**一九二九年八月三日、オランダ・オーメンキャンプでの「星の教団」解散宣言**にスポットを当ててゆきます。

この教室にいる皆さんは、これまでの人生を振り返ってみた時、あの時の**「決断」**は今の自分に通ずる重要なものだったと考えられるものがいくつか思い浮かんでくるのではないでしょうか。さしずめ、高校から大学へ進学してゆく時の決断は、おそらく時間的には最も近い段階での重要なものであったことでしょう。人生の歩みを考える時、私たちの行動の方向を示してゆく上で、大きな契機となるのが「決断」であることは、いわずもがな、常識の範疇のことでしょう。「そんなことは、言われなくても先刻承知のこと」と平然と構える皆さんの心中が見えるようです。しかしながら、一度しかない人生において、決断がどれほど重要であるのか、その意味するところの最深部まで探索の目を向けてゆくことはなかなか普段はやらないことではないでしょうか。

今日は、ぜひ、このことを皆さんと共にやってみたいと思うのです。それは、クリシュナムルティという稀代の哲人、真の「世界教師」と称された人物に訪れた人生最大と言っても過言ではない、「星の教団」解散宣言という一大「決断」に全神経を傾注してゆくことを通して。決断というと、思い出されるあることばがあります。それは、今は亡き**会田雄次氏（1916-1997）**の名著**『決断の条件』**（新潮選書）の推薦文（帯）に、作家の**半藤一利氏（1930～）**が記したことばです。半藤氏は言います。**「人は『決断』という精神の荒野を歩まなければならない。」**と。歴史研究家にして作家の半藤氏は、多年に及ぶ古今東西の歴史探究を通して、数限りない人間達の「決断」の場面に遭遇してこられたことと思います。それだけに、先のことばは、万人の首を縦に静かに降らす力をもったものとして印象深く、それぞれの人生の決断の時に思いを馳せさせてくれるのではないでしょうか。

教育学IIの授業として取り上げているクリシュナムルティもまた、九十年という長き人生を歩んでゆくプロセスを通して、半藤氏の言う「『決断』という精神の荒野」を歩んでいった生涯であったことは想像に難くありません。そして、人生最大と言っても過言ではない厳しい決断を迫られたのが、「星の教団」解散宣言のまさにその時であったであろうことを再度ここで心に留めておこうではありませんか。

ところで、人の言動の意味、重み、深さを捉えてゆく際には、その人が立っていた状況をみておくことは必要な作業でしょう。クリシュナムルティによって発せられたこの歴史的な「星の教団」解散宣言についても、この基本に添ってまずは外堀から埋めてゆき、本丸である解散宣言に迫ってゆきたいと思います。

「星の教団」解散宣言への助走

一九二九年の数年前より、「星の教団」という一つの世界的宗教団体の長たる人物として、多くの教団員によって期待される言動から、クリシュナムルティのそれが逸脱したものとして現れ出ていたことは、既に前回の授業の中で触れました。まずは、その事実に、皆さんの意識を向けてもらいたい。

クリシュナムルティは**一九二八年夏のオランダ・オーメン・キャンプファイア講話**が開催される前に、その組織委員たちに向かって、こう告げた、とメアリーは伝記に記しています。

もしも星の教団が「〈真理〉しかも唯一の〈真理〉を保持する容れ物であると主張」すれば、ただちに教団を廃止すると告げた。（『クリシュナムルティの生と死』）

このメアリーのことばからしても、既にクリシュナムルティの中では、「星の教団」との決別の意思は固まっていたのではないかと推察されます。そして、集会中に述べられた団員向けのことばから、解散宣言は時間の問題となっていたであろうことがはっきりうかがわれます。

私は、霊的《スピリチュアル》成長のためには**いかなる儀式も不要だ**と今までどおり主張します。**〈生〉それ自体を目標**とする方が、必然的に〈真理〉を引き下げ、かくしてそれを裏切らざるをえない仲介者やグルを持つよりもずっと簡単なのではないでしょうか？・・・私は言います。**〈解放〉は、理解する人間によって進化のどの段階においても成し遂げられうる**のであり、そしてあなた方がしておられるように、段階をありがたがることは必要不可欠ではないと。・・・後で私のことばを権威として引用しないでいただきたい。**私はあなた方の松葉杖であることを拒みます。**（強調は稲瀬、『クリシュナムルティの生と死』）

ベサント夫人・エミリー夫人の困惑とクリシュナムルティの確信

クリシュナムルティの中で醸成されていったであろう「生 Life」との一体化を基盤とする、「星の教団」の教義とは相容れない数々の言動は、彼の理解者として大切な存在であった、**ベサント夫人、エミリー夫人をして、精神的荒野に追いやったであろう**ことは想像に難くありません。

しかしながら、クリシュナムルティは多年に及ぶ両者から降り注がれた愛情に感謝しつつも、自らつかんだ真なる世界への歩みを止めることはありませんでした。

彼は、**一九二九年五月二十七日から始まったアメリカ・オーク・グローブでの講話**の一つで次のように宣言しました。

「今、私は言います。いかなる自惚れもなしに、正しい理解をもって、精神と心のすべてを込めて断言します。私は、**生の栄光**であり、それに**すべての人間、個人ならびに全世界が至らなければならない、あの燃え盛る炎である、**と。」（強調は稲瀬、『クリシュナムルティの生と死』）

クリシュナムルティが程なく「星の教団」を解散するであろうとの噂がキャンプ中を駆け巡り、彼はついに数週間後にそれを実行しました。八月三日、**オーメン・キャンプの最初の集会**で、ベサント夫人及び三千人以上の「星の教団員」の面前にて、そして何千人ものオランダ人がラジオで聞いている中で、**クリシュ**

ナムルティは彼自身の歴史上の一時代《エポック》に終止符を打ちました。（メアリーの言）（強調は稲瀬、『クリシュナムルティの生と死』）

ついにと言うべきか、クリシュナムルティの人生、歴史にとって大いなる転換点となる地点に立つところまでやってきました。誕生から、リードビーターに見出された日、ベサント夫人の養子となり、弟ニティヤと共に約十年に及んだヨーロッパ遊学の期間、神秘体験・「プロセス」の進行、弟・父の死をはじめ、ここに至るまでの三十四年間の人生も、時々に印象深い出来事が起こり、その都度押し寄せる人生の荒波に真っ正面から向かい合ってきた年月ではなかったかと想像します。

そして、クリシュナムルティ三十四歳に訪れし人生最大の決断の時、その時に語ったことばはそれまでの人生の歩みを総括すると共に、**人間の可能性の開拓者として未来へと前進してゆくためのスタート地点に立つ宣言**でもあり、それだけに彼のことばに心底傾注する姿勢が私たち読者には必要不可欠ではないかと思います。

悪魔とその友達の話

さて、ここで、皆さんに知っておいてほしいことがあります。それは、**「〈真理〉は道なき土地である」**と高らかに宣言して始まる「星の教団」解散宣言を始める前に、ウイットに富んだ寓話をクリシュナムルティが紹介していたことです。こんな話です。

悪魔と彼の友達の物語を覚えておられるでしょうか？　二人が通りを歩いていると、前方で一人の人物が体を前にかがめて、地面から何かを拾い、それをじっと見つめ、そしてそれをポケットに入れた。友達は悪魔に言った。「彼は何を拾い上げたんだろう？」「彼は**〈真理〉**を拾ったのだ」と悪魔は言った。「それは君にとって非常に厄介なことになったね」と彼の友達は言った。「いや、少しも」と悪魔は応えた。「私は彼がそれを**組織化するのを助ける**つもりだ。」（強調は稲瀬、『クリシュナムルティの生と死』）

「真理」と組織化をめぐる悪魔とその友達の話。皆さんにはどのように響いたでしょうか。このような寓話は、説明、解説してしまうとその味わいが薄れてしまいますので、詳しいコメントはここでは控えたいと思います。

ただ、一つ言っておきたいことは、歴史的な解散宣言にいきなり入るのではなく、ウイットに富んだ意味深な寓話を話すことで、「星の教団」及び星の教団員の現況を照射し、そのことを団員の意識上に昇らせてゆく効果を狙ったものであるのではないかと思われます。無論、クリシュナムルティの思いをどれだけ団員が受け止めたのかは定かではありませんが。

決然たる「星の教団」解散宣言

この寓話の世界の余韻が漂う中、クリシュナムルティは星の教団員、そしてベサント夫人を始め教団の幹部を前にして、こう口火を切ったのです。

私は主張します。**〈真理〉は道なき土地**であり、あなた方はいかなる道によっても、いかなる宗教、いかなる宗派によってもそれに近づくことはできない、と。それが私の見解であり、それに私は**絶対的かつ無条件に**固執します。（強調は稲瀬、『クリシュナムルティの生と死』）

世界中に当時四万人になんなんとする規模に膨れ上がっていた星の教団員へのクリシュナムルティの衝撃の解散宣言は、「真理」に対する彼の一切の妥協のない揺るぎない確言から始められました。そして、解散の決断に至った経緯を縷々語った後、解散宣言をしめくくることばを彼は、これまた聴くものの心の中深く刻みこまれることばとしてこう発したのでした。

私の唯一の関心は人間を絶対的に、無条件に自由にすることなのです。（強調は稲瀬、『クリシュナムルティの生と死』）

皆さんには、歴史的名宣言の一つとされるクリシュナムルティの「星の教団」解散宣言の最初と最後のことば、どのように胸に響いたでしょうか？

クリシュナムルティが団員を前にして自らの思いを託した価値の領野に光り輝くものは**「真理」**と**「自由」**でありました。この二つのことばに託され、さし示されてきた価値は人類の歴史と共に、あまたの人々の生を支え、その意味を絶えず問い続けてきたものでありました。歴史の歩みと共に、それを掲げる人間たちの間で、古今東西を問わず相容れない対立を生み出し、結果として戦争という悲劇を幾度も幾度も人類は引き起こしてきました。その証拠に、試しに高校の世界史の教科書をひもといてごらんなさい。戦争の記述がないページを探すのに苦労するほどです。

クリシュナムルティは、歴史の最前線に身を置きつつ、人類の歴史の動力源としての「真理」、「自由」に、新たな息吹を吹き込み、生という広大無辺の豊穣さをもつ世界への目覚めへ、と世界中の人々を誘ってゆく。ここに自らのこの世での役割を見定めてゆく、その覚悟の誓いとしての解散宣言であったと思います。

あまたの星の教団員の面前で、ひるむことなく自らの三十四年間の人生の歩みをバックボーンに堂々と一人の人間として嘘偽りのない精神の深層からの魂のことばとして紡ぎ出したであろう「真理」観ではなかったかと私はその時の彼が直面していた心的状況から想像します。そして、その上に立って、**自らの歩む道を「自由への道」と迷うことなく見定めている**ところに、**この宣言の比類なさ**を感じます。

クリシュナムルティのそれまでの人生において、最高度の緊張感の中で聴き入られることば。宣言の受け手側である団員の無言のプレッシャーを全身に受け、その圧力に負けることのない魂のことばを吐くことができるかどうか。まさに勝負の時が一刻一刻刻まれたであろうと思います。クリシュナムルティは、培ってきた全ての人間力を結集して、この場に立ち、そして**ことばにいのちを吹き込むことに全力を注いだ**ことでしょう。そのことに思いを馳せ、彼の紡ぎ出すことばに耳を傾けてゆくことが大切かと思います。

さて、自らの「真理」観を高らかに宣言し、未来に向けて自らの人生の仕事を人々をして「絶対的かつ無条件に自由にすること」にあると結んだクリシュナムルティ。「真理」と「自由」という人間にとってまさしく究極の関心の的と言っても過言ではない、二つの最重要テーマの間に架橋してゆく試み、無論それはことばによるしかないのですが、まずもって、団員最大の関心の的であったであろう解散を決断するに至った理由を彼は、次のようなことばでもって団員に語ってゆきました。

〈真理〉を引きずり降ろすことはできないのであって、むしろ個人がそれに向かって昇るべく努めなければならないのです。・・・以上が、私の見解からする、星の教団が解散されなければならない先ず最初の理由です。・・・〈真理〉を探し求めるために組織が創り上げられれば、それは松葉杖、弱点、束縛の元になり、かくして個人を不具にし、彼が成長し、あの絶対的で無条件の〈真理〉を彼自身が発見することの中にある彼の独自性《ユニークネス》を確立するのを妨げるに違いありません。それがたまたま私がその長であるがゆえにこの教団を解散することに決めたもう一つの理由です。（『クリシュナムルティの生と死』）

二年間にわたる熟考の末の決断

クリシュナムルティは、「真理」は組織化され得ないとの揺るぎない確信を基にして、自らはこの世で一つのこと、すなわちぜひとも必要なこと、「人間を自由にすること」をしたいと願っており、確固たる集中力でそれを成し遂げたいといいます。クリシュナムルティの言う「自由」の内実とは、人間をすべての獄舎、すべての恐怖から自由にすることであって、宗教や新たな宗派を創設することでも、新しい理論や哲学を確立することでもありませんでした。

「真理」をめぐる「星の教団」、「神智学協会」と決して相容れない見解の相違が大衆の面前で明らかにされたわけですが、この現実をクリシュナムルティが様々な講話の中で、**数年前より話のテーマに掲げていたという事実**に触れておかなければなりません。

「星の教団」のみならず、自立と依存、グル（霊的指導者）と弟子、指導と被指導などの問題は、現在においても世界に存する既成宗教団体の特色をなすものとしてあり続けていることは事実です。前回の授業で触れたように、解散宣言が発せられる前年の一九二八年当時の緊迫感を増している状況の中にあって、クリシュナムルティは「星の教団」の拠点である**オランダ・エルダー城において、団員との間で質疑応答集会**を開催しておりました。今一度、その時の様子を見ておきましょう。質問の一つに、次のようなものがありました。

それは、**「教団は彼にとって無用の長物か？」**、というものです。これに対してクリシュナムルティはこう答えたとされています。

教団は、私が提出した問題を真摯に、**真剣に扱う気組みのある中核的な人々を生み出すという意味で有用**である。・・・新しい考え方に改宗させようとせず、それが正しいかどうか彼ら自身に気づくのを助け、説教するよりはむしろその考えの生きた模範になるようにし、何度も集会を開いたりせず、それにどう到達すべきかを身をもって示し、また自分の信念を押し付けたりせず、理解を生み出すようにすべきである。そうすれば教団は団員とそうでない人々との間の障壁にはならず、それどころか新しい生き方を理解することを望んでいる人々を**つなぐ橋**になるだろう。（強調は稲瀬、『回想のクリシュナムルティ第1部：最初の一歩・・』）

このクリシュナムルティのことばを聞けば、この時点では、まだ「星の教団」の存在価値について一定の理解を彼がもっていたことがわかります。しかし、この後に次のように言うことを忘れてはいません。すなわち、「もし教団が人生という困難な流れを人々が渡るのを助ける橋になれば有用であろうが、**もしそうでなければそれは廃止された方がよい**」と。クリシュナムルティはこれらのことばからうかがえるように、星の教団の存在意義について、自ら熟考に熟考を重ねると共に、折に触れて団員一人一人に教団及びその中での自分の役割について深い自覚を促してゆきました。

解散宣言の終わり近くで述べているように、**二年間**にわたる慎重な熟慮を重ねた後の決断であったことに私たちは深く思いを馳せなければなりません。

最終的に団員へのクリシュナムルティの評価は、次のようなことばとして団員に告げられることとなりました。

> あなた方は自分の霊性のことで、自分の幸福のことで、自分の啓発のことで他の誰かに頼っておられる。・・・私があなた方に、あなた方の自己の啓発のため、栄光のため、自己の不朽性のためにはあなた方の内側を見つめてみる必要があると言う時、あなた方の**誰一人としてそうしようとはしません。**少しはおられるかもしれませんが、しかしごくわずかです。だとしたら**なぜ組織を持つ必要があるのでしょう？**・・・（強調は稲瀬、『クリシュナムルティの生と死』）

クリシュナムルティは解散宣言の中で、十八年間にわたって「世界教師の到来」のために準備してきたことの内実は、教団組織を整え、自分たちの精神と心に新たな喜びを与え、人生をそっくり変え、自分たちに新たな理解を与えてくれるであろう自分以外の誰かを捜し求めてきた現実を直視し、精神と心の向かう方向の不適切さを鋭くも指摘してゆきました。

クリシュナムルティにとって、「真理」の在り処と言えるものですが、彼は「**・・・どのような仕方で自ら築いた信念が生の非本質的なすべてのものを一掃したか？**」ここにこそ唯一の本物の取り組みであるかどうかの判断の**決め手**があると述べてゆきます。

このような彼のことばからしてみて、もはや組織としての団員の集合体の存在が必要なものであるかどうかについては、明らかでしょう。彼は、「真理」と人間の数との関係に思いを馳せつつ、次のように印象深いことばを吐いています。

耳を傾けようとする人、生きようとする人、自分の顔を永遠なるものに向けている人がたった**五人**でもいれば、それで十分でしょう。理解しようとしない人、どっぷりと偏見に浸っている人、新しいものを欲せず、むしろ新しいものを彼ら自身の不毛で淀んだ自己に合うように解釈しようとする人を**何千人**も持ったところで何の役に立つというのでしょう？・・・（強調は稲瀬、『クリシュナムルティの生と死』）

このように断じつつ、クリシュナムルティは解散後の自らのこの世での仕事の目的を次のようなことばに乗せて明確に告げました。

真に理解することを願い、初めも終わりもないあの永遠のものを見出そうとしている人々は、より大いなる熱情をもって共に歩み、非本質的なあらゆるもの、真実ではないもの、影のようなものに対して危険な存在になるでしょう。**・・・そのような一団をこそ私たちは創り出さなければならないのであり、そしてそれが私の目的なのです。・・・**（強調は稲瀬、『クリシュナムルティの生と死』）

クリシュナムルティは、**一人の自由人**として独立独歩の歩みに進み出ることに心揺れることはなく、自分が去った後の教団の動きをも予測し、こう念を押すのです。

あなた方は他の組織を結成し、他の誰かをあてにすることはできるでしょう。それには私は関心はありませんし、**新しい獄舎**を創り上げて、それらの獄舎を新たに飾り立てることにも関心はありません。

（強調は稲瀬、『クリシュナムルティの生と死』）

わが道をさらに進んで行きます

クリシュナムルティによってなされた「星の教団」解散宣言は、人類の歴史の一シーンに過ぎないものかも知れません。しかしながら、クリシュナムルティは、一生涯を賭け、これまでの人類史に例をみないと言っても過言ではない荘厳にして情熱に裏打ちされた、奇跡とも言うべき足跡を残したと私は思っています。

かたや、星の教団、神智学協会の側に身を置けば、約二十年に及ぶ長きにわたって、世界教師の到来を信じ、その準備に励んできたであろうあまたの団員にとって、彼の解散宣言は、冷静に受け止めることは難しいものであったことでしょう。

「何百人もの人が教団の解散によって心痛を味わわされた」とメアリーは伝記で記していますが、実際ははるかに多くの人々が大いなるショックを受けたことでしょう。

クリシュナムルティは、インドを離れる**一九三〇年二月**に、「わが最愛の母上」としてのベサント夫人宛てに手紙をしたためました。人は決して同一の道を歩みゆくことのできない冷厳な事実を見据え、自分は自分の信じた道をゆく、とのことばに、クリシュナムルティの静かな中にも並々ならぬ覚悟を感じずにはおれません。

C・w・L（リードビーター）が私および私が言っていることに反対していることを私は知っており、それは私にとっては重要ではないのですが、どうかそれについて心配なさらないでください。・・・・私は変わりえないし、おそらく彼らも変わるつもりはないでしょうから、**葛藤はやむをえないのです。**百万人の人が何を言おうと言うまいと一向にかまいません。私は自分の何たるかを確信しており、**わが道をさらに進んで行きます。**（強調は稲瀬、『クリシュナムルティの生と死』）

中国古代の思想家、孟子の有名なことば**「千万人と雖も吾往かん」**を髣髴《ほうふつ》とさせてくれる、クリシュナムルティの覚悟のことばですね。

クリシュナムルティは、一九二九年八月の「星の教団」解散後、ほどなく**講演活動をスタート**し、同年十月には**ボンベイ**で、翌月には**ベナレス**でキャンプ集会を開きました。彼はそれまで教団員に向って**「諸君」**と呼び掛けていたのに対して、それに代わって**「皆さん」**と一般人に向かい語りかけてゆくこととなりました。

そこから**一九八六年**に亡くなる直前まで半世紀余りの間、世界各地を舞台に、類例のないほどの膨大なエネルギーを**人間の覚醒**のために注ぎ続けていったのです。

私たちのクリシュナムルティへの旅も、これから彼の人生劇場の一大エポックとなった一九二九年を区切りとし、死に至るまでの彼の歩み（それは数限りない人々との対話を核とするもの）に、深く思いを馳せてゆくステージに進みゆかなければなりません。

自由への道＝ことばへのはるかな旅

ところで、今、皆さんの脳裏に浮かんできているクリシュナムルティへの思い、問いとはどのようなものでしょうか。無論、私には皆さんの心の中をのぞくことはできません。ただ、「人をして、絶対的に、無条件に自由にしてゆく」という壮大なテーマを**どのような形で実現してゆこうとしたのか、**この問いはおそらく共通したものとして沸き起こっているのではないでしょうか。

幸いにも、クリシュナムルティのこの世での生の営みを大木に例えるなら、大木の幹にあたる部分が、彼の膨大な言行録として残っているのです。これは文字通り、自由への果てるともない格闘の記録と言えるものでしょう。

DVDブックス『変化への挑戦』（コスモス・ライブラリー刊）によると、アメリカ・クリシュナムルティ財団が中心となって、目下クリシュナムルティの教えの集大成を完成させるプロジェクトを遂行しているとのことです。**一九三三年に始まり、一九八六年に終わるまでの約十億語と百冊分のテキスト、**並びにそれらの本に使われたすべての資料・材料を元のままに含み、さらに、すべての音声テープ、ビデオテープとそれらの筆記録、インタビュー、クリシュナムルティが書いた重要文書（すべてのクリシュナムルティ学校宛ての手紙含む）―このクリシュナムルティの教えの集大成は、後世に伝えられるであろう決定版になると見込まれています。それはなんと**一巻当たり五百ページで約七十五巻になる**とのことです。

クリシュナムルティの口から、手から一刻一刻無言の時の刻みと共に紡ぎ出されていった膨大なことば群。その全容がいかなるものとなるか、現時点では知る由もありません。世界を舞台とし、講演、講話、対話、対談、執筆を主な手段として「星の教団」解散宣言のあのことば（「人間を絶対的に、無条件に自由にする」）を最高度に重みあるものとすべく未知の世界へ、日々踏み込んでいった彼の人生。皆さん、その圧倒的な生の刻印は、数えきれない言の葉の紡ぎし跡に深く記されていることに心を、向けようではありませんか。

そこからは一つの避けることのできない切実な問いが生まれ出るに違いありません。そうです、クリシュナムルティの語ることば、紡ぎ出すことばはいかなる特徴をもっていたのか。一つ一つのことばの連なりが生み出す意味空間は、どのように人々の絶対的、無条件の自由への道につながるものであるのか。そしてその問いは、私たち一人一人の生にいかに関わりをもつものとして現れ出るか。次回はこの重要なテーマをしっかり見据えて、彼の「ことばの世界」に共に、深く入ってゆきたいと思います。では、また来週。

第六回　全てを照らし出す鏡で在り続けた「語り人」の奮闘

―森羅万象へ直面させることばの力―

「ことばと人生」へのまなざし

皆さんこんにちは。本時は、クリシュナムルティの**「ことばと人生」**にスポットをあててゆくことを表街道としますが、そのことは同時に皆さん一人一人の「ことばと人生」への関係に深くまなざしを向けてゆくことにつながることを、始めに頭に入れておいてください。

さて、皆さんは物心ついて後、年齢を重ねると共に、様々な経験を積み重ねつつ、それと同伴するようにことばの世界も豊かになりつつ、人生を歩み、本学に更なる学びの場を求め入学し、縁をもらって共に、今この教室に集まり、貴重な人生の時を過ごしているわけです。学びのテーマは「クリシュナムルティ」という遠く離れたインドの地に生まれた人物について取り上げているわけです。出身地からしても、話す言語も私たち日本に住む人間には直接関係のなさそうな人物であるのに、どうして彼について学ばなければならないのだろうか、と正直今でも不思議に思っている人も少なからずいることでしょう。無理もないことです。

でも、よくよく考えてみれば、クリシュナムルティと私たちを結び付けてくれているものはことばそのものの働き、そしてことばが理解できる基本的存在者たる人間という種に属している、この事実を抜きに成り立たないことが見えてくると思います。そうです、この二つの基本軸、私たちはどんなに遠く離れていようが、生きた時代が異なれど、話されたことばに違いがあろうとも、同じ人間という種に属しているという厳粛な事実、そして有名な聖書のことば**「はじめにことばありき」**というこれまた象徴的な文句に見事に記されているように、人間はことばという摩訶不思議な世界をもち、その世界の中で生きてゆくこととなったこと。この揺らぐことのない現実の上に、クリシュナムルティのことばへの深く広いいのちの刻印がなされていったことへ、まなざしをまっすぐに向けていこうではありませんか。

クリシュナムルティはなぜに、「世の人々」の中へ進んでいったのか

半世紀を超える世界中を巡っての老若男女を問わない人々への講話を軸とし、世界の各界の専門家たちとの対論など、総計十億語にも及ぶ言行録（アメリカ・クリシュナムルティ財団の見立て、DVDブックス『変化への挑戦』参照）と聞いて、皆さんにはどのような思いが沸き起こってくるでしょう？

無論、感想は人それぞれでしょう。しかし、クリシュナムルティをして、決して絶えることなく世界中の人々の中へ突き進んでいかしめたそのエネルギーの源には、一体何があったのか、誰しも気になるところでしょう。この問いに対する一つの応えが、メアリー・ルティエンスによってなされています。彼女は言います。

特筆されるべきクリシュナムルティの一面は、彼の非常に愛情深い性質です。人々が彼の晩年に、「なぜあなたはその歳で講話を行い、世界中をまわってひたすら語り続けていらっしゃるのですか？」と彼

に尋ねた時、彼は一瞬思案してから、ごく簡潔にこう言いました。**「愛情からです。」**「では、なぜあなたが一カ所に留まって、人々があなたの所に来るようにさせないのですか？」「それは、人々が十分な旅費を持っていないからです。」（強調は稲瀬、『回想のクリシュナムルティ第2部：最後の一歩・・・』）

メアリーは、さらに「愛情」の依って来るところを今少し具体的にこう述べました。

彼は何か非常に美しいものを見たわけですが、とても愛情深かったので、それを**分かち合いたい**と願ったのです。彼は言いました。「私は人々に何かを提供しますが、もし彼らがそれを欲しがらなかったとしても、それは少しも問題ではありません。私は彼らに私の話を聞くように強いているわけではないのです。」（強調は稲瀬、『回想のクリシュナムルティ第2部：最後の一歩・・・』）

クリシュナムルティが見た非常に美しいものとは、そうです、例の一九二二年八月オーハイ峡谷での神秘体験を決定的な起点として、彼が入っていったであろう美しい世界。あの時、彼はその感動をこう述べていました。**「私は〈生の泉〉を飲み干した。二度と乾くことはないであろう。」**まさに**「本然の生」と一体化した境地**に達したことへの歓び。そして大切なことは、この歓びを自分だけのものではなく、広く**世界中の人々と共にしたい**という切なる思い。ここが原点であることを、メアリーは指摘しているのだと思います。

クリシュナムルティが一体化したとされるこの世の美の世界に対して、私たちのこころに抱く常識はどんな反応を抱くでしょうか。ここは皆さん、じっくりそれぞれのこころの中をのぞいて見てもらいたいところです。

どうでしょう。常識は強く以下のことを訴えるでしょう。「美しい世界というが、私たちの住むこの地球は、人類史を通して醜い闘争、絶えることのない戦争を免れることはなかったではないか」と。特に前世紀は**「革命と戦争の世紀」**とまで呼ばれるところからしても、二つの世界規模の戦争、あまたの人間のいのちを結果的に奪うことを避けることができなかった諸革命など。そして、私たちが生きるこの二十一世紀も環境問題、人口問題、天変地異を始め、先行き不透明感が漂い地球規模でその未来に**大いなる危機が迫っている**と言っても過言ではない状況にあると残念ながら認めざるをえません。

このような時代をおおう危機的状況下で、一人の人間として責任のある行動をとるということが一体どのようなことであるのか。この問いを前にして、正直無力感にさいなまれるところもあるかも知れません。なぜなら自分の前にそびえる得体の知れない壁の大きさ、突破口の見えにくさなど漠たる感懐に襲われ、結果として何も自らは行動に移すことなく、時代の底知れない闇の中を漂ってゆく。こんなやるせない日常の光景が広がりゆくことを、どうにか阻止し、厳しい状況の中にあっても自分が一個の人間として生きる場で、そして限られた人生の時ではあっても、そこでどう生きてゆけばよいのか。この問いはとりわけこれからの社会、国をになう皆さんを始めとする若者に求められる真摯な問いではないかと思うのです。

このような時代状況の中にあって、自ら、生きてゆく道を切り拓いてゆくという共通の問いに対して、クリシュナムルティが歩んでいった半世紀を超える対話人生は、汲めども尽きない**生きてゆくためのヒント、エネルギーに満ちている**と私は考えます。そのことをこれからの学びの中で一つ一つしっかり見ていけれたらと願います。

人類は進路を間違えたのか

クリシュナムルティは、著名な理論物理学者であったデビッド・ボーム教授と、一九八〇年の四月から九月にかけて、アメリカとイギリスで「人類の未来」をテーマに、計十三回に及ぶ長大な対話を行いました。日本では、**渡辺充訳『時間の終焉』（原典：*The Ending of Time*）**という題名で出版されました。（コスモス・ライブラリー刊、二〇一一年）

本書の帯には、全体を俯瞰《ふかん》しつつ勘どころを押さえた要約が記されています。少々長くなりますが、以下紹介したいと思います。

本書の冒頭で、**「人類は進路を間違えたのだろうか？」**とクリシュナムルティが問い、それに対して**「人間は五、六千年ほど前、他人から略奪したり、彼らを奴隷にしたりできるようになり始め、その後はもっぱら搾取と略奪に明け暮れてきた」**とボームが応えている。

こうして二人は、心理的葛藤の根源、思考の問題、自己中心的行動パターンの打破、精神の浄化、存在の〈基底〉、洞察と脳細胞の変容、死の意味、洞察の伝達、老化の防止、宇宙の秩序、断片化された人生から生の全体性をいかに回復させるべきかへと話し及んでいる。（強調は稲瀬、『時間の終焉』・帯）

人類史を見通し、その出発点において「人類は進路を間違えた」との認識で軌を一にしたクリシュナムルティとボーム。両者のスリリングな対話は右に要約されたテーマに次々と及んでいきますが、ここでは、皆さんに本書の冒頭部分の両者の対論のやりとりに注目してもらいたい。搾取と略奪に明け暮れることとなった人々に対して、クリシュナムルティは鋭くもそれは「**葛藤**がこういったことすべての根底にあったからです。」とボームに語りかけているのです。そして「葛藤の根っこにある、人間がかかえているとてつもない内面的葛藤の根底には何があるのか」との問いに、ボームは「そうですね。それは互いに矛盾しあっている諸々の欲望であるように思えます」と応じました。しかしながらこの応答に対して、クリシュナムルティは同意することなく、すかさず「いえ、あらゆる宗教が、**あなたは何かにならねばならない、何かに到達しなければならない**とそそのかしてきたからではありませんか？（強調は稲瀬）」と再びボームに投げ返してゆきます。

冒頭より緊迫感のみなぎる対話の雰囲気を感じてもらえるのではないでしょうか。クリシュナムルティはほどなく、「人々は事実に直面できず、それから目を背け、それゆえ、何か他のもの――より以上のもの、もっとより以上のもの、さらにそれ以上のもの――へと向かっていったということではないでしょうか？」と述べ、人間の世に平和な世界を構築することができない根源を指し示していったのです。

皆さんはここまでの両者の対論を聴いて、どんな思いがわき起こったでしょうか。そこを見つめてゆくことが大切です。先のクリシュナムルティのことばは、彼の思想、そして彼の対話人生の根底にあり続けたものとして、注目しなければならないものだと私は思います。

このことばをうらがえすところに現れ出る意味を直視してゆくことで、彼の真意が見えてくるのではないかと思われます。つまり「人々を事実に直面させることにより、あるがままの自分に気づかせてゆく、その行為と共に葛藤から解放され自由な人間となる道筋がある」ということを。「人々を事実に直面させること」、別言すれば「人々をあるがままの世界に直面させること」をどのように実践していったのか、問いがめばえるところですね。この問いへのクリシュナムルティの応答、それはまさしく十億語に及ぶ膨大なことばの贈り物としての彼の言行録そのものが、その証となるものだと私は思うのです。

クリシュナムルティと「ことば」

クリシュナムルティの半世紀を超える対話人生は、ことばとの格闘の歳月であった、と私は改めてその労苦に思いを馳せずにはおれません。ことばと共に歩んだ彼の人生を思うとき、私には現代日本の在野の哲学者として著名な**長谷川宏氏（1940〜）**の著書**『ことばへの道』**（勁草書房）の序文に記されたあることばが蘇ってきます。

> わたしは、ともに生きる人間への信頼こそがことばの基底をなし、だからこそ、そこにゆたかな人間関係の可能性が秘められていることをあきらかにしたかった。（『ことばへの道』）

人間とことばとの関係を凝視する長谷川氏の**「見《けん》」**は、私にはクリシュナムルティの「見」にもそのままあてはまるように思えます。自らが見たこの世の美しさを人々と分かち合いたいとの深い愛情を基に、その世界を人々が自らの力で見てゆくために、人間同士の共感、理解のための唯一の共通の道具と言えることばでアプローチしてゆく道を選んだクリシュナムルティ。その膨大な言行録は、美しき世界への道がいかに厳しいいばらの道であったのかを図らずも明かすと共に、絶対的、無条件の自由なる存在と美しき世界への参入への道を歩むヒントが、クリシュナムルティのことばの一つ一つにあるのではないかと私は長きにわたる彼のことばとの触れあいから心底感じています。そのことを思うにつけ、私たちはクリシュナムルティのことばが、自由と美の世界に対して一体どのような働きをもつものとして息づいていたのか。この問いを視野に入れて彼のことばの姿を見つめてゆきたいと思います。

「ことばはもの自体ではない」ということばからの出発

クリシュナムルティの対話人生は、根底に人間への深い信頼を抱きつつ、人を始め自然、ものなどとの関係を築いてゆきながら生きてゆくところに人間の生の本質を見、自由で互いを犯すことなく美しい関係の生を築いてゆくための気づきを人々に与えてゆくところに、大いなる意義があったと思われます。

クリシュナムルティが向かっていった先は、かつての「星の教団」のメンバーのところではなく、世界中の一般大衆の下であったことをここで確認しておこうではありませんか。皆さん、この事実からして、クリシュナムルティの使用することばがどのようなものでなければならないのか、自ずと見えてきますね。・・・そうです、彼が行く先々で話したことばは、いわゆる日常言語の域を決して出ることはなかったという事実です。このことは、たとえ話が知識人との対話、討論に及んだ際にも決して変わることはありませんでした。クリシュナムルティは機会あるごとに**「人生の真実を語ってゆくのには日常言語で十分である」**と、繰り返し語りました。人間に共通するテーマである生老病死を始めとする人生の大切な問題をめぐって考察してゆくには、身近な日常言語の世界で十分、いやむしろ積極的に日常言語に依らなければならないとの基本的な認識があったと思われます。

クリシュナムルティはその生涯を通して、各界—芸術、政治、哲学、宗教、科学など—の著名な人々とも対話を重ねてゆきましたが、対話中に少しでも対話者が自らの専門領域という土俵から降りることなく、他者のことばの引用や専門用語に頼るそぶりを見せた時には、容赦なく「それはあなたの考えではないでしょう。引用はやめてください。私はそんな本は読んでないのですから」と応じました。**あくまで今テーマとなっていることへ直面してゆく**ことこそ、いかなる時もクリシュナムルティが最重要なこととしたものでした。

クリシュナムルティのことばへのこの徹底した姿勢には、そもそも**「ことばはもの自体ではない」**という揺るぎない認識が、長きに及んだ対話人生を通して決してゆるぐことのない基底をなしていたと思われます。

彼の唯一の目的が、世界中の人々が自由なる存在となってゆくことにある以上、日常言語でもって、「絶対的にして、無条件の自由」の在り処に気づくようにすることができるか。その奮闘の跡は彼の言行録のどのページからも伺うことができるのではないかと思うのです

驚くべき「像的描写力」を見よ

互いに意思疎通を図りながら人間に関する全領域にわたってことばを手掛かりに自由の境地探索の厳しい道を歩んでいったクリシュナムルティ。彼にとって、無くてはならない武器は無論ことばなのですが、問題はことばの伝達力をいかに最大限に発揮していくか。ここがまさに勝負どころであったかと思います。

その視点からしてみるに、彼のことばの力としてもつ驚くべき**「像的描写力」**に皆さん、ここで意識を向けてほしいと思います。そもそも「像的描写力」ということば自体あまり耳にしたことがないのだが、という皆さんの無言の声が聞こえてくるようです。実は、これは、哲学者の**河本英夫氏（1953～）**の著書（**『〈わ**

たし〉の哲学』、角川選書）の中に記されていた、氏の**寺田寅彦氏（1878-1935）**にまつわる思考法をめぐる考察に触発されてのことだったのです。

河本氏は寺田寅彦氏を異例の物理学者と紹介しつつ、多様な現象を見る眼を形成していった寺田氏の独特の思考法を三つの視点から考察しています。＊ここで、特に皆さんに紹介しておきたいのは河本氏が寺田氏の第三の思考法として紹介している**「像を捉える」思考法**についてなのです。河本氏はかつて中国の学者が、ある会合で思考には**「概念的思考」**と**「像的思考」**があり、西洋的思考は概念的思考で、東洋的思考は像的思考だと主張していったとの話を、先の本の中で紹介していました。そして、両者の違いは何も地域的な思考の特色ではなく、基本的な思考パターン、経験のパターンの違いによると自らの見解を述べておられます。そして、「像的思考」の特色として、**「直接現象を思い浮かべるような経験の仕方であり、像の連鎖で物事を考察するような経験の仕方である」**とし、まさしく寺田氏はこの「像的思考」をわがものとされていた旨のことが記されていました。

私自身、クリシュナムルティのことばの特色についていろいろ思いあぐねていた時に出会った本でしたが、読み進めるうちに視界のもやもやが晴れてゆくのを感じることができました。「そうだ、クリシュナムルティのことばの特色、そしてそれを駆使する思考の特色も、像的なものが核となっている」と言えるのではないだろうか、と。

皆さんも、どの本でもいいですが、クリシュナムルティが書いた本のページをめくれば、繊細な精神で捉えられた森羅万象の世界をまざまざと像的に浮き立つように描写してくれている記述に出会うことでしょう。一つ二つ例を挙げてみましょう。

早朝のことだった、そして元気な**鳥たち**がけたたましい音を立てていた。**太陽**はちょうど**木々**の頂に触れつつあり、そして濃い**日陰**にはまだ**光の斑点**はなかった。**蛇**が少し前に**芝生**を横切ったに違いない、なぜなら**露**を払った後の長くて狭い筋が一本走っていたからである。**空**はまだその色を失っておらず、そして白い大きな**雲**が群がりつつあった。突然、鳥たちのざわめきがやんだ。それから**猫**がやってきて**藪**の下に横たわると、警戒と叱りの鳴き声を増した。一羽の大きな**鷹**が、白と黒の一羽の**鳥**を捕えていて、それをその鋭い、曲がったくちばしで引き裂いていた。鷹はその獲物を熱心な獰猛さで押えており、そして二、三羽の**鴉**《からす》が寄ってくると威嚇的になった。鷹の目は、狭い黒の切れ目のある黄色だった、そしてそれらは、またたきもせずに鴉たちと、そしてわれわれとを見つめていた。（強調は稲瀬、『生と覚醒《めざめ》のコメンタリー1』）

わずか十行足らずの文章。クリシュナムルティの目は、遠き存在である太陽に照らし出される大地にそびえ立つ木々や眼前の芝生、そして果てしない空間の存在を知らしめる空に次々と向けられてゆく。いや内実は一挙に大自然を捉えているというのが正確なところであるでしょう。そして、クリシュナムルティの目は大自然の中で息づく蛇や猫へと向けられ、ついには一羽の大きな鷹が、一羽の白と黒の鳥を捕まえ、食してゆく絶対の掟（弱肉強食）の姿を捉えてゆく。まさにクリシュナムルティの「像的描写力」がいかんなく発揮されている一場面と言えるでしょう。

クリシュナムルティが、半世紀を超え、世界中の多くの人々に、ことばを頼りに、自らの思いを伝えてゆく上で、いかに具体的な肉感のあるものを提示できるか。ここがいつも変わらない、クリシュナムルティに課せられた無言のプレッシャーではなかったかと私は思います。そして、「物自体」ではないことばの絶対的な特質を知り抜いた上で、いかにことばを武器として、人々をして、森羅万象の世界に直面させるか。これこそが日々の具体的な氏のテーマではなかったかと思います。

クリシュナムルティの特異性であり素晴らしさは、いわゆる**五感で感じ取れる世界**は言うに及ばず、内的な世界―眼に見えない、聞くことも、触れることもできない―をいかに感じ取らせ、**心眼でもって見抜いてゆく（いわば観法）**一つ一つの生きた姿を明らかにしていったところにあると私はずっと考え、思ってきました。

その一例として、**「理解」**という、私たちの日常生活において欠かすことのできない心的現象について活写するクリシュナムルティのことば力をご覧あれ。

> **理解**は閃光のように訪れ、そして閃光が起こるためには、沈黙の合間がなければならない。しかし機敏な者たちは、性急すぎてこれらの閃光のための余地を与える余裕がない。**理解**は言葉の上のものではなく、また知的な**理解**といったものはない。知的な**理解**は単に言葉のレベルにあるにすぎず、そしてそれゆえ少しも理解ではない。**理解**は思考の結果として生じるものではない。なぜなら思考は、結局は言葉の上のものだからである。記憶なしには思考はない、そして記憶は言葉であり、シンボルであり、イメージ作りの過程である。このレベルには**理解**はない。**理解**は、二つの言葉の間に、言葉が思考を形成する前のあの合間に生ずる。**理解**は、すばしこい者のものでもないし、またのろい者のものでもなく、それは、この無限空間に気づいた者のものである。（強調は稲瀬、『生と覚醒《めざめ》のコメンタリー1』）

一読しての皆さんの感想はどうでしょうか。おそらく難しい、今までの自分の考え、思いにはなかった、あるいはほど遠いものが「理解」をめぐって提示されている、との感想をもった人が多いのではないかと推察します。そして、そのことは無理もないことだと思います。ここで、私が「理解」という問題にかかるクリシュナムルティのことばを紹介したのは、無論、皆さんを混乱させようと思ってのことではありません。私たちの日々の生活を成り立たせている様々な事象の代表的なものに物事を「理解する」という働きがあるとの共通認識はもっているに違いない。その大前提に立った上で、果たして「理解」という実に大切な心的事象、心的行為をほんとうにつかんでいるのか。そこにまっすぐな疑問の矢を向けてもらいたいからなのです。「理解」をめぐるクリシュナムルティのことばを冷静に見てゆけば、**閃光、沈黙の合間、言葉、シンボル、イメージ、思考、無限空間**といったことばでいい表された世界との脈絡の下で、「理解」の本質をつかんでゆこうとする姿が明らかにされています。それぞれの文で表記されたことの意味が何であるか、今の段階では正直正確につかむことは難しいことだと思います。ただ、ここにおいてクリシュナムルティの根本の教えの中心である、思考、イメージ、沈黙、シンボルといったものが出ていること。これらのことばにクリシュナムルティがいかなる意味を与え、**常識で固められた認識の世界に風穴を開け、新たな世界を見出そうとしていったのか、**この問いを静かに心中深く刻んでもらえれば十分だと思います。第七回次週から、本格的に「クリシュナムルティの教えの真髄」に共に深く入ってゆくことになろうかと思います。そこでは、「像的描写力」の力業でもって、私たちの精神世界を鮮やかに描写してゆく姿を目撃することになるのではないかと思います。

＊因みに河本氏が寺田氏の思考法の特色として掲げる第1の思考法は「問いの宙吊り」である。これは、意

識に力を籠めず、感覚を目一杯開いて、感じられるものを宙吊りにしたり、謎のまま維持してみる。「何が起きているのだろうか」という感触を維持するのである。また第2の思考法は、「アナロジー」的思考である。アナロジーは、なにか類似したものを手掛かりに思考していくやり方であり、最終的なものを求めず、また行く先が決まっているのでもない。言語的に見れば、比喩能力に近い。(『〈わたし〉の哲学』より)

森羅万象を見抜く人＝クリシュナムルティ

さて、クリシュナムルティについては、人としての存在感の多面性に鑑み、これまで様々な呼称がなされてきました。**哲人、世界教師、神秘家、現代のソクラテス、キリスト等々。**いずれもそれなりの根拠があっての呼称だと思われますが、ここでは私は彼を**「見る人」**という名で呼んでみたいと思います。あるがままのこの世、森羅万象を千里眼の如き透徹したまなざしで見ぬく人、それがクリシュナムルティではないかとの感想は、長きにわたっての彼のことばに触れてきた私にとって、最も馴染みのあるものであるからです。

クリシュナムルティにとって、**自由への道は「見ること」と共にある**と言っても過言ではありませんでした。それほどに彼はありとあらゆる世界を、ことばを変えるならあるがままの現実、生の現象を見抜くことができたまさしく稀有な人物ではなかったかと思うのです。

その「見」がとらえた世界、それは自然界は言うに及ばず、人間の生の現象の内、外にいたるまで微細にかつダイナミックにその姿をまるで鏡に映し出すかのように日常言語を最大限駆使しながら描出してゆきました。その刻印が彼の膨大なことば群の中に残されていると言えるでしょう。

したがって、クリシュナムルティのことばに触れるとき、私たちに求められるのは、彼が時々の生の鼓動と共に紡ぎ出した**ことばの背景**には、**彼の豊穣な「見」がとらえた世界がはてしなく拡がっている**ことを、決して忘れてはならないということです。

詩人たちの「ことば」に照らされて

ここでクリシュナムルティのことばのもつ意味をさらに深く考察してゆくてがかりとして、ことばの達人と言える詩人のことばを取り上げてみたいと思います。

最初は、近代日本の代表的な詩人の一人、**高村光太郎氏（1883-1956）**の**「牛」**という詩です。全文は約一八〇〇文字からなる長大な詩ですが、ここでは特に印象深い一節を紹介します。

・・・見よ／牛の眼は叡智にかがやく／その眼は自然の形と魂とを一緒に見ぬく／形のおもちゃを喜ばない／魂の影に魅せられない／うるほひのあるやさしい牛の眼／まつ毛の長い黒眼がちの牛の眼／永遠を日常によび生かす牛の眼／牛の眼は聖者の目だ／牛は自然をその通りにぢっと見る／見つめる・・・

（『高村光太郎詩集』）

私が特に好きな一節をあげましたが、皆さんいかがでしょうか。ごく一部抜き出したのですが、一度耳にすれば二度と忘れることはないであろうと思わせる、それほど印象深いことばだと思いませんか。私はこの詩と約二十年前に偶然出会ったのですが、皆さんほどの若い年代で出会っていたなら、私の人生観も少し違ったものとなっていたのではないかと思わせてくれる詩でした。

おそらくこの「牛」の詩に癒やされ、励まされている人々が今の日本にも少なからずおられるのではないでしょうか。確か、第八十四代内閣総理大臣の**小渕恵三氏（1937-2000）**もお好きな詩だったと何かの本で読んだ記憶があります。

ここで皆さんに思いを馳せてもらいたいのは、この「牛」という詩を書き上げるまでに、高村氏はどれほど「牛」を観察しつづけ、この世に生きる存在者として「牛」という生き物の本質に思いをいたしていったかということなのです。「牛」という一頭の存在にしても、眼前にその存在を鮮やかに浮き立たせるためには、それはそれは大変なエネルギーがいるのだということを、この詩から読み取らなければなりません。

この詩には、四十九にのぼる「牛」ということばが出てくるのですが、そのたびに「牛」にまつわる様々な性質が温かみある心情を伴って描き出されています。「牛」に寄り添い、その存在の確かさをとらえんと必死にその場その場にふさわしいことばを選び出そうと、もがいている高村氏の息づかいも感じ取れるように思います。

今ひとつは現代日本を代表する詩人の一人であられる**大岡信氏（1931-2017）**が、京都の嵯峨に住む染色家**志村ふくみ氏（1924～）**の仕事場を訪れた折、志村氏が話された桜色にまつわる素敵なお話をめぐる大岡氏のことばです。

志村氏からなんとも美しい桜色に染まった糸で織った着物を見せてもらった時のこと。その淡いようでいて、しかも燃えるような強さを内に秘め、はなやかでしかも深く落ち着いているピンク色を前にして、大岡氏は桜の花びらを煮詰めて色を取り出したものだろうと思ったとのことでしたが、実はこれは**桜の皮から取り出した色**だったのでした。あの黒っぽいゴツゴツした桜の皮からこの美しいピンク色が、桜の花が咲く直前のころ、山の皮をもらってきて染めると、こんな上気したような、えもいわれぬ色が取り出されるのだ、と。

大岡氏の面目躍如たるところは、このやりとりから、ことばの世界での出来事と同じ関係を見ているところにあります。

木全体で懸命になって最上のピンクの色になろうとしている姿を、大岡氏は脳裏に浮かべてゆきます。そしてこの経験を基に、ことばのもつ力を、桜の花びらのもつ世界と照合しつつ、こう見定めてゆきます。


言葉の一語一語は、桜の花びら一枚一枚だと言っていい。一見したところぜんぜん別の色をしているが、しかしほんとうは全身でその花びらの色を生み出している大きな幹、それを、その一語一語の花びらが背後に背負っているのである。そういうことを念頭におきながら、言葉というものを考える必要があるのではなかろうか。そういう態度をもって言葉の中で生きていこうとするとき、一語一語のささやかな言葉の、ささやかさそのものの大きな意味が実感されてくるのではなかろうか。それが「言葉の力」の端的な証明であろうと私には思われる。（強調は稲瀬、『ことばの力』）

クリシュナムルティがことばを唯一の伴侶として、人々との交流を図り、人々の自由への道の突破口となられとした人生。その刻印である一語一語のことばの重みは、右に紹介した二人の詩人の、ことばと世界との関係から照らし出されてくるものと共通のものがあるのではないでしょうか。

ただ、クリシュナムルティのことばとの奮闘の姿に思いを馳せてゆく時、どうしても見つめてみなければならないことがあります。

それは、クリシュナムルティの主戦場は、予断を許されない**対話**ということばのキャッチボールが展開される、生の鼓動と共に紡ぎ出されてゆく場であったということ。半世紀以上に及んだ対話人生は、ありとあらゆる人生問題について語り尽くした感がしますが、対話者の問いを起点として開始される対話の展開は、その都度の対話者からの問い、はたまた聴衆に対する語りのテーマにクリシュナムルティ自身直面しつつ遂行されていった厳然たる事実。ことばは彼の体内のエネルギーを使いつつ紡ぎ出されていったことを思うにつけ、改めてそのたゆまぬ営みに敬意を表さずにはおれない感情に襲われます。

クリシュナムルティの「ことば観」の結晶

それではここで、クリシュナムルティがいのちの刻みと共に発し続けたことばをどのようなものと考えていたのか、それが集中的に語られているところを紹介しておきたいと思います。

言葉はそのものではなく、もの自体は決して言葉ではないと知ること。言葉の持つ付帯的な意味に捉われず、なおかつ注意と理解を持って言葉を使うこと。言葉に対して繊細であると同時に、言葉の重みで圧迫されないこと。言語の障害を打ち破り、事実を思慮すること。言葉の毒を避け、言葉の美を感じること。言葉との一切の同一化を排除し、それらを吟味すること。というのも言葉は罠であり、誘惑であるからである。言葉は象徴であり、実在ではない。言葉という目隠しは、怠惰で、無思考で、欺瞞的である心にとって避難所としての役割を果たす。言葉への隷属は一見活動に見える〈不活発な活動〉の始まりであり、象徴に捉われた心は役に立つことはできない。**あらゆる言葉、思考は心を形作り、あらゆる思考への理解がなければ、心は奴隷となり、悲しみが始まる。**結論と説明は悲しみを終わらせることはない。（強調は稲瀬、『クリシュナムルティの神秘体験』）

クリシュナムルティが発してゆくことばの一つ一つは、右に示されたことばへの慎重な考察、まなざしを通して気づいた「ことば観」を基底に据えていることに思いを馳せましょう。

次週以降も、クリシュナムルティのことばが照らし出す世界、それは彼自身の見た世界（肉眼、心眼、傾聴、肌触り等およそ生きていることそのものと触れあい、一体となった状態）と釣り合い、**自分が見抜く森羅万象を、「あなたがたも見ませんか」**と、抜きんでた「像的描写力」でその世界への参入を促してゆく彼の深い思いを見つめつつ、彼が紡ぎ出す一つ一つのことばに共に聴き入ろうではありませんか。それでは、次週、再びここで会いましょう。

第七回　クリシュナムルティが見た世界（一）

―真理を見出すための「生の技法」とは何か―

日々の歩みの軸とは、と問われれば

十四回の予定で行っている本授業も、今日で七回目。野球で言えば五回に当たるところまできました。野球ではとかくゲームが動いてゆく展開が待っている中盤戦といったところです。無論ゲームではない授業の性格上、勝敗という観点から捉えてゆくのは適切ではありませんが、ここから五回にわたって、**「クリシュナムルティが見た世界」**と題して、彼が私たち一人一人に贈り物として残してくれた**いのちの証としてのことば**に皆さんと共にまなざしを向けてゆきたいと思います。

さて、少し唐突ではありますが、今、皆さん一人一人に次のような問いが出されたなら、どう答えるでしょうか。それは「これまでの人生を通して、君がより良く生きてゆくために大切にしてきたもの（あるいはこと）について、要約し、原稿用紙にして三枚以内で書いてみてください」というものです。

提出には及びませんが、ぜひ今日家に帰ってまとまった時間をかけて取り組んでもらいたい。大半が二十歳前後の年齢にいる皆さんにとって、正直まだまだ人生経験は豊富とは言い難いですが、それでもいろいろなことがあったこれまでの人生ではなかったかと思います。自らの来し方を振り返り、一体どのよう

なことが皆さんのこれまでの人生の軸を成してきたのか、ことばにすることで意識化でき、以後の人生設計のための起点となってくれるのではないでしょうか。

クリシュナムルティの教えの真髄

皆さんにこのような問いを投げかけたのは、クリシュナムルティが八十五歳になった年にあたる**一九八〇年の終わり頃**に、彼の伝記（一九八三年にジョン・ミュレイ社が出版したメアリー・ルティエンス著『クリシュナムルティ・実践の時代』高橋重敏訳　めるくまーる社）のために、**「あなたの教えとは何か？」の問いに答える形で、彼自身が書いたものが記されているという事実**に、皆さんのまなざしを向けてほしいからなのです。

先ほどの皆さんへの問いは、自我が目ざめ自己へのまなざしを向けるようになってから今日までの時間という比較的まだ短い人生の時における「生活上の軸をなすものとは何か」でした。一方クリシュナムルティのそれは、これまで見てきたように「星の教団」解散以後、一自由人として世界中を巡っての半世紀を超えての長い対話人生を生きてきた結果のものであり、その教えの真髄を要約するということがいかに難しいことであるか、ここは想像を逞しくするところだと思います。

クリシュナムルティは結果的に、ある種無謀とも言える要請（「教えの真髄の要約」）を受け入れ、**約四五〇語の英単語を駆使して、自らの人生のかけがえのないいのちの刻印としての教えの真髄を後世に残すこととなりました。**

さて、約四五〇語からなる「クリシュナムルティの教えの真髄」は、一体どのような内容のものであったのか、気になるところですね。それでは、初めに「クリシュナムルティの教えの真髄」の全貌を記した、お手元にある資料に目を向けてみてください。これが、クリシュナムルティが約半世紀にわたって世界中で飽くなく語り続けたことばの源となる教えのエッセンスです。資料は、「クリシュナムルティの教えの真髄」の全文を五回にわたる授業ごとに①～⑤の番号を付記して表記しています。なお、文章は、**『境界を超える英知』**（コスモス・ライブラリー刊行）より転載したものです。＊

＊これ以後、五回にわたって本資料に基づいて、「クリシュナムルティの教えの真髄」を見てゆくが、各回で本資料からの引用を行う場合は、引用文の後に、例えば（前掲、〈資料　①〉より）と表記があれば、原資料『境界を超える英知』から転載した以下の資料を基に（これを前掲と表記）、①の中にある文章から引用したものであることを表している。この表記法は第7回から第11回の授業の中で通用するので注意していただきたい。

「クリシュナムルティの教えの真髄」

①

クリシュナムルティの教えの真髄は、一九二九年の彼の言葉のなかに含まれている。このとき、彼は「真理は道なき地である（Truth is a pathless land）」と言った。人はそこに、どんな組織を通じても、信条、教義、聖職者を通じても、あるいは儀式を通じても、また、いかなる哲学的知識や心理的技術を通じても到達できない。人は関係性という鏡を通じて、彼自身の精神の中身を通じて、それを見出さねばならず、知的分析や内省的な精査を通じてではなく、観察を通じて見出さねばならない。人は自分自身のなかに安全柵としての——宗教的、政治的、個人的な——イメージを作り上げている。これらはシンボル、理想、信条として現われる。これらのイメージの重みが人の思考を、関係性を、日常生活を支配している。これらのイメージはわたしたちの問題の原因である。人と人とを分断するからだ。人の人生観は、すでに精神のなかに確立された概念によって形作られる。意識の中身が彼の全存在なのだ。この中身はすべての人類に共通している。個（individuality）とは、名前であり、かたちであり、そして、伝統や環境から取り入れている表面的な文化である。

2

人の独自性は、表面的なもののなかではなく、彼の意識の中身からの完全な自由のなかにある。これは、全人類に共通している。だから、彼は個人（individual）ではない。自由とは反応ではない。自由は選択ではない。人は選択肢があるから自由だという振りをしている。自由とは、方向がなく、賞罰の恐怖もない、純粋な観察である。自由には動機はない。自由は人の進化の終点にあるのではなく、その存在の第一歩にある。観察するなかで、人は自由の欠落に気づき始める。自由は、わたしたちの日々の存在と活動に関する無選択の気づきのなかに見出される。

3

思考は時間である。思考は経験と知識から生まれ、時間と、そして過去と不可分である。時間は人間の心理的な敵である。わたしたちの行動は知識に、したがって時間に基づいており、それゆえに、人は常に過去の奴隷である。思考は常に限られており、そして、それゆえに、わたしたちは絶え間ない葛藤と苦闘のなかで生きている。心理的な進化などというものはない。

④　人が自らの思考の運動に気づき始めると、思考者と思考の、観察者と観察対象の、経験者と経験の分断が見えてくるだろう。そして、この分断が幻想であることを発見するだろう。そのときはじめて、純粋な観察が、過去や時間の影をともなわない洞察が存在する。この時間のない洞察は、精神に深い根源的な変容をもたらす。

⑤　全的な否定は、肯定の核心である（Total negation is the essence of the positive）。思考が心理的にもたらすものごとのすべてが否定されるとき、そのときにだけ、愛が、慈悲と英知としての愛がある。

（『境界を超える英知』より転載）

これから「クリシュナムルティの教えの真髄」をみてゆくに当たって、改めて、**真理、自由、思考、英知**を始めとするクリシュナムルティの教えの軸をなすテーマについて、紡ぎ出してゆく「ことば」をどのようなものとして見立ててゆけばよいのか。ここは、クリシュナムルティと親交のあった、イギリスの著作家**オルダス・ハクスレー（1894-1963）**のことば観に傾聴したいと思います。

言葉は事実ではなく、まして根源的な「事実」であるはずもない。そういう言葉をあまり大真面目に受けとっていると、もつれにもつれた茨の森の中で道に迷うことになる。だが、その反面、言葉を真面目に受けとらないでいると、今度は、そこから迷い出てしまう道や、到達すべき終着点があるのだということに相変わらず気づかぬままに終わることになる。（『永遠の哲学』）

一つ一つのことばの先に真実の世界への入り口が見えてくる。ことばはそこまで人を導いてゆく働きはあるのだ。だから入り口まで連れてゆけるかどうか、その意味でことばの役割は小さくはない。一方、ことばは事実そのものでないという絶対的真実を忘却して、架空の現実の世界の中で、真なるものを見出そうとやっきになるのは笑止千万の振る舞い。この匙加減誠に難しいことをハクスレーは示しているのだと思います。そして、その思いはクリシュナムルティのものでもあろうかと。このことばの真実を決して忘れることなく、これから始まる、クリシュナムルティのことばが紡ぎ出す教えの世界探索にエネルギッシュに踏み出してゆきましょう。

真理は道なき地である

七回目にあたる本授業は、五回シリーズの「クリシュナムルティの教えの真髄」の第一回目として、**彼の教えの真髄の扉をひらくところに見出される世界**に注目してゆきたい。先ほど列挙したことば群の中のことばを探究の扉としながら、クリシュナムルティはどのように自らの教えを紡ぎ出していったのか、まずはその箇所を紹介してゆきます。

〈「クリシュナムルティの教えの真髄」資料 1 より〉

クリシュナムルティの教えの真髄は、一九二九年の彼の言葉のなかに含まれている。このとき、彼は「真理は道なき地である（Truth is a pathless land）」と言った。人はそこに、どんな組織を通じても、信条、教義、聖職者を通じても、あるいは儀式を通じても、また、いかなる哲学的知識や心理的技術を通じても到達できない。人は関係性という鏡を通じて、彼自身の精神の中身を通じて、それを見出さねばならず、知的分析や内省的な精査を通じてではなく、観察を通じて見出さねばならない。人は自分自身のなかに安全柵としての——宗教的、政治的、個人的な——イメージを作り上げている。これらはシンボル、理想、信条として現われる。これらのイメージの重みが人の思考を、関係性を、日常生活を支配している。これらのイメージはわたしたちの問題の原因である。人と人とを分断するからだ。人の人生観は、すでに精神のなかに確立された概念によって形作られる。意識の中身が彼の全存在なのだ。この中身はすべての人類に共通している。個（individuality）とは、名前であり、かたちであり、そして、伝統や環境から取り入れている表面的な文化である。

どうでしょうか。少々長い文章ですが、今日は彼の記したことばの中から、ここまでのところ〈〈資料1〉を一つの節目として、この十数行の中に凝縮された教えにまなざしを向けてゆきたいと思います。

先週の授業の中で、**クリシュナムルティ＝「見る人」**と見立ててゆくこととしたい旨の話をしました。ここで、皆さんに改めて「見ること」の広大さ・底知れなさ・奥深さに意識を向けていってもらいたいのです。

彼の**「教えの真髄」**、それは彼が**「見た世界の真髄」**と置き換えることが可能です。どのような世界をクリシュナムルティは次々と見出していったのでしょうか。それはひるがえって、同じ一個の人間である私たちにどのような教えとして眼前に差し出されることとなっているのか、この問いを携えて彼の見た世界の探索に乗り出してゆきましょう。

クリシュナムルティの教えの真髄は、一九二九年の彼の言葉のなかに含まれている。このとき、彼は「真理は道なき地である（Truth is a pathless land）」と言った。（前掲・〈資料①〉より）

ことばのもつ響きには**無限の深度**があると私は思うのですが、冒頭の彼のことばはまさにその最たるものではないでしょうか。過去の教育学の本授業でも触れてきましたが、一九二九年、クリシュナムルティ三十四歳の時、**人生のターニングポイント**となった歴史的な「星の教団」解散宣言の冒頭で発せられた**真理観「真理は道なき地である」。**この言明は**半世紀の時を超えて、全く揺るぎないものであった**ことが、ここで明確に表明されています。私はまずもってこの事実に驚くと共に、皆さんにもこの事実の意味するところへ意識の矢を向けていってほしいのです。

一九二九年に至るまでの「星の教団」の長として歩んでゆく中で育んできた自らの洞察の結晶としての解散宣言。そして解散宣言を新たな出発点として、以後の約半世紀にわたり、一自由人として世界中の老若男女を問わないあまたの人々と交流しつつ、尋常ならざるエネルギーを注いで自由への道を歩んでいった。そして、一人として同じ境遇にはいないそれらの人々それぞれの「生」の現実に直面していったという事実の持つ重み。国の違い、伝統の違い、年齢、性別の違いと共に人間の困難な苦悩する「生」の姿に接し続けていった日々等。人間の「生」の複雑きわまりないありのままの現実との数十年にわたる果てしない応接を経て後、発せられたことば。そのことばの重みに深く思いを馳せることがここでは何をさておいても大切な行為だと思います。日本語にしてわずか十文字の表明文である「真理は道なき地である」の背景には、クリシュナムルティの苦闘の半世紀を超える気の遠くなるほどの足跡があること。この厳然たる事実に常に立ち戻る必要があります。

「真理は道なき地である（Truth is a pathless land）」（前掲・〈資料 1 〉より）

クリシュナムルティの教えのスタートを切ることばは、否が応でも人々の関心の的となるところと言っていいでしょう。「真理は道なき地である」ということばは、まずもってどのような世界の中に人々を誘っていったのか、そこから探究の道に入ってゆきましょう。さて、この簡潔な一文に凝縮された世界の意味は、**「真理のすみか（=地）がある」**ということと**「真理のすみか（=地）に至る道は存在しない」**という二つの重要な意味によって成り立っているということ、を明確に示してくれているのではないかと思います。

ことばを換えるならば、真理そのものはこの世に存在するが、真理に至る道、方法は断じて存在しないという、クリシュナムルティのまさに「見」が最高度に、凝縮され、ことの、ものの本質を見抜いたことばとして結実されたのが「真理は道なき地である」と、私は感じ入った次第です。この間の事情について、解散宣言からまだそれほど年月も経ってない一九三二―一九三三年に、彼がインド・アディヤールの神智学協会本部に招かれた時に行った講話のことばからその真意を読み取ることができるのではないかと思います。

彼はこう述べています。

永遠のもの、生きた実体、神とも、真理とも、いのちとも、愛とも、行為とも、何と呼ぼうと、そういうものが存在するのだとわたしは申し上げます。しかしそれはえがき出すことも出来ないし、言葉で測ることも出来ないのです。（「クリシュナムルティ　インド、アディアル、神智学協会本部に於ける講話　一九三二年―一九三三年より）

真理はこの世に、厳然と存在するという確言と、しかし真理に至る道、方法は断じて存在しないという真理をめぐる**「肯定と否定」**の中に、クリシュナムルティの真理観そして彼の教えの全体像があることが、ここで強烈な精神への一撃として示されていると私には思えます。クリシュナムルティのここから始まる教えは、全体として真理をめぐる「肯定と否定」の狭間にある深層を**「見える化」**してゆく試みとも言えるでしょう。このことを心に留めてもらって、これにつづいてゆく彼のことば（約四五〇語の英単語により構成されている。）に共に聴き入ってゆくことにしましょう。

人はそこに、どんな組織を通じても、信条、教義、聖職者を通じても、あるいは儀式を通じても、また、いかなる哲学的知識や心理的技術を通じても到達できない。（前掲・〈資料1〉より）

組織、信条、教義、聖職者、儀式、哲学的知識、心理学的技術。組織から心理学的技術に至るまで、一般的に真理探究にとって欠かすことのできない「もの、ひと、こと」の代表格を俎上に上げて、クリシュナムルティはことごとくもあろうに一網打尽に粉砕しているのに気づくのにそう時間はかからないでしょう。

このことの意味は測り知れないものがありますね。この**「すべてを否定する」**クリシュナムルティの真意がどこにあるのか、おそらくこの疑問は皆さんの中で自然に浮かんでくるものではないかと思います。そのこと＝疑問を抱くこと、大切にしてください。共に探索の糸を伸ばしてゆく上で欠かせないことですから。

「すべてを否定する」クリシュナムルティの唯一の方法と言ってもよい彼の「生の技法」については、改めて「クリシュナムルティが見た世界」五回シリーズの最終回、本授業では第十一回目に主題化して考察の矢を放ってゆきたいと思います。

さて、クリシュナムルティがどうして組織も、信条も、教義も、聖職者も、儀式も、哲学的知識も、心理学的技術も、真理への道にあらずと断言するのか、この当然生まれいずる疑問への一つの回答と思われる彼のことばが残っています。

それは、既に紹介しているクリシュナムルティのよき理解者であった世界的物理学者のデヴィッド・ボームとの対話の中の一シーンで表明されていたものです。

あなたは、「真理は、道なき領域である（注・稲瀬：ここでは訳者はlandを領域と訳している。Landの訳としては、他に、「地」、「土地」の訳語が使われている。）」という種を私の中に蒔きます。また一方では、「真理に至る道がある、ついて来なさい」という種が私の意識に蒔かれます。一方は虚偽であり、もう一方は真理なのです。それらは両方とも私の意識に深く留められるのです。それゆえ、苦闘は絶え間なく続きます。もしも私が充分に鋭敏であれば、真理と虚偽は、共に作用しながらより多くの混乱と不幸を、そして実に大きな苦悩をもたらすことになるのです。・・・」（『真理の種子―クリシュナムルティ対話集』）

クリシュナムルティのこのことばは、真理をめぐって苦闘する人類の現況への憂慮の念を吐露するボームのことばを受けてのもの。ボームは精神、意識上に蒔かれる様々な真理をめぐる種（理論、理念、想念など）の間の絶え間ない葛藤の渦の中から抜け出せない大多数の人間たちの現況を直視し、この現実にどう立ち向かってゆけばよいのか。クリシュナムルティに真剣な問いを発していました。

真理をめぐる両者の対話はさらに深化してゆきますが、ここでは、私たちが日々生きてゆく中にあって、脳細胞に様々な真理の種子がことばとなって記憶され、種子同士で優劣を決することができない、いわば**袋小路の中に入り込んだ状態で苦悩する人間の姿**を見据えておいてもらいたいと思います。

真理をめぐるある対話から

その上で、私が次に皆さんに紹介したいのがクリシュナムルティと神を求めるある真面目な人物との、とある対話です。（以下、『生と覚醒のコメンタリー1』参照）

この対話はどこで行われたかは定かではありませんが、おそらく対話の内容からしてインドではないかと思われます。何千マイルもの遠い道程を、船や飛行機を乗り継いではるばるクリシュナムルティの許を訪ねてきたある男性。幅広い読書家で、ある種の科学者であり、洋の東西を問わずいずれの哲学にも造詣が深く、そしてローマカトリック教徒でした。妻と子供二人あり、とても愛していたが、彼は妻子に必要な手はずを万端整えてから家族を後にし、クリシュナムルティの許にやってきたのです。彼はここに**「神を見**

出しにやってきたのでした。」

すべてを捨て、ただ神の発見のためにやってきた彼に対して、クリシュナムルティがどのように対していったのか。この時の対話で目を見張るものとして印象深く読む者に迫ってくるのは、クリシュナムルティから発せられる一連の問いの力です。主なものを上げてみます。

○神は、探し求めることによって見出されるようなものだろうか？
○真理は、特定の環境、特殊な気候、ある種の人々の間に見出されるものなのだろうか？
○ある人間は真理への案内者で、別のある人間はそうではないのだろうか？
○一体、案内者などいるのだろうか？

クリシュナムルティは右のような問いを次々と投げかけつつ、訪問者の応答から、彼の中に、「万人がではなく、例外者のみが真理を見出すのだ」、という考えが巣くっている事実を明るみに出してゆきます。真理を発見したと思われている人間の模範、手本を自らのはるか頭上に掲げ、模範とする人物を理想として仰ぎ、自らの現実との比較の上で、意識的・無意識的葛藤を引き起こしている現実を容赦なくえぐり出してゆくのです。

クリシュナムルティがここで見た世界は、**理想に走る人間のありのままの姿**ではないでしょうか。そこは理想をもつことは良いことではないかというかなり強固な岩盤のごとき常識の世界に大いなるくさびを打ち込んでいる場面ではないかと思われます。このことは、皆さんの日常でもよく見受けられる心象風景ではないでしょうか。「私の将来の理想とする生活は・・・」「私の理想とする生活信条は・・・」等々、枚挙にいとまはないですね。この機会に、理想は今の自分の生活にどのようなウエイトを占めているか、じっくり見つめてみることは決して無駄ではないと思います。

さて、真理をめぐるこの日のクリシュナムルティの「見」の世界は、次のことばを中心軸として展開されたと言っていいでしょう。「真理は、固定した居所を持たない――それに至る道もないし、案内者もなく、そして言葉は真理ではない。」

真面目に神を求め精進している訪問者の男性が陥っているこころの世界、**意識の世界から解放される道はあるのか、**次なる問いはここに向かうのではないでしょうか。クリシュナムルティはこの問いを待ち受けているかのごとく、人々をして、誰しもが例外なく時々刻々生きている「生の現場」に意識の矢を向けようとしてゆきます。それでは、次なるクリシュナムルティが見た世界に分け入りましょう。

「生の技法」＝関係性の鏡を通じた、「意識の中身」の観察

人は関係性という鏡を通じて、彼自身の精神の中身を通じて、それ（注・稲瀬：それ＝真理）を見出さねばならず、知的分析や内省的な精査を通じてではなく、観察を通じて見出さねばならない。（前掲・〈資料1〉より）

真理への道として、組織も、信条も、教義も、聖職者も、儀式も、哲学的知識も、心理学的技術もあらゆる方法・手段を拒否するクリシュナムルティが唯一提示するもの・こと、それこそは**「関係性という鏡」**ということばで表現される「生の技法」なのです。「関係性という鏡」ということばを聞いて、どのような思いが皆さんのこころに浮かんできたでしょうか。まずは、そこを大事にしてもらいたい。これまで生きて

きた約二十年という歳月を通して、皆さんは生きてゆくということが自分一人の力で成り立つものではないということは、常識となっていることと思います。

ただ、私たちの日々の生、いや時々刻々の生が自分を取り巻く世界の「もの・こと・ひと」と無限のかかわりをしながら営まれていっていることに、深く思いを馳せることは、よほどのことがない限りしていないのではないかと思われますが、いかがでしょうか。試しに朝起きてから今この教室に座って授業に参加している皆さん自身が過ごしてきた数時間について思いを馳せてみることです。洗面所での歯磨き、朝食、登校、授業という一連の行為全体を通して、どれほどの判断、行動、人とのかかわりをしながら、それをつないできつつ今に至っているか。思えば、その時々にベストな行動や態度や思考、気づきがあったと思われますが、通常は常識力をベースに瞬間瞬間の判断に対してあまり意識化することなくその場その場を過ごしているのが平均的な人の「生の技法」ではないかと思われます。

このように通常は、常識力でもってその場その場を切り抜けて生きている「生」の現場に、いわば**気づきの光線**を向けてよりクリアーなものにしてゆくこと。それは、「自分」と「ひと・もの・こと」の関係に向けられ、それが写し出されるこころの中の「関係としての鏡」をあるがままに見つめてゆくことこそを**真の「生の技法」**としなければならない。これこそがクリシュナムルティの生への譲れない姿勢であったと思います。

知的分析や内省的な精査を「関係性という鏡」に対置していますが、これらのものは、通常は好ましいものとして考えられていますね。しかし、クリシュナムルティの心眼にかかれば、これらは私たちの生のまったただ中の現実に対処してゆく上で、最善のものとは言えないとの彼の「見」が示されている重要なところであろうかと思うのです。
では、どうして知的分析や内省的精査ではだめなのか。その理由と考えられるものが次のように指摘されています。

イメージの支配の現実

人は自分自身のなかに安全柵としての――宗教的、政治的、個人的な―イメージを作り上げている。これらはシンボル、理想、信条として現われる。これらのイメージの重みが人の思考を、関係性を、日常生活を支配している。〈前掲・〈資料①〉より〉

クリシュナムルティの「見」＝観察が捉えた世界、それは知的分析、内省的精査が向かってゆく先々で生まれてくる「イメージ」の世界の現実であったことが示されている場面です。ここは極めて重要なところですので、皆さん一人一人のこころの中も同時に見つめてゆくことで、彼の「見る世界」に参入してゆくことが大切です。

安全・安心な状態で生きたいという人間の根源的な性向は、時に宗教的、政治的、個人的な自らを守ってくれる柵のごとき慰安場所としての**「イメージ形成」**へ人をして向かわせる、これがここでのクリシュナムルティの「見」が捉えた観察力のなせるところです。このことに皆さんが同意するかしないかは自由ですが、イメージの問題は万人共通の世界に関わるものであるだけに、彼のことばは決して看過すべきものではありません。ここで大切な生の姿勢は、あくまで**「事実に就く」**ということです。

小は私たちの日常に生起する人間関係の中でのイメージの問題、「あの人は・・・なんで」↓「あの人とは付き合わない方がいい」から始まり、大は国家間同士の強固なイメージ形成による反目の状態―なかなか前進しない日中間、日韓間、日北朝鮮間の関係など―あげればキリがありませんね。これら大小限りない関係態の中に巣くうイメージという、まるで電気くらげのごとき、こころの世界を席巻する現象への観察するまなざしを共に向けてゆかねばならないところです。

総じてイメージはどうして問題であるのか、クリシュナムルティは短いことばながらことのど真ん中を射貫くがごとく、こうことばを続けています。

これらのイメージはわたしたちの問題の原因である。人と人とを分断するからだ。（前掲・〈資料 1〉より）

人と人とを分断してしまう、人間関係をダメにする最大の要因として、クリシュナムルティは人間のこころの世界で生起する「イメージ形成」に光を当てているのです。

「こころ」という私たち人間を人間たらしめる特別な世界で、一体何が日々生起しているのか、そしてその現象がどのような事態を一人一人の人間に招き入れているのか、ひいては人間社会全体をどのような地点に立たす結果となってしまっているのか、思えばクリシュナムルティは生涯を通して、このことを見続け、聞く耳をもった世界中の人々に飽くなく語っていったと言えるでしょう。

人が人として生まれこの世を生きてゆくその基盤となる、「こころの世界」にもしも共通のものがないのであれば、クリシュナムルティと言えども打つ手なしの状態に追い込まれていたかも知れません。でも、クリシュナムルティの生涯を通した尋常ならざる**「観察力」**は、私たち人間の細かな違いではなく、木で言えば幹にあたる大きな共通する基盤を鋭く見抜いてゆきました。そのことについて、次にクリシュナムルティはこう述べているのです。

意識の中身がひとの全存在であり、人類共通のものであるのだ

人の人生観は、すでに精神のなかに確立された概念によって形作られる。意識の中身が彼の全存在なのだ。この中身はすべての人類に共通している。個（individuality）とは、名前であり、かたちであり、そして、伝統や環境から取り入れている表面的な文化である。（前掲・〈資料1〉より）

伝統や環境によって形成されてゆく人間は、確かに素質的、遺伝的な要素を基としつつ、この世での現われは、個（individuality）としての違い、多様性の様相を呈しています。しかしながら、この違いは表面的なものであり、人間のこころの世界をあるがままに観察してゆけば、そこに見出されるのは、意識を形作る多種多様な複雑怪奇な精神の層をなす姿なのです。より具体的には、ある宗教を信じる自分、伝統文化、迷信、信条、信念、愛国心、意識的・無意識的な過去の記憶、経験の累積、個人的欲求・欲望等々。私たちのこころの世界を照射してゆけば、時を経ながら生きてゆく中で得体の知れない意識の坩堝と化していることに気づくのではないでしょうか。

意識の中身をめぐるクリシュナムルティの「見」がつかんだ人間の真実の姿。それはある特定の個人、あ

る一群の人々の中に見受けられるのではなく、**すべての人間共通の姿**にあった。ここは超重要なところでしょう。すべての人間に共通する意識の中身へのまなざしは、換言するなら自己認識への道への飽くなき探究と言えるものなのです。

先に紹介したクリシュナムルティと神をもとめてはるばる彼の許を訪ねてきた男性との対話の終盤において、クリシュナムルティはこう述べています。

始めたまえ。**自己認識は、関係の行為において発見される**はずである。そして**あらゆる行為は、関係である。**自己認識は、自己閉鎖、隠遁からは生まれない――関係を拒絶することは、死ぬことなのである。・・・あるがままは、絶対的なるものであり、そして絶対的なるものに、何の選択もはさまずに気づくことが、それを開示させる。この開示が、知恵の始まりである。（強調は稲瀬、『生と覚醒のコメンタリー1』）

私たちにとって至上命題である、日々生き抜いてゆくことをあるがままに見つめれば、そこには関係の行為の連鎖という姿が見出されるでしょう。その見出してゆく一瞬一瞬は自己認識の歩みと言えるものであり、その先々で出会う芳香のごときものが真理といえるものではないのか、私はここまでの「クリシュナムルティの教えの真髄」のことばに触れて、素直に感じ入ったところです。本日の授業がどのような感懐を、思考を皆さん一人一人のこころの世界にもたらしたか、各自であるがままに見つめてみてほしい。

真理と現実とは違うのだ

本時の学びを終えるにあたって、最後にクリシュナムルティとスリランカの著名な仏教学者**ワルポラ・ラーフラ（1907-1997）**［以下WR］との「真理」をめぐる白熱の対話から、その一端を紹介したいと思います。＊

両者の対話は、**「真理」（truth）と「現実」（reality）を主題化し、両者の関係を探る**ものとして進められてゆきました。

クリシュナムルティはWRとの対話の中で、「現実」ということばを、「夢、感覚的、官能的な反応、技術的な世界全体、思考が築き上げた事物のすべて、文学、詩、絵画、幻想、神々、シンボル――のすべて」という意味で使っています。このように、**思考が作り上げる人工的、人為的なものすべてを「現実」**とみなし、その**「現実」と「真理」はまったく関係はない、**とクリシュナムルティは、WRとの対話を通して確言するのです。途中、「真理の探究」を「午後まで待っていられない」（笑い）というWRの要請を受け、クリシュナムルティは「いいでしょう、じゃあ**一秒**で言いましょう。真理とは時間を通じて知覚されるものではない。真理は、**自我**があるときには存在しない。どんな方向へであれ、**思考**が働いているときには、真理は現れない。真理とは測り知ることのできない何かである。そして**愛**がなければ、**慈しみの心**がなければ、**英知**がなければ、真理はあり得ない。」とWRに応答してゆきました。「〈真理〉と〈現実〉は一体のものであるのではないか」とのWRに対して、クリシュナムルティは「それはあり得ない。」と決然と答える。

対話の途中、WRが仏教学者らしくクリシュナムルティの発言をブッダと照らし合わせて述べようものなら、すかさず**「あなたは実際に聞くことから遠ざかったのではないか」**とその場、その時の**意思疎通**の深度を決して見逃すことはない。両者のこの日の対話は、クリシュナムルティの「真理はただ自我がないとき、そのときにのみ存在し得る。あり得るのです。」の後、「まことにそのとおりです。」とのWRの発言で終っています。（以上、『ブッダとクリシュナムルティ』参照）

両者の迫真の対話の全容をお知らせできないのは残念ですが、その雰囲気は十分感じ取ってもらえたのではないでしょうか。

特に、クリシュナムルティの発言の中には、これからの授業で学びを深めてゆくための主要なテーマである、**「思考」**、**「自我」**、**「時間」**、**「愛」**、**「慈しみ」**、**「英知」**、**「意志疎通」**といったものが集中的に出ております。「真理」という大テーマがこれらの関連事項とどのようにつながり、今一つの大テーマである「自由」の問題、すなわちクリシュナムルティ生涯の目的である「人々をして、絶対的に、無条件に自由たらしめる」こととともどのような連関の下にあるのか、一つの方向性の在り処《ありか》をこの重要な対話は象徴的に示してくれているのではないでしょうか。

次回は、人類共通の意識の中身を前にして、「自由」の問題はどのような関係としてあるのか。そしてこの大テーマは私たち一人一人の抜き差しならぬ問題としてテーマ化されうるのか。ここでも「クリシュナムルティが見た世界」にできうる限り、皆さんといっしょに深く参入してゆくことで、私たちの「生」の自由への扉のヒントを得てゆけたらと願っています。では、次週またこの教室で。

＊ワルポラ・ラーフラ（Walpola Rahula）：スリランカのテーラワーダ仏教の学僧。エンサイクロペディア・ブリタニカのブッダに関する解説部分の著者。（『ブッダとクリシュナムルティ』より）

第八回　クリシュナムルティが見た世界（二）

―無選択の気づきが「生」と「自由」を架橋する―

皆さん、こんにちは。本時は、クリシュナムルティの教えの最重要なテーマの一つである、**「自由」**ということばであらわされる世界は、どう私たちの日常＝**「生」**に関わってくるのか。そして両者を**架橋する働き**とはどのようなものであるか。このことに**全力で直面してゆく。**これが本時の**最大の授業テーマ**です。

考察の手順として、日常の「生」に対して繊細な感受性でもって対し、それを生業としている人の代表格と言っても過言ではない詩人の世界に共に入ってみたいと思います。今日紹介するのは、私の好きな詩人・**谷川俊太郎氏（1931～）**の名作**「生きる」**の世界です。

谷川俊太郎作「生きる」から

「・・・・生きているということ／いま生きているということ／泣けるということ／笑えるということ／怒れるということ／**自由ということ**／生きているということ／いま生きているということ／いま遠くで犬が吠えるということ／いま地球が廻っているということ／いまどこかで産声があがるということ／いまどこかで兵士が傷つくということ／いまぶらんこがゆれているということ／いまいまがすぎてゆ

くこと／生きているということ／いま生きているということ／鳥ははばたくということ／海はとどろくということ／かたつむりははうということ／人は愛するということ／あなたの手のぬくみ／いのちということ」（強調は稲瀬、『生きる』より）

泣いたり、笑ったり、怒ったりする生の日常にあって、そっと谷川さんは忘れることなく**生きるということは自由であること**とも言う。ここは見逃してはならないところではないかと思うのです。谷川さんは「自由ということ」と「生きるということ」が密接不離な関係にあることを体感されていたことがうかがえます。

谷川さんにあって、生の現実にそっとおかれた「自由ということ」の本質は一体どのようなものであるのか。そして人間にとって普遍的なテーマである**「善く生きるということ」の実現にどれほど「自由」がかかわりをもつものであるか。**この問いこそがクリシュナムルティが生涯を賭けてあまたの人々との交流を通して徹底的に探究してゆくこととなった最重要テーマの一つであったと私は考えます。

自由というテーマはどれほど広く、そして深いものであるか。クリシュナムルティの教えの中へ分け入りつつ、皆さんと共に気づいてゆけたらと願います。

私たちは自由であることを望んでいるのか

歴史をひもとけば、かつて人々が自由を求めて闘った無数の生きた刻印があります。そして人間の世の真実の姿を模索すべく、自由を一条の光としあまたの人々の生の織りなす曼荼羅がこれまで洋の東西を問わず描かれてきました。現代という時代を生きる私たちにとって、かつてこの地球上に生きた人々の頭に、こころに、体内に宿った自由という名の生の息吹は受け継がれているのか。はたまた変容を遂げているのか。考えれば考えるほどに泥沼に入りかねない漠とした感のする問いとしてはね返ってくるようです。

受講生の皆さんにとって、今、自由ということばで表される世界はどれほどの切実感をもっているのか。見方を変えれば**果たして自由をそもそも自分は欲しているのか。**この問いが自由への探索の入り口としてぜひとも確認しておきたいところのものです。

このはっきりとつかみがたい自由のありかを手ざわり良くことばにしている文章があります。皆さんの自由への接近の参考にしてもらいたい。

どこの、誰とも知らぬひとと同席し、対話し、一緒に暮し、年月をついやして、相手の立場を理解しようとする。その上で、ともに自由になりえたらよいのであるが、なかなかどうして、尋常一様の努力では自由になりえない。（『自分からの自由—からだ・こころ・たましい』）

これは、文化人類学者の**岩田慶治氏（1922-2013）**のことばです。人間のもつ不自由さの様子の機微が上手く表現されていると思いませんか。岩田氏が不自由さに陥っている根本的な要因として挙げているのは、「自分が自分の主人公になっていない。自分が自分の歩みを邪魔している。自分という名前の堆積物、自分という名前の妖怪、自分という名前の汚物、それが自分ながらいやらしいのである。」とことばを続けてゆきます。

そして岩田氏は、自由問題を次のような問いとして提示してゆきます。

「いったい、どうしたら自分が自分という存在から、自分という縺《もつ》れた糸の束《たば》から自由になれるか」

先の本の中で、岩田氏は縺れた糸をほどくことなく、（ほどけば自分自身の解体につながるからそれはできない）自由になる道を模索していかれている。ここは、岩田氏の自由観の探索を行ってゆく時ではないので、これ以上このテーマでの岩田氏のことばを追ってゆくことは控えたい。ただ、今少し付言しておきたいことがあります。それは、岩田氏の探索の手法についてです。彼は、私たちが社会生活を営んでゆく上で心掛ける視点として、人類学におけるフィールド・ワークの方法に関連して、**（1）とびこむ、（2）近づく、（3）もっと近づく、（4）相手の立場に立つ、（5）ともに自由になる** が役立たないことはないと、述べています。（前掲書）

この手法は、本時のテーマであるクリシュナムルティの教えの真髄である自由への取り組む姿勢としても大いに参考になるのではないかと思います。

クリシュナムルティが日々の生で実践していったように、あまたの人々の中へ分け隔てなく、とびこみ、人々との直接的接触を生業としつつ、対話の相手の話を傾聴してゆく。これすなわち相手の立場に身を置きつつ、目指すは、ともに自由になること。岩田氏の基本的視座は、この点においてはクリシュナムルティの「生の技法」に重なるところが少なからずあるのではないかと思います。

少々長くなりましたが、自由問題へと向かってゆく姿勢を述べた上で、いよいよクリシュナムルティの自由観に分け入りたいと思います。以下、本時に触れてゆく彼のことばを始めに示したいと思います。

〈「クリシュナムルティの教えの真髄」資料 2 より〉

人の独自性は、表面的なもののなかではなく、彼の意識の中身からの完全な自由のなかにある。これは、全人類に共通している。だから、彼は個人（individual）ではない。自由とは反応ではない。自由は選択ではない。人は選択肢があるから自由だという振りをしている。自由とは、方向がなく、賞罰の恐怖もない、純粋な観察である。自由には動機はない。自由は人の進化の終点にあるのではなく、その存在の第一歩にある。観察するなかで、人は自由の欠落に気づき始める。自由は、わたしたちの日々の存在と活動に関する無選択の気づきのなかに見出される。

これら一連のことばにこめられたクリシュナムルティの自由観の真意を共に探ってゆきましょう。

「意識の中身」からの完全な自由

今この時、自由に係るクリシュナムルティの教えの真髄を見てゆく最中にある私たちですが、ここでもう一度彼の教えの際立っているところを見ておきたいと思います。それは右の文章中の最初の三行に簡潔に記されています。

人の独自性は、表面的なもののなかではなく、彼の意識の中身からの完全な自由のなかにある。これは、全人類に共通している。だから、彼は個人（individual）ではない。（前掲・〈資料 2〉より）

ある人物のことばが真に傾聴すべきものであるかどうかの試金石は、**この地球上にいるすべての人間に妥当することばとなり得ているかどうかにある、**と私はかねがね考えてきました。例えば、いくらその人物から発せられたことばが立派なものであっても、それは二十世紀に生きた人々にはあてはまるが、二十一世紀に生きる人々にはあてはまらない、はたまたヨーロッパの地に生きる人々にはあてはまるがアジアに生きる人々にはあてはまらない等々。細かく言えばキリがありません。要は、古今東西、老若男女を問わず、障害者、健常者の別なくなど、あらゆる状況に生きる全ての人々に、そのことばは妥当するのかどうか、ここが譲れない基準となるものだと私は確信しています。

この黄金律に照らし合わせた時、**クリシュナムルティの教えの向かう先は、いわば全方位のものであることは疑えません。**これは、過去四十年にわたり彼のことばに接してきた私のこころからの感懐です。半世紀以上にわたって、前人未踏の世界への歩み、多種多様な「生」を生きるあまたの人々との交流という何ものにも代えがたい果てしない人間観察の末に発せられたことば。この重みは尋常なものではない。ここは絶対に見過ごしてはならないクリシュナムルティ理解の分水嶺となるところだと思います。

自由への道は、全人類に共通する意識の中身、そこからの自由にあるとのクリシュナムルティのことば。人は、その意味で個人（individual）ではなく、共通している存在という、純粋な観察によってつかんだありのままの事実。その上で、人としての独自性は、過去の人類の遺産として受け継いだもの（遺伝子など）、自らがそれまでに生きてきた過程で積み上げてきた経験などからの自由を通して、始めて生まれ出るものという彼の「見」が示されているのです。

では、クリシュナムルティがいう、意識の中身からの完全な自由は一体どのような状態を意味しているのか、疑問が沸いてきますね。意識の中身の内実については前回の授業の最後で触れました。皆さん、覚えているでしょうか。それは、ある宗教を信じる自分、伝統文化、迷信、信条、信念、愛国心、意識的・無意識的な過去の記憶、経験の累積、個人的欲求・欲望等々でした。これら脳に記憶され、体内にしみこんだ多種多様な累積物から自由になるとは具体的にはどのようなことであるのか、自然な問いとして生まれ出ますね。

このことについて、かつてクリシュナムルティはアメリカの哲学者の**ニードルマン**との対話の中で、こう述べていました。

「精神は、いかにしてその中身をすっかり空にし、にもかかわらずこの世界で、愚鈍にならずに、脳を有能に働かせつつ生きたらいいかを見出さなければならないのです。」（『私は何も信じない』）

私はクリシュナムルティのこのことばの中に、日々生きてゆくことに不可欠な脳の有効活用の姿と同時に、脳が陥ってはならない袋小路の世界への強烈なまなざしを感じます。精神は記憶と知識が必要な時にはそれを最大限に効果的に活用しつつ、それらが不必要な時には、精神内部で記憶と知識が沈黙するような生のリズムをどう見出してゆくか。このことを、クリシュナムルティは独特の表現で、このようなことばに託して言い表したのではないかと思われます。しかしながら、**「精神がその中身を空にする」ということは、一大事であり、いわばクリシュナムルティの教え全体が、このことの何たるかを解明してゆく試み**とも言えなくもないことを、ここで述べておきたいと思います。

さて、**「自由の場」**は、人間の生の基本をなす行動の場でもあり、そこは一般的には複数の取るべき行動が眼前に生み出されてくる場でもある。いわば自由を、選択できる状態にあることととらえてしまう常識の網にからめとられやすい。クリシュナムルティは「自由＝選択」という強固な常識の岩盤に鋭い「見」を向け、その場にうごめいているありのままの姿を見るよう人々に問いかけてゆく。ここはクリシュナムルティ理解の重要な場面であると思います。では、彼のことばに耳を傾けてゆきましょう。

自由とは純粋な観察である

自由とは反応ではない。自由は選択ではない。人は選択肢があるから自由だという振りをしている。自由とは、方向がなく、賞罰の恐怖もない、純粋な観察である。自由には動機はない。〈前掲・〈資料 2〉〉より〉

自由をめぐるクリシュナムルティの「見」は、純粋な観察と共にあることが明示されています。では、純粋な観察、言い換えるならあるがままの観察から見えてくる世界を彼はどう表現したのか、まずはここに着目してみよう。どうでしょうか。「自由とは、・・・反応ではない、選択ではない、方向はない、賞罰の恐怖もない、動機もない。」「ない、ない」と「否定形」で示されているところに注目ですね。ここでことばとなって示されたものが自由の本質を照射するものとしてのすべてではないことは、皆さんも察しがつくのではないでしょうか。いわばこれだけは少なくとも否定しておかなければならない最重要な状態とでも言えばよいもの。この**「ないない尽くし」**の表記の中に、実はクリシュナムルティの唯一といっても過言ではない真理探究への強い前進力、エネルギッシュさを私は感じますがいかがでしょうか。この否定を通した探究道については、十一回目の授業で主題化し、改めてその真意を探ってゆきたいと思います。

「自由の場」を見つめて―クリシュナムルティと生徒たちとのある対話から

ここで、皆さんと共に具体的に見てゆきたいのは、ある学校（英国ハンプシャーの「ブロックウッドパーク・クリシュナムルティ教育センター」のこと。）を訪れた際に、その学校の生徒とクリシュナムルティが探っていった**「行動の自由」をめぐる「見」**なのです。（以下『学びと英知の始まり』による。）

クリシュナムルティは、日常生活の中で遭遇するであろう一つの具体的事例を取り上げて、自由の問題を生徒と共に考察してゆきました。その事例とは、

「天気がいいので私は散歩に行きたい。木々を眺め、鳥の鳴き声を聞き、若葉や素晴らしい春の日を見るために出かけたい。そこへ君たち（この学校の生徒）がやって来て、**『どうか台所を手伝ってくれないか』**と言います。どうなるでしょう？」と問いかけてゆきました。

さて、この場面について、**常識の世界**では「私」が行動に向かってゆく前段として、**「私」はどのような心理状態にあるか、**という問いが生まれますね？　どうでしょうか。皆さん、「私」の身になって考えてみてください。

○「私」のその場の心理状態（常識の世界）

「他の生徒の要請を受けて台所に手伝いにゆけば、楽しみにしていた散歩がだめになってしまう」という気持ちと「望み通り散歩に出かけたら、他の生徒の要請をケルことになり、罪悪感にさいなまれることになるのではないか」という気持ちの狭間で、気持ちがいったり来たりし、結果的に**エネルギーの浪費**と

なってしまう。（クリシュナムルティの言い分）

→クリシュナムルティのこの主旨のことばを聴き、生徒たちもその状態は**「まさに葛藤ということですね」**と応じました。

思えば、エネルギー問題はいのちの源として、クリシュナムルティの教えの核心をなすものですが、何気ない日常の場面を例にとって、エネルギーの浪費というゆゆしき事態に生徒の目を向かわせようとする場面として注目したいところです。

エネルギーがみなぎっているかどうかが、「生」の充実となっているかどうかに直結するとの基本認識の下、さらに考察を深めてゆきましょう。

これまでのところの「私」に起こった心理的葛藤、そしてその状態と共にあるエネルギーの浪費という事態は、一体どのような経緯で発生しているのか。次の探索はここへ移ってゆかなければなりません。

皆さん、今一度「私」の心理状態として起こった二つの相反する取り得る行動にまつわる**感情の起伏**に着目してみてください。「散歩」そして「手伝い」に分断されてゆく心理状態。ことばを換えて言うなら、**「選択的行動」への心理的傾斜の動き**が見てとれる場ではないでしょうか。そして、この動きは、いわば**「常識化した動き」**として、通常は不思議に感じることなく**当然のもの**であると見なしていると言えるのではないでしょうか。

クリシュナムルティはこの現状に待ったをかけてゆく。それが果たしてベストな「生」の営みであるのか、**問いは対話の生徒と共に私たち全員に向けられている**のです。

クリシュナムルティは対話の相手である生徒にこう問いただしてゆきます。

「葛藤の危険性、それが有害であること、それがエネルギーの浪費であること、どこにも帰着しないということがわかりますか？　では、君は、散歩に行きたいという自分の気持を捨てて、等しく幸福に、等しく楽々としてまっすぐ台所に入り、自分の散歩のことはすっかり忘れることができますか？　なぜなら、もし散歩に未練があれば、それは君をいらいらさせ続けるからです。ちがいますか？」

両者の対話は、行動の場面に立った時、その行動を最善の道に導く上で、決定的に大切なことは何なのか、という重要な問いへの直面へと進んでゆきます。

生徒はあくまで台所と散歩とどちらが大切かをめぐり、自分の快不快、希望、偏見に従い、この時の取るべき二つの道を比較し、評価した上で行動に転じようとする。

生徒のこのようなこころの動きに対して、クリシュナムルティは**「評価はするまい、事実が正しい行為をもたらすだろう」**と言う。「私と彼と一緒に台所に入って、事実がそれを要求しているかどうか見、事実が「そうだ」と言ったら、私は他のことは忘れます」、と応じました。

事実が私に何をすべきかを告げるときは何の摩擦もないことに気づく。そのことをクリシュナムルティは**美しいこと**と述べます。この重要な局面にぜがひでも参加してほしいと生徒に言います。つまり、受講生の皆さんもぜひ事実に直面し、その結果としての行為に賭けることの美しさに気づけるかどうか、ここは**人生を日々わたってゆく上で最も重要なところ**だと思われます。

この身近な事例を通して、クリシュナムルティが伝えたかった「見」の姿、今一度整理しておきましょう。

クリシュナムルティは言います。

「こうしなければならない、こうしてはならない、という気持―心理的、感情的偏見にではなく、**ただ**

事実だけに基づくようにするのです。すると心と身体の調和がもたらされ、調和のとれた生き方ができるようになるのです」と。

さらにクリシュナムルティは「**この〈台所と散歩〉のような問題は、一生の間、毎日起こる。**台所に入るとき、散歩に行くとき、模型飛行機を組み立てるとき、あるいはドライブに行くとき。学校で、教室で・・・」では、どうしますかと問いは続きます。この問いは受講生の皆さんへのものでもあります。さあ、どうしますか。皆さんがどうするかは、ひとえにこれまでの話をどう聞いたかにかかっている、とクリシュナムルティは念を押します。結局、一人一人のところに帰ってくるのですね。これまでの話、しっかり聴いてくれていることを願いたいものです。

さて、ここまでごくごく身近な日常生活の中の一コマである「台所と散歩」というその時求められる行動の依ってたつところは何であるかをいっしょに見てきました。「自らの意見、評価に基づくのではなく、**自らが直面する事実に基づくことができるかどうか**」、とクリシュナムルティが譲れない問いの立て方をしているところに注目し、さらに考察を施してゆきたいと思います。

皆さんのなかには、**事実に基づくということばでもって一体何を表そうとしているのか、**正直つかみがたい状態にある人が少なからずいるのではないかと思います。これは無理からぬところだと思います。なぜなら事実に基づくということばは、ことばを換えて言うなら、**「あるがまま」に基づくということ**になろうかと思います。

ここで、参考までに、クリシュナムルティが一九六一年十一月十一日に記した手記中にある、「事実」をめぐる一節を紹介しておくことにします。彼はこう記していました。

ただ事実があり、それに優劣はない。事実、あるがままのものは、意見や判断を持って取り組むことによっては理解され得ない。意見や判断がやがて事実となり、あなたが理解したいと思う事実ではなくなるのだ。事実を追求すること、事実すなわちあるがままのものを観察することによって事実は教え、その教えは決して機械的ではない。その教えを理解するには、**聴くことや観察に鋭敏でなければならない。**（強調は稲瀬、『クリシュナムルティの神秘体験』）

「あるべき」ものとしての価値判断に向かうのではなく、あくまで「あるがまま」の事実に基づき行動してゆくこと、（これを称してクリシュナムルティは素晴らしいことです、と述べています。）感情のもつれを持ち込むことなく、ただ事実に基づく行為の見晴らしをもつべく、さらなる探りを入れてゆきましょう。

自由は人の進化の終点にあるのではなく、その存在の第一歩にある

自由は人の進化の終点にあるのではなく、その存在の第一歩にある。観察するなかで、人は自由の欠落に気づき始める。自由は、わたしたちの日々の存在と活動に関する無選択の気づきのなかに見出される。（前掲、〈資料 ②〉より）

自由をめぐるクリシュナムルティの考察がいかに**多面的で生のあらゆる問題とリンク**されていたかは、例えば『自由とは何か』（コスモス・ライブラリー刊）という彼の自由をめぐることば集を読めば合点がゆきます。百聞は一見に如かず。ぜひ、この本を手に取ってクリシュナムルティのどこまでも限界を知らぬ探究の姿を、実感してもらいたい。自由をめぐるクリシュナムルティの考察を見てゆくことを通して、きっと森羅万象の奥深い世界へ向ってゆく自分をそこで見出せるのではないでしょうか。

それでは、自由をめぐるあまたの視点を見据えた上で紡ぎ出された「教えの真髄」のことばに帰りましょう。

自由は人の進化の終点にあるのではなく、その存在の第一歩にある。（前掲、〈資料 ②〉より）

このことばをよくよく見、読み、感じてゆけば、自由というものは人類の進化の終点という地点で始めて完成形として現れ出るものではなく、この地上に唯一無二な生を生きているすべての人間たちのまさに今を生きる時に顔を出しているものであるという感懐を呼び起こしてくれるのではないでしょうか。

私は、このことに関連して忘れられない読書体験があります。いい機会ですし、「人間とは何か」、「自由とは何か」をめぐって深く考えさせれる話ではないかと思われますので、よく聴いてもらいたいと思います。（文脈としては、どんな人にも自由となる瞬間がある。そのことに改めて気づかせてくれる話ではなかろうか。）

「**囚人が水たまりを脇へよけたとき、わたしはまだ盛りにある一つの生命を絶つことの深い意味……に気がついたのだった。**（ジョージ・オーウェル）：囚人が広場の絞首台に連れて行かれる。衛兵に肩を掴《つか》まれながらも、途中水たまりのところでさっと脇によける。彼とわれわれは同じ世界を見、感じているのに、彼一人がふっと消える。これを目撃した作家は、**人としての品位を自然に備えた一つの生命を抹消することの決定的な誤りを知る。**随筆「絞首刑」［小野寺健訳］から。」（強調は稲瀬、鷲田清一〈折々のことば〉朝日新聞朝刊・2015年10月28日より）

絞首刑で数分後にこの世から去っていかなければならない囚人の身に起こった、ことばの真の意味での自由の時。それは「みずたまりを脇へよけた」瞬間であっただろうと思われる。**囚人にとって、この世でのまさに最期の時に「自由の証明」ができたこと、**それがせめてもの**存在の証**でもあっただろうか。

自由の意味の核心をこの囚人の最期の時の行為に見るにつけ、クリシュナムルティの右の簡潔な一行は豊かな実感を伴ったことばとして私たちに聴こえてくるようではありませんか。自由はこの世での存在のいかなる時においても、その祝福はあるのだ、との底から沸き立つような気持ちになるのは私だけではないでしょう。クリシュナムルティのことばはそういう稀有なものなのだと改めて感じさせられる一節です。

見続けてゆく、そして気づく「自分は自由ではないのだ」と

観察するなかで、人は自由の欠落に気づき始める。（前掲、〈資料 2〉より）

生の様々な場面で他者を始めとする様々な「もの・ひと・こと」と直面してゆきつつ、全身全霊でもって純粋な観察（あるがままの観察）を粘り強く遂行して行く。観察を貫く芯となる気づきの志向性は森羅万象相互の「関係性」。それをとらえんと、自らのこころの世界という鏡に照らし出されてくる中で、気づかされる**自由の欠落**の姿。それは例えば他者への怒りの感情、思考、はたまた恐怖心にさいなまれている自分の姿と共に見えてくる自由の欠落という大きな喪失感かも知れません。私たちはこれら負の感情、思考に襲われた時にどのような心的対応をしてしまうか。ここは重要なところですね。無論対応は一様ではないと思いますが、往々にして「今ある感情、思考＝あるがまま」から逃避し、あるべき状態、具体的には今の感情を否定することにより、今ある感情、思考を充分に見つめることをしないままに時を過ごしてゆく、その結果、その時点で他者に抱いた悪感情や悪しき考えがまだあるとき、意識上に浮上してきて、他者との関係は一歩たりとも好転してゆかない。これはおそらく皆さんもこれまでの生活の中で多かれ少なかれ経験済みではないでしょうか。

自由の発見は日常生活への無選択の気づきと共に

自由は、わたしたちの日々の存在と活動に関する無選択の気づきのなかに見出される。（前掲、〈資料2〉より）

クリシュナムルティの「見」がとらえた自由の姿は、私たちが生きているかぎり否応なく出会う空間で働き出す**自らの目、耳、舌、肌、感情、思考をそのあるがままに観察し、気づくこと、このことに「生の技法」は集約されている**といっても過言はありません。この間の事情を彼はこうことばにしています。

「〈気づき《アウェアネス》〉という観念があるのか、それとも気づいているだけなのか？　そこには違いがある。気づいているという観念か、それとも気づいている状態そのものか――。〈気づく〉とは、自分に関する物事、自然、人々、色彩、樹々、環境、社会的構造など**あらゆるものに対して鋭敏であること、いきいきと敏感であること**を意味する」（強調は稲瀬、『生の全体性』）＊

クリシュナムルティはこう述べた後、「人が何かを**理解**できるのは、**「あるがまま」を見てそれから逃げ出さない**――それを何かほかのものに変えようとしない場合だけである。」（『生の全体性』）とも述べています。「あるがまま」＝事実をその十全な形で捉えてゆくことがいかに難しいか、でもこのことが実際に出来るかどうか、すべてはここに集約されるのではないか、と思われる指摘ではないかと思います。

＊〈気づき〉という日常的行為に、はっとする視線を向けているのが文化人類学者の**上田紀行氏（1958～）**である。上田氏は、「差異、違いに満ちている日常への〈気づき〉を、**〈ヨコの気づき〉**と呼び、生活上この〈ヨコの気づき〉を発揮してゆくことの必要性を認めつつも、自動的な〈ヨコの気づき〉を一度止めてみることから始まる**〈タテの気づき〉**の重要性を提示する。そこでは、自分の身体と生命力への気づきと、私たちの存在がすべてつながりあいネットワークを成しているという気づきが同時に起こる」という。さらに、「自分の存在の深さと世界の存在の深さが同時に現れてくるのです。・・・自分の内側をとことん見てみることから世界が見えてくる。世界に対して逃げずにとことん関わっていくことから自由が見えてくる。・・・私を愛せるようになったとき、世界への愛も湧きあがってくる。」とことばを紡いでゆく。これは上田氏二十代に書かれた氏の伝説**的**処女作、**『覚醒のネットワーク』**（カタツムリ社、1989年）の一節である。この本は約三十年後に復刊された（河出文庫、2016年）が、この気づきを始めとする上

田氏のメッセージは、全体を通してクリシュナムルティの教えと重なるところが多くあり、危機の時代と言われる現代にあって、益々輝きを放っていると私は思う。未読の方は一読を奨めたい。（強調は稲瀬）

私は本当に知らないという状態が自由である

クリシュナムルティは、生前インドの知識人たちとの延べ三十回に及ぶ対談を行っていました。その集大成である本（**『伝統と革命』**）の中には、「自由」をめぐる濃厚な対談も含まれていました。その中で、クリシュナムルティは次のような主旨のことを述べています。

「人間は、自分がけっして自由になることはできないという運命でこの世を生きてゆかなければならないという考えに対して、人間の**有機体全体、知覚全体で逆らう**」。つまり「自由でない状態にあることは知っているけど、**自由とは何かは本当に知らない**」。この**「知らない状態で生きながら、気づいている精神が自由な精神である」**。「知っている人は知識から行動してゆくわけで、それはいわば獄舎の内側でのこと。問題は「知らない状態、つまり自由な状態にある人の行動はどのようなものか」という問いである。でもその状態にある人は、そう訊ねもせずに、一瞬一瞬行動している。そしてその一瞬一瞬の行動は、生の基底である、あらゆるものとの関係を大事にしてゆく感受性の中で息づいてゆくものである。」(前掲書を参照しつつ)

これがクリシュナムルティがつかんでいるものとしての**自由の本質**の姿なのです。「関係性という鏡」に見出される森羅万象が、一人一人の精神という複雑この上ない小宇宙でいかなる姿を見せ、ハーモニーを奏で、香りを運び、においを醸しだしてゆくのか、そのことに身を委ね、全身全霊でもって観察してゆく（＝

無選択の気づき）ことを「生の技法」としてゆく歩みの中で、そこに本時のテーマであった**知らない状態としての「自由」の中で生きてゆくことの何たるかが現れ出てくる**のではないかと思います。

「自由とは何か」をめぐる学びは、「思考とは何か」の探究へ向かう

本時を閉じるにあたって、最後に一九七二年九月九日、イギリス、ブロックパークウッド・パークでのクリシュナムルティの自由をめぐることばを紹介します。

「・・・もし皆さんがすべての存在のまさに源での**自由とは何か**を学びたいのであれば、皆さんは思考について学ばなければなりません。もしそのことが明らかであれば――それを言葉による説明として納得するのでも、あるいは説明から寄せ集めた観念として納得するのでもなく、本当に絶対に必要だと自分が実感するのなら――私たちは一緒に旅することができるのです。こう申し上げているのは、もし私たちがこのことを理解できれば、たぶん**私たちのすべての問題に答えられる**と思うからです。」（強調は稲瀬、『自由とは何か』）

誰のことばであろうが、発せられたことばを必要以上に重要視することは用心をしてかからなければなりません。このことは無論クリシュナムルティとて例外ではないでしょう。このことを踏まえつつ、右のことばはやはり注目しなければならない、私たちがこれから学びを深めてゆく方向性を照らしてくれていますね。

すべての存在の源での自由の問題は、思考の問題と密接不離な関係にあること、「あるがまま」な世界＝事実へ直面し、そこで照らし出されてくる姿の中心にあるのが、「思考のうごめく世界」であることへの洞察。果たして、私たちが日々生きてゆくことと共に現れ出る精神世界の演じる人（アクター）の如き「思考の正体」とは何であるのか。クリシュナムルティの尋常ならざるエネルギーでもって徹底的に、その生涯を通して飽くことなく見続けた思考への「見」の探究の旅をクリシュナムルティと共に次週続けてゆきましょう。

第九回　クリシュナムルティが見た世界（三）

―半世紀を超え、飽くことなく見続けた「思考の正体」とは何か―

「思考の正体」探究へ誘うクリシュナムルティの情熱

皆さん、こんにちは。さて、前回の授業はクリシュナムルティの教えの中核をなす「自由」をテーマとして共に見てきました。そして授業の最後で、「すべての存在のまさに源での自由とは何かを学びたいのであれば、皆さんは思考について学ばなければならない。もし私たちがこのことを理解できれば、私たちのすべての問題に答えられる」という、ある年の講話（一九七二年九月九日、イギリス、ブロックパークウッド・パーク）の中でのクリシュナムルティのことばを紹介しました。

本時の授業を開始するにあたって、このことばを今一度共に胸に響かせることから始めようではありませんか。クリシュナムルティ生涯の唯一の目的が**「あらゆる人々を絶対的に、無条件に自由にする」**というものであったこと、ここで思い出してください。この崇高な目的を見据えたとき、避けて通れない「見」の向かう先。それは今、こうやってこの教室にいる私、そして皆さん一人一人が生きてゆく時の刻みと共にそれぞれの**精神の中に立ち現れ出る「思考の世界」へのまなざし**であるのです。

「絶対的、無条件な自由」と私たちの生と共にある「思考」とは一体どのような関係にあるのか。この問いは「思考の正体」、「思考のあるがまま」を見抜く行為を私にも、無論皆さん一人一人にも仮借なく要求してゆきます。どれだけ、立ち現れ出てくる「思考」という現象に純粋なまなざしを向けてゆくことができるかが問われてくる、ということを胆に銘じて、本時の授業に臨んでもらいたいと思います。

さて、「思考の正体」を見抜かんとする本時の取り組みに当たって、皆さんに一つの問いを投げかけたいと思います。それは、**「人間とは何か」**と問われたならば、どう応えるか、という問いです。これまで生きてきた人生の歩みを通して、皆さん一人一人の精神の中に、何らかの形の人間像が作られてきているのではないかと思います。今、しばらく時間をとって、「人間とは何か」の問いに正面から向き合ってみてください。おそらく何らかのイメージが生まれているのではないでしょうか。今浮かんできているであろう人間像をしっかり見据えておいてください。

人間に関する定義から

ここで、手元にある高校の「倫理」の教科書から、人間に関する定義に関して記している箇所を紹介してみましょう。

人間を人間たらしめているものはいったい何なのか。このような問題については、たとえば人間は知性をもつ存在（ホモ＝サピエンス）であるとか、ものをつくる存在（ホモ＝ファーベル）であるとか、遊戯をする存在（ホモ＝ルーデンス）であるとか、さまざまな定義がなされてきた。あるいはまた、・・・言語を使う存在、道具や技術を用いる存在だとか、さらには自らに道徳を課する存在、本能的に埋没することなくそれに距離をとることのできる存在だとか、さまざまの論じ方もされてきた。（強調は稲瀬、高等学校公民科用教科書17教出倫理「倫理」監修／山本信）

「人間は考える葦である」へのまなざし

人間についてのこれらの定義も、複雑怪奇な存在たる人間の一側面を表したものにすぎません。思えば、この地球上に生を享けた人間の数ほど、定義はあると言えなくもないですね。それほど、「人間とは何か」の問いは、古来人類の歩みと共に在り続けた根本的なものと言えるでしょう。そして、ここで、あえて出し控えていた定義があります。皆さん、気づいてくれたでしょうか。そうです、フランスの思想家**パスカル(1623-1662)**の**「人間は考える葦である」**という定義であります。おそらく、「人間とは何か」との問いに対して、真っ先にその応えとして出されるのがこのパスカルのことばに代表されるところのものではないかと思われます。

最も、このわずか数語で表現される人間観も、その中身をめぐっては専門家の間では細かな議論が展開されていますが、ここはそれを検討してゆく場ではないので、パスカルの論についての深入りはさけたいと思います。

私が、ここで最後にパスカルの人間観を持ち出したのは、次のような思いからでした。人間を考える生き物と捉える見方は常識化しているとは言え、普段よほどのことがないかぎり、「思考」、すなわち考えるということが一体どのようなものとして、私たちの生に関わりをもっているのか、**改めて考察する人は専門家でない限りほとんどいないのではないか、**との思いからなのです。

どうでしょうか。先ほど、皆さんに投げかけた問い「人間とは何か」に、どのようなことばで応えるでしょうか。先に紹介した方々の定義に近いことを考えていた人もいるかもしれません。中には、パスカルの定義がすぐ頭に浮かんだ人もいるかもしれません。

この同じ教室にいる百人を超える数の皆さんの頭に浮かんでくる「人間とは何か」の問いへの応えがさまざまな広がりをもつであろうこと。このわずか数分間という時の流れの中にあって、この教室内にいる皆さんの中で動いたものは何であったのか。どうでしょう。

クリシュナムルティは問う、「思考の正体」とは何か

そう、それは、皆さん自身がそれぞれの頭で、私の問いを受けて、しっかり**考えてゆく行為**を行ってくれたであろう事実ではないかと思うのです。このことは当たり前で、何を今さらという話かも知れません。しかしながら、「思考」=「考えること」そのものが、一体どのような深み、広がりがあるのか、その働きが私たち人間、自然にいかなるかかわりをもっているのか、このことに正面から問いを発し、根本的、かつ粘り強く考察を施していった人物こそは、クリシュナムルティであったのです。

クリシュナムルティが希求する「人間を絶対的に、無条件に自由にする」という唯一の人生の目的に向けて、**「思考の正体」を徹底的に暴いてゆく作業**、それは**自分だけのものではなく、世界中の老若男女を問わない、市井のあまたの人々と共闘を組むことこそ譲れないこと**であったと言えるでしょう。この事実が**クリシュナムルティをして、いわゆる哲学者、宗教家と一線を画しているところ**だと私は思います。

さて、クリシュナムルティが尋常ならざるまなざしを向けて「思考の正体」を見極めてゆく先で、彼の眼

下に映じてきた世界はどのようなものであったのか、ここから彼の思考への探索の歩みをみてゆきたい。

クリシュナムルティは晩年に行ったある講話の中で、「思考」について次のように語っています。

> **私たちは、思考が何をもたらしたかを見出してみなければならない**のです。それはこの世界に、外科手術や通信や人工衛星のような偉大なものをもたらしました。技術が何をもたらしたか、皆さんはよくご存知でしょう。その一方で思考は、人間の区別、アメリカ人、ロシア人、英国人、フランス人、スイス人、イスラム人の区別をもたらしたのです。そうですね？　**人と人とを分かつ原因は思考にあった**のです。あらゆる宗教の区別も思考の責任でした。これは明白です。もしなんの思考もなかったら、今組織化されているものとしての宗教――洗礼、等々を伴うそれ――はなかったでしょう。ですから、**思考は人間のためになるようなすばらしいことをしてきた一方で、世界に大規模の破壊、テロ行為を引き起こしてきた**のです。（強調は稲瀬、『英知のターニングポイント』）

「思考」が私たちが生きるこの世界に何をもたらしてきたのか、このことをあるがままに全的に把握してゆくことを、「思考」をめぐる私たちの探索の出発点におきたいと思います。

では、皆さん、「思考」がもたらした人類への貢献、そして人類への害悪。この相反する事態を前に、次なる探索への問いはどのようなものとして私たちの前に立ってくるのか。共に考えていきましょう。どうでしょう。・・・・

クリシュナムルティは先の自らの「思考」に関する見立てを受けて、「私たちは、**思考の性質と運動の仕**

方を理解しなければならないのです。・・・」、と「思考」への探索の意欲を示してゆきました。

自分の中の「思考」は、あくまで自分で理解しなければならない

クリシュナムルティのこのことばを聴いて、皆さんはどのような思いがこころに芽生えたでしょうか。そこをまずは見つめてみてください。「思考の性質、運動の仕方を理解と言っても、私たち一般人に出来るだろうか、それは専門家に任せればよいのではないか」といった思いに駆られている人も少なからずいるかも知れません。このような思いを見透かしたかのように、クリシュナムルティはこう明言してゆきます。

もし皆さんが真剣なら、哲学者や脳の専門家に頼らずに、なぜ思考は、一方では人間の助けになるすばらしいことをしてきたのに、他方ではまた同時に、かくもすさまじい腐敗、堕落、退化、破壊をもたらしているのかを、自分自身で観察することができるのです。なぜ特定の仕方で考えるのかは――・・・さしあたり思考――**あなた**の思考ではなく、まさに思考それ自体――の構造、思考とは何かを探求してみなければならないのです。（強調は原文、『英知のターニングポイント』）

自分自身で「思考」の構造、性質を観察してゆくことはできるとのクリシュナムルティの明言。そのためには、何より探索へのエネルギーが必要になるということ。**思えば、私自身の精神の中で展開されてゆく「思考」の動きをつかんでゆく人が、他人である哲学者や脳の専門家であろうはずがない、**としっかり見抜くことが大事ですね。

さて、「思考」の構造、性質をあばかんと探索してゆくクリシュナムルティは、私たちの精神の中に共通して起きているある重要な現象に注目してゆくのです。以下の彼のことばに傾聴してください。

「ひとは条件づけられています。イギリス人、ドイツ人、フランス人等々として生きるよう条件づけられているだけではなく、同時にさまざまな種類の欲望や信念、快楽、葛藤、そして心理的な矛盾によって条件づけられているのです。・・・わたしたちは自分自身に問い尋ねていますーーいましているように。わたしたちは一緒に考えているのです。この条件づけ、この**人間の牢獄**は、悲しみ、孤独、不安、個人的な主張、要求、満足等々とともにあり、それがわたしたちの**条件づけ**であり、わたしたちの意識であり、**意識の中身**であるならーーでは、**この構造全体は変容できるでしょうか？　もし変容できなければ、この世界には決して平和は実現しないでしょう。**」（強調は稲瀬、『ブッダとクリシュナムルティ』所収、一九七九年八月二十五日、ブロックウッド・パークでの講話から）

皆さんは、このクリシュナムルティのことばをどのように読んだでしょうか。全身全霊でことばの表面的な意味の世界ではなく、奥にある世界まで感じ取っているでしょうか。

この講話がなされた年である一九七九年といえば、クリシュナムルティ八十四歳、人生の晩年を生きていた年です。講話を通して、人々へ揺るぎない熱い思いを届けている様子がうかがえる一節です。

今、皆さんにこの講話の一節を紹介したのは、このわずか数行のことばの中に、平和な世界を築いてゆくための一筋の道を指し示していると私は感じるからなのです。私たちの精神をあるがままに見据えた時、そこに見えてきたのは様々な「条件づけ」にがんじがらめにされている様―意識の中身は悲しみ、孤独、不安等々に支配されている状態。この「条件づけ」は難攻不落な要塞と言えば大袈裟に聞こえるかも知れませんが、厄介この上ない私たちの意識に巣くうもの。クリシュナムルティはあるがままの意識の世界への純粋なまなざしをむけ、私たちの精神構造の中心にあるものを**「条件づけ」**ということばで表したのです。

そして、この「条件づけ」をもたらす元凶としてあるものとして見抜いたものが**「思考」**であったのです。

ここで、「条件づけ」と「思考」をめぐって、クリシュナムルティがある対談の中で述べたことばを聴いてください。

・・・条件づけが、問題、葛藤をもたらすのである。・・・・「どうすれば条件づけから自由になれるでしょうか？」　われわれの逃避を理解し、気づくことによってのみ。人間への、仕事への、イデオロギーへのわれわれの執着が、条件づけの要因である。これをわれわれは理解しなければならない。・・・・精神がもはや何の逃避も求めていないときにのみ、あるがままの理解、あるがままの適切な行動がある。あるがままについて思い廻らすこと自体が、まさにあるがままからの逃避である。なぜなら**思考こそは、問題、唯一の問題だからである。**精神は、そのあるがままであることを嫌い、あるがままであることを恐れて、これらさまざまな逃避を追求する。そして、逃避の手段が思考なのである。思考があるかぎり、必然的に逃避、執着が生まれ、それらはただ条件づけを強めるだけである。

条件づけからの自由は、思考からの自由とともに生ずる。精神が静まりかえっているとき、そのときにのみ真実なるものがあるための自由がある。（強調は稲瀬、『生と覚醒のコメンタリー2』）

人間が絶対的に自由となるために、私たちの精神、意識に巣くう**「条件づけ」という磁場のごとき強力な精神的牢獄状態から脱して、変容を遂げてゆくことができるか。**このことこそが、クリシュナムルティが飽くことなく世界中の人々に分け隔てなく、指し示してきた、万人が取り組まなければならない**最重要課題**として提示したものだったといえると私は思います。

そして、自由への最大の障害といえる「条件づけ」の元凶が「思考」にあり、と見抜いたクリシュナムルティ。しかしこの発見は、**一般大衆と共にでなければ意味のないもの**である、と次のようにいつも聴衆に語りかけてゆくのです。

あなたは私の教えを実験しているのですか、それともあなた自身を実験しているのですか？　私は、その相違をあなたが見てみることを望みます。・・・**私は何も言うべきものをもっていない**のです。というかむしろ、私が言っていることのすべては、**あなたの精神を観察し、どんな深さまで精神が行くことができるか見てごらんなさい、**ということに尽きるのです。（強調は稲瀬、『静かな精神の祝福』）

「条件づけ」をもたらす「思考の正体」をめぐる彼のことば。それは一つ一つベールをはがすが如く複雑な思考の動きを**「見える化」**してゆくきっかけを与えるもの。その一つ一つのことばを手がかりにして、脳内で紛れもなく進行している「思考現象」を、それが起こるがままに始めから終わりまで粘り強く深く見、そのことの意味を自分の力で見抜き、考え抜く作業を共ににしてゆきましょう。かく言う今、この時も何らかの思考が皆さんの精神で起こっているに違いありません。

クリシュナムルティの「見」がとらえた「思考の正体」は、他ならぬ皆さん、私を無論含め全人類に共通する基盤をあばいてゆく大いなるヒントを与えてくれているに違いありません。勇気をもって、クリシュナムルティが切り拓いた精神世界の入場門から中へ入ってみようではありませんか。人間を呪縛する「条件づけ」という精神の牢獄化をもたらす「思考」の動きに強力な気づきの光線を向け、その姿を白日の下にしてゆくクリシュナムルティの**精神の眼力、視力の凄まじさ。**でも、大切なことは、クリシュナムルティのことばを私たちの精神世界でうごめく「思考」の正体探索の**鏡**として、**私たち自身が自分の内面を見つめてゆく粘り強い作業**をしてゆかねばならないということ。エネルギーをかけ、細心の注意を傾注して、探索の旅に入ってゆきましょう。

それでは、前段が少し長くなりましたが、本時の学びの基本となる**「クリシュナムルティの思考観」**に係る教えを一望しておきましょう。

〈「クリシュナムルティの教えの真髄」資料3より〉

> 思考は時間である。思考は経験と知識から生まれ、時間と、そして過去と不可分である。時間は人間の心理的な敵である。わたしたちの行動は知識に、したがって時間に基づいており、それゆえに、人は常に過去の奴隷である。思考は常に限られており、そして、それゆえに、わたしたちは絶え間ない葛藤と苦闘のなかで生きている。心理的な進化などというものはない。

「思考の正体」探索の旅。思えば、心身統合体として生きる人間の内面世界、無論肉眼で見ることのできない精神世界に生起する生命現象の実相を心眼でもって捉え、気づいてゆく。この試みにクリシュナムルティは結果的に半世紀を超える時間を費やしました。そしてその実践の精華は、膨大な対話録など著作群を通して人類の貴重な遺産として残されることになったのです。**「思考の正体」をあばく**という取り組みは、おそらく**人類史上世界規模で誰もやらなかった取り組み。誰かがやらねばならなかった真の挑戦ではなかったかと思う**のです。半世紀以上にわたって、一般大衆がまなざしを向けなければならない中心テーマとして「思考」を俎上に上げて、ありとあらゆる視点から**「思考」の光と影**を余すところなくえぐり出したことの意味は測り知れないものがある、と私は思っています。

外的世界、科学技術の世界で果たしてきた「思考」の貢献。それは、クリシュナムルティならずとも、その目を見張る成果を前にして、誰しもこの方向での人間力のなせる技に懐疑的な人はいないでしょう。

しかしながら、人間に備わっている「思考力」が、内面、すなわち心理的世界でどのような動き、働きをしてきたのか。このことの探究は残念ながらこれまでの人類史を通して、科学技術にかけるほどのエネルギーが注がれてきたとは言えない、とクリシュナムルティは次のように厳しく指摘しています。

どうしてこの数千年のはてに、私たちはどうして互いとの葛藤、抗争に生きているのか、人間はどうしてこんなに悲惨で、不幸せで、心配で、不安定で、偽善的で、不正直で、腐敗し、たいへんに苦しんできているのか、です。それが、私たちの内の世界、心理の世界ですし、ほとんどの人が深く、深遠に究明したことのない心理的な領域です。そして**心理学者や理論家や分析家や心理療法家**——彼らは**私た**

ち人間の問題の何も解決したことがないのです。彼らはそれについて膨大な書物を書いてきましたが、私たちはやはり私たちのままです。（強調は稲瀬、『知恵のめざめ』）

精神世界のことは、その筋の専門家である心理学者や心理療法家などに頼めばいいのだ、という意識の向きではなく、あなた自身の意識そのものへと向き合ってゆくこと、あなたの意識上で時々刻々生起している現象をこれまでそのあるがままに見つめていったことがあるのか。この一つのことを真剣に問うてくるクリシュナムルティが目の前に立っているようです。彼はことあるごとに、特に様々な分野の人々との対話（学者、芸術家等）の中で、ものごとに取り組んでゆく基本姿勢についてこう述べていました。

こうしろとか、こう考えろとか、誰かがわたしに言ったことから始めたくはないのだ、と。**わたしには、何の権威もありません。**わたしは言いたいのです。苦しんでいる人間をとおして、**そのすべてを探究するなかで到達したポイント、それが思考なのだ、**と。それだけのことです。世界のすべての文献を知る必要はありません。**・・・・わたしは自分にとっての事実とは何か、そこからのみ始めます。事実とは何か、**どこかの哲学者や宗教的教師、聖職者に従えばどうこうではなく――事実としてわたしは苦しんでいる、不安を抱いている、性的欲求を持っています。わたしの人生をあまりに惨めで不幸なものに作り上げている、これらのとてつもない複合体に、わたしはどう対処するのか、わたしはそこから始めます。（強調は稲瀬、『ブッダとクリシュナムルティ』）

クリシュナムルティのことばの意味するところを深く探ってゆけば、これらのことばは私たちにもそのままあてはまることばとして響いてくると思われますが、どうでしょう。誰かが言ったこと、権威と目されている人のことばに照らし合わせて自分自身の精神世界を見ることが本当に自分を見つめることになるのか、クリシュナムルティはあくまで**「今ここの自分自身の意識そのもの」に直面して、見抜き、考え抜くことの待ったなしの大切さ**を厳しくも温かなまなざしを向けて私たちに語りかけてくれているのだと思います。

「思考」の本質は、時間である

皆さん、「思考とは何か」、と改めて自分自身に問いを発してみてください。この問いは、ものごとを考えることとは一体どのようなことであるのか、という疑問の矢を自分の意識という大海に放つことを意味しますね。矢は意識という生命の息吹のど真ん中に強烈な刺激を与えてゆくことになるのではないでしょうか。そしてその一本の矢が与えた衝撃は、そこから果てしない意識の大海がいかなるネットワークを形成しているのか、気づきの波動は精神のもつ視力と共に意識上に及んでゆく。クリシュナムルティは生涯を通して「思考とは何か」の矢を飽くことなく放し続けました。そしてその都度大海のもつエネルギー、その相貌を発見し続け、新しい精神に出会っていったのではないかと思います。その探索行為の中にこそ人生を生きてゆく意味があり、自分が実践したことを**あなた方もやってみたら、**とすすめてくれたのではないでしょうか。

クリシュナムルティがゆく、精神世界という大海探索において、見出した光景やいかに。「思考は時間である」、から始まる「思考」という私たちの生命現象の中核をになう意識上の動きへのまなざし。生涯の教えの要約だけに、枝葉をそぎ落とした結果として連ねられたことば。「時間」を軸に、「経験」「知識」との間のネットワークとして「思考の正体」を見極めてゆこうとするクリシュナムルティ。しかしながら、正直これだけの短いことばでもってクリシュナムルティの思い描く「思考の正体」を私たちも同じくしてゆくことは至難のこと。ここは、これら短いキーワードにこめられたクリシュナムルティの真意を探るべく、自分自身の精神内部を見つめてゆく場として検証してゆきましょう。

思考は時間である。（前掲、〈資料③〉より）

さて、**「思考」へのまなざし**をこの短いことばとして記して始めたクリシュナムルティの思い。私たちの精神を「条件づけ」してゆく元凶としての思考の働きを見抜いてゆく第一の扉をどう開かんとするか注目すべきところですね。深読みは禁物かもしれないが、やはり始めには「思考」を見る最重要な視点がくるはず。そこに神経を研ぎ澄ませたい。「思考」、「時間」共に多義的な意味を有することばであるが、その二つのことばにクリシュナムルティが託して、**「思考の本質は時間である」**、と見るところから皆さん、探りを入れていかなければなりません。

時間ということばからは、時計の針が刻む物理的時間が容易に連想されるのではないでしょうか。しかしながら、クリシュナムルティがまなざしを向ける時間はもう一つあるのです。それはいわゆる**「心理的時間」**というものです。時間をめぐるクリシュナムルティの考察を聴いてみましょう。

時間とは、ここからあそこへの心理的な運動であり、同様に、ここからあの家への物理的な運動でもあります。・・・すべての運動は時間です。物理的にここからパリへ、ニューヨークへ、その他どこでも好きなところへ行くには時間が必要です。そして、「あるがまま」を「あるべき」に心理的に変えるのにも時間が、その運動が必要です。・・・**時間とは、空間のなかの運動**――これとしてある、あれを達成する、という思考によって創り出された運動です。そうであれば、思考は時間であり、思考は時間のなかの運動です。このことは、みなさんにとって何か意味がありますか？　わたしたちはともに進んでいますか？（強調は稲瀬、『境界を超える英知』）

私は心理的時間を無くしたい

思考は経験と知識から生まれ、時間と、そして過去と不可分である。時間は人間の心理的な敵である。わたしたちの行動は知識に、したがって時間に基づいており、それゆえに、人は常に過去の奴隷である。（前掲、〈資料③〉より）

時間との関係で「思考」へのまなざしを向けるクリシュナムルティが紡いでゆく先にあるものは「経験」「知識」の世界でした。ここで一つ問いが生まれます。

クリシュナムルティも日常生活をやってゆく上での経験、知識の果たす役割は当然認めた上で、なぜここで「思考」、「時間」、「経験」、「知識」の関係にメスを入れようとするのか。腰を据えて考えてみる必要がありますね。

「思考は時間である」、と「心理的時間」の経過の中で働いてゆく「思考」の動きにまなざしを向けるクリシュナムルティ。ここで例えば「よし、あの子とは今までのような心を許したつきあいは控えていこう」、という「思考」が生まれた、として、このような「思考」がどのような流れの中で生まれてきたかに思いを馳せてみましょう。このケースを見つめてゆけば、そこに浮かび上がってくるのは、それまでに脳に蓄積された「あの子」との長年にわたる交流の経験、そして最近の変化が、「あの子」に対するある一定の像として記憶となって貯蔵されてゆく。そして次に「あの子」に会った時に、その記憶を下地とした「あの子」のイメージができあがり、それにそった行動へ移ってゆく。大まかにこんな流れが想定されます。このケースの中で見受けられるように、行動に移ってゆく源に、過去の経験、知識が記憶として貯蔵されている事実を認めることができるのではないでしょうか。クリシュナムルティは、私たちの生活に大きな影響を与えている記憶の正体を、次のように指摘しました。

あなたがチャレンジに自分の存在全体をもって応じないときにだけ、葛藤、足掻《あが》きがあり、これが混乱と快楽または苦しみをもたらすのです。そしてそのあがきが記憶を生じさせるのです。その記憶は四六時中他の記憶を付け足されており、応答するのはそれらの記憶なのです。記憶の結果であるものはどんなものも古く、だから決して自由ではないのです。**思考の自由などというものはありません。それは全くのナンセンスです。**（強調は稲瀬、『既知からの自由』）

生きるということは現在という刻々の時の刻みと共にある、という事実を見据えた時、現在に生きる我が身にチャレンジしてくる様々なことに、過去の記憶を下地に応じてゆくことに新しさはない、との厳しくも透徹したまなざしが発揮されているところではないかと思われます。こう言えば、記憶は悪者なのか、と随分記憶は肩身の狭い立場に追いやられそうですね。でも、クリシュナムルティはこう言って、正当にも**記憶の有効性**について言い忘れてはありません。

もちろん、記憶にはある一定のレベルでは持ち場があります。日常生活で、もしそれがなければ私たちは全く機能できません。それ固有の場では、それは効果的であるにちがいありませんが、それがほとんど要らない精神の状態があるのです。**記憶によって台無しにされない精神が、真の自由をもちます。**

（強調は稲瀬、『既知からの自由』）

持ち場を離れて人の行動に悪影響を与えてゆく記憶の作用に、クリシュナムルティが鋭いまなざしを向けているところを、また私たちも共に見て行かなければなりません。

「思考」を経験、知識に基づいた記憶と連動して時間の中で働く相としてとらえてゆくクリシュナムルティ。次なるまなざしは、時計の針の動きの物理的時間ではなく、心理的に動く時間の正体をあばかんと更なる探究の目を向けてゆきます。その成果は、**「時間は心理的敵である」**という氏の「見」に結実します。この短いことばだけではその意味するところを十全に把握することは難しいですが、最後にヒントが記されています。つまり、**「人は、常に過去の奴隷である」**という刺激的なことばです。

人にとって、時間が心理的に敵であり、生の基本をなす行動が過去という時間に支配されているとは、

一体どのようなことを意味するのか。ここをじっくり考えてゆくことこそ、彼の「思考観」の核心を捉えてゆくことに通じ、ひいては私たちの精神世界を深く知る大いなるヒントになるのではないかと思われます。クリシュナムルティがある講話の中で、これに係る内容の発言をしているところに耳を傾けようではありませんか。

K：いいですか、私は**心理的な意味での時間**をなくしたいのです。お分かりですか？
DB：ええ、分かります。
K：私にとっては、それは敵です。そして、それが人間の不幸の原因であり、その根底にあるのではないでしょうか？
DB：時間の心理的な使い方については、確かにそのとおりです。人間は特定の目的にのみ時間を使うべきだったのに、誤用してしまったのです。
K：分かります。言語を習得する必要があるなら、時間が必要です。
DB：しかし、それを内面にまで拡げていくことによる時間の誤用は・・・
K：**内面的な**使用。そのことについて話しているのです。それが人間の混乱の原因でしょうか——ますます完璧になること、ますます進化すること、ますます愛情深くなる、等々、何かになるための手段として時間を導入したことが混乱の原因でしょうか？　私が何を言わんとしているかお分かりですか？（強調は原文、『時間の終焉』）

この対話文は、第六回授業で既に取り上げたクリシュナムルティとボームの対話集『時間の終焉』の始まりの箇所での一シーンです。全編刺激的な両者の真剣な対話の応酬による本のスタート場面です。これからの対話の方向性を導いてゆく大事な場面であろうかと思います。

心理的な時間を「敵」と見、それが人間の不幸の原因、その根底にあるのではないか、との根源的疑義を対話者であるボームに投げかけている場面。**何かになろうとする心理的な時間の進行**そのものを諸悪の根源とみなし、その意味での**心理的な時間をなくしてゆく**ことの必要性を説くクリシュナムルティのボームへの問いかけは、読者である私たち自身にも投げかけられている。ここは繊細な注意を払ってその意味するところに思いを馳せようではありませんか。

内面的世界に持ち込まれた時間へのまなざし

外面的、技術的にこれまでの人類史を通して前進、進化してきたのが時間と共にであったことは幾度となく、ボームとの対話の中でも触れているクリシュナムルティ。でも、**その同じ時間的過程を心理、内面に持ち込むことがどうして人間社会に混乱をもたらすことになるのか、**ここは当然、疑問が沸いてきますね。ボームもこの思いを汲むかのように、クリシュナムルティにこう伝え、それに対してクリシュナムルティはことばを返してゆきます。

DB：・・・なぜ時間が内面的にはこれほど破壊的になるのか調べてみなければなりません。
K：なぜなら、私たちが何かになろうとしているからです。
DB：しかし、それはごく当然だと思う人が大多数でしょうから、**なりゆくことのどこが悪いのかを説明する必要**があります。
K：なぜなら、明らかにそこには**葛藤**が生ずるからです。私たちが何かになろうとしている時、そこには絶えず闘いがあるのです。（強調は稲瀬、『時間の終焉』）

ボームとのこの真剣な対話をよく読めば、次の「クリシュナムルティの教えの真髄」の一節はより理解が容易になるのではないでしょうか。

つまり、心理的になりゆく過程は必然的に葛藤や闘いが生まれてくるというクリシュナムルティの「見」。

思考は常に限られており、そして、それゆえに、**わたしたちは絶え間ない葛藤と苦闘のなかで生きている**。（前掲、〈資料③〉より）

人が経験し知識として蓄えられたものは無限、完璧なものではありえず、そこを基盤として生み出されてくるありとあらゆる「思考」は限定的なものとならざるを得ない。ここまではおそらく、皆さんもついてきてくれると思います。だが、生の様々な場面で、精神の中で動いてゆく「思考」がたとえ限定的なものであっても、**その動きがどうして葛藤や苦闘を引き起こしてゆくのか、**この流れを合点できるかどうか。ここが**本時の最大の理解のヤマ場**と言っても過言ではないところだと思います。

心理的になりゆく過程が結果として葛藤と苦闘という精神の嵐の中に人を追いやり、そこから脱出することが困難を極めることとなる。精神の中で「思考」が引き起こす現象とは一体どのようなものとなっているのか。ここは、これまでのそれぞれの人生行路での経験に照らし合わせて、自ら探りを入れてゆくことが大事かと思います。

私のささやかな体験から

ここで一つ私のささやかな体験を例にあげて考察してみましょう。それは中学校時代に私に訪れた一つの挫折体験と言えるものです。

当時テレビの世界で一世風靡していた漫画家梶原一騎原作「巨人の星」のテレビの影響もあってか、主人公の星飛雄馬に憧れ、エースを目指して野球部に入部しました。幸運にも一年次より、肩が強かったこともあり投手をやらせてもらいました。しかしフォームに無理があることを次第に自覚していた自分。そして監督さんをはじめ周囲の方々の良かれと思ってくださるアドバイスも加わり、今あるフォームよりももっと理想的なフォームを追求しようと、練習に取り組む日々が続いていきました。しかしながら、事は上手くいかないもので、私のフォームは意識とは裏腹にぎこちなさを次第に増してゆきました。そして二年次には、まだ辛うじてエースの座にいましたが、投げる際に腕が途中で止まるような誠に変なフォームになり、三年次には、とうとう投手、捕手間の 18.44 メートルを投げることすらできなくなり、当然の如くエースの座を明け渡すことになりました。

今、この当時のことについて振り返ってみるに、私の身に及んだ一つの異変は、クリシュナムルティの教えが一つのクリアーな理解の光を注いでくれているように思われます。つまり、**理想とするフォームになりたいという過程の中に、葛藤や苦悶を呼び起こす源があったのではないか**ということです。そして、心身統一体としての人間の生においては、時に心的不調和状態は、連動して身体にも不調和状態を引き起こす。このことを私は中学時代に体験したわけです。

受講生の皆さんにとっても、程度の差こそあれ何らかの挫折体験のようなものは経験済みではないでしょうか。まずは、そこを考察の場とし、実際にその時の自分はどうであったのか、心理的過程にまなざしを向けていってもらいたいものです。とりわけその際の、自分のこころの中の**理想と現実のせめぎ合いの事実**にまなざしを向けてもらいたいと思います。

私のこれまでの人生を振り返ってみても、山あり谷ありでありました。生きてゆく過程の中で否応なく出会う課題、問題、仕事に直面してゆきつつ、その場その場で意識上で起きる「思考」や感情と共に時を過ごしてきた日々。今思うに、自分が出会う出来事へこころは具体的にどう動いていったのか。**「あるがまま」から「あるべき」状態**まで幾層にもなる精神世界の複雑さの中にあって、どう対応してきたのか。思えば、そのおびただしい「思考と行動」の織りなす生の軌跡として今がある、という感懐が生まれ出てあります。

私自身は、齢《よわい》還暦を過ぎた身として、物理的にこの世に六十数年という物理的な時間の刻みと共に生きて参りました。身体は有無を言わせない物理的世界の住人として、衣食住を中心に生き続けることを第一義として行動をつないできたわけですね。

その一方、私たちは精神を持つ生き物として、「思考と感情」を大きな生命の息吹として行動と複雑なつながりのもと、生きてゆく歩みと共に千変万化の彩りを見せながらゆくというのがありのままの人間の姿と言えるでしょうか。

このような人の生の基本を見据えた上で、クリシュナムルティが半世紀を超えて人々に飽くことなく語り続けた「思考の正体」へのまなざしを向けることの待ったなしの大事さ。生の一刻一刻の場面で、**「思考」はどう動いているのか、そこではあるがままに物事を見抜き行動できているのか、**はたまた、**あるがままから逃避しあるべき状態へゆこうとする動きが起こっていないのか。**そして結果として**いかなる世界をあなたがたの周りに生み出しているのか、**そのことを純粋な眼で見据えてゆくことの意義は実に大きなものがあると言えるのではないでしょうか。

心理的進化への視座

「クリシュナムルティの教えの真髄」の中、本時の最後のことばとして次のことばを掲げたいと思います。

心理的な進化などというものはない。（前掲、〈資料③〉より）

脳細胞が何千年という途方もない歳月の経過と共に、物理的に進化してきたことは、現在では常識となっていますね。クリシュナムルティも事ある毎にこの長いスパンでの人間の進化に触れつつも、一方において心理的世界においては全くと言っていいほど進化しているとは言えない。その証拠に、人類はこれまでの歴史を通じて途切れることない**野蛮な戦争を繰り返してきた**、といみじくも述べています。

このような冷厳な歴史の現実を前にすれば、自然と私たちのこころは意気消沈しかねませんが、クリシュナムルティは決して悲観的な態度で人生に臨むことはありませんでした。**「今、ここから、自分から始める」**というのがクリシュナムルティの人生のいわば黄金律として揺るぎないものでした。それは、**人間の可能性をどこまでも信じ、人間に内在するであろう未発のエネルギーの開発に賭けてゆく熱き思いにあったのではないか**と私は思います。

クリシュナムルティが絶えず実践している「生の技法」である、「今、ここから、自分から」この姿勢が先の**「心理的な進化などというものはない」**への確かな具体的応答になっているのではないでしょうか。

次週は、本時に見てきた「思考する生き物としての人間」が、それぞれの「生」を生きてゆく中で、どうすれば根源的変化を遂げてゆけるか。ことばの真の意味で生の革命を遂げてゆくことができるか。クリシュナムルティの「見」が決して見逃さない私たちそれぞれの精神の現実のドラマへの更なる探索を共に実践してゆきましょう。

第十回　クリシュナムルティが見た世界（四）

―精神に根源的変容をもたらす洞察の光―

今、ここから、自分から

皆さん、こんにちは。「クリシュナムルティの教えの真髄」を探ってゆく試みを、「クリシュナムルティが見た世界」と銘打ってこれまで三回の授業を通して共に行ってきました。これまで、彼の教えの中核をなす、**「真理」**、**「自由」**、**「思考」**について、できうる限り手触り感をもって把握してゆくことを第一に学びを深めてきました。

今日は、これまでの学びを踏まえ、益々混迷の度を深めつつある現代社会に生きている私たちが、少しでもより良い世の中を作り出してゆく一人一人となるべく、**「今、ここから、自分から」**を基本として開始してゆきたいと思います。

そう言えば何をするのか、と首をかしげる人も少なからずいるでしょう。具体的には、これから私が紹介してゆくクリシュナムルティの教えのことばが切り拓いてゆく世界をてがかりに、私たちの精神、こころの中を共に見つめてゆくことにあります。**クリシュナムルティの教えはあくまで私たちの精神を映し出す鏡**であることを思い起こし、**あるがままに見尽くすことに全力投球**してゆきましょう。

人類最大の希望にして最大の危機である「脳」へのまなざし

では、今日の授業のスタートは次の図を見てゆくことから始めたいと思います。

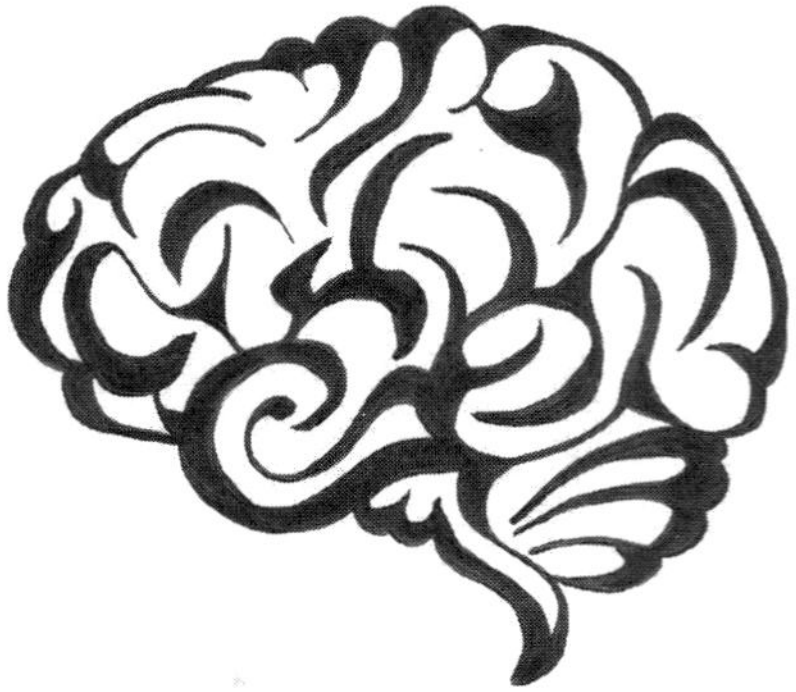

（井上直美作）

図１

図1は私たちの脳を模したものです。人間の脳の重さはポンドを基準とすれば、約3ポンドと言われています。3ポンドといえば、1ポンドが約453.6グラムだから、約1.4キログラムの重量。掌に乗るサイズですが、同じビット数をもつコンピュータは高さ百階で、テキサス州を被うとのことです。（『3ポンドの宇宙』P14より）

アメリカの作家、生化学者として有名な**アイザック・アシモフ（1920-1992）**が、「魅惑的な脳の探究書である『3ポンドの宇宙―脳と心の迷路』の、「汝自身を知れ」という題で書かれた序文の最後で、こう述べています。

人間の脳がその知能と才能のため、**人類の最大の希望**となっていること、そして人間の脳がその憎んだり、妬んだり、欲望したりする力のため、人類の最大の危機ともなっていること――こうしたことを考えれば、脳のさまざまな側面を理解し、さらにできることなら、**その建設的な側面を助長し、その破壊的な側面を是正する方法を認識する以上に重要なことは考えられない。**ジュディス・フーバーとディック・テレシー（注・稲瀬：この本の共著者）は本書で、この探究の進展について語り、その未来の可能性を予見している。二人が語っているのは、人間の追究の究極的な絶頂であり、**自分自身を理解しようとする人類の企ての物語**なのである。（強調は稲瀬）

この数行の中に凝縮されたアシモフのことばは、今、皆さんと共に探究している「クリシュナムルティが見た世界」を鏡とした自分自身の精神、こころの理解に取り組んでゆくことを後押ししてくれているように私は感じていますが、皆さんいかがでしょうか。

この本がアメリカで出版されたのは、一九八六年、日本語訳が刊行されたのは一九八九年と今からおよそ三十年前です。アシモフが序文で語っている先のことば、とりわけ**人類にとって最大の危険となっている脳の破壊的側面を是正しなければならない**という指摘は、現代において益々真実味を帯びてきているのではないかと思います。

そのことに思いを馳せる時、クリシュナムルティの教えが切り拓いた世界は、人類の危機的状況にどうアプローチしているのだろうか。それはとりもなおさず私たち一人一人の問題として提示されていったことを、ここで改めて確認しておきたいと思います。本時の授業を通して、クリシュナムルティの洞察が「３ポンドの宇宙」の可能性に何を見出していったか、共に気力を充実させて見てゆきましょう。

さて、先週の授業では、脳の基本的な機能として、思考が記憶を基盤とし、心理的時間の中で動いてゆく様を見ました。その動きは、結果として葛藤と苦闘の中に身をおくことになる経緯をみてきました。そして、その流れの中で、人間にとって重要な**エネルギーの浪費**を招いてしまっていることをクリシュナムルティは注視してきたこと。ここまでたどりました。そのことを踏まえて、今日の授業に入ってゆきましょう。

それでは、まず始めに例によって、本日触れてゆく「クリシュナムルティの教えの真髄」のことばを一挙あげてみましょう。

〈「クリシュナムルティの教えの真髄」資料4より〉

> 人が自らの思考の運動に気づき始めると、思考者と思考の、観察者と観察対象の、経験者と経験の分断が見えてくるだろう。そして、この分断が幻想であることを発見するだろう。そのときはじめて、純粋な観察が、過去や時間の影をともなわない洞察が存在する。この時間のない洞察は、精神に深い根源的な変容をもたらす。

日本語訳にしてわずか四行に凝縮された「クリシュナムルティの教えの真髄」です。皆さんのこころにどのような波動を呼び起こしたか、無論私は知る由もありません。しかし、短い文章だけに一つ一つのことば、そしてその連なり、全体としてどのような文脈となっているのかを軸として皆さん自身の精神、こころの中にこれらのことばを浸透させていってください。今日の授業の基本を成す先の四つの文で構成されているクリシュナムルティの教えのキーワードをまずはピックアップしておきたいと思います。

思考への気づき、　思考者と思考（観察者と観察対象、経験者と経験）、　分断、　純粋な観察、　洞察、　根源的変容大きな流れとしては、**「思考」への「気づき」が結果的に精神に「根源的変容」をもたらす、**という一大事をめぐる話となるのではないか。そんな予感がこころの中に広がってくるのではないでしょうか。クリシュナムルティの言う根源的変容なり精神革命がいかなる実態、いかなる意味をもっているのか。今はその問いをしっかりこころの奥底に据え、クリシュナムルティの教えの世界に分け入りましょう。

「思考」の運動への気づき

私たちの脳で時々刻々進行してゆく「思考の正体」をつかむことがいかに難しいことであるか、かつてクリシュナムルティは絶妙の比喩でもってこう表現したとされています。

もしあなたが自分の精神の中を覗き込めば、あなたはそれが何千もの蝶が旋回してあることがわかるでしょう！（『回想のクリシュナムルティ第2部：最後の一歩・・・』）

何千もの蝶は精神に立ち現れる思考や感情を表しています。生きてゆく時間の中にあって、私たちの精神の中で現実にどのような思考や感情が渦巻いているのかそのすべてを一挙に掴むことは到底できないことです。しかしながら、クリシュナムルティの思考観について、彼の盟友ともいえるボーム博士の次なることばはよくよく私たちの胸に留めておくことばだと思います。

クリシュナムルティは、**思考は物質的な過程《プロセス》**だと常々言っていました。ほとんどの人は思考をそういうものではないと見なす傾向があり、それを彼ほど物質的な過程《プロセス》として強調した人は**他にいない**と思います。思考が物質的過程《プロセス》である、言い換えれば、**思考は、あらゆる物質のように、観察されることができると見なすことは非常に重要です。**われわれが内面を観察している時、われわれは思考の内容、観念、感情ではなく、物質的な過程それ自体を観察しているのです。(強調は稲瀬、『回想のクリシュナムルティ　第2部：最後の一歩・・・』)

私たちは不思議としか言いようのない生命維持の複雑なメカニズムにより生かされている現実に改めてここで思いを馳せたいものです。その絶対的生を支える基盤の上に、私たちは生きてゆく過程の中で、様々な課題、問いかけの前に立たされてゆきます。それら日中の出来事に取り組んでゆく営みの中心にあるものこそ、**「思考」という動き**であること。

日常の出来事に対応すべくその都度登場する「思考」はどう動いてゆくか。このことをめぐって、クリシュナムルティはある講話の中でこう話しています。

今、私があなたや何かについてのあるイメージをつくり上げるとき、私はそのイメージを見ることができます。ですからそこには**そのイメージ**と、**そのイメージを観察する者**がいるわけです。たとえば私が赤いシャツを着た人を見るとします。すぐさま生じる私の反応《リアクション》は、私がそれを好きか嫌いかということです。その好き嫌いは私の育った文化、受けてきたトレーニング、私の連想、私の性向、後天的または先天的な人格特性の結果です。**私が観察し、判断を下すのはその中心**からなのです。こうして**観察**

者は彼が観察するものから分離しています。（強調は稲瀬、『既知からの自由』）

ここでクリシュナムルティが述べていることは、皆さんのこころにどう響いたでしょうか。自然や人と出会う日常にあって、その出会いの場面場面で、判断や評価を下している自分に気づくのにそんなに時間はかからないでしょう。精神の中心で観察し、判断を下す観察者の存在について、クリシュナムルティはさらにことばを重ねてゆきます。

しかし観察者は、一つ以上のイメージに気づいています。彼は**無数のイメージをつくり出す**からです。しかし観察者はこれらのイメージと異なっているでしょうか？　**彼はたんなるもう一つのイメージにすぎないのではないでしょうか？**　彼はいつも今ある自分に何かを付け加えたり、差し引いたりしています。彼は内外からの圧力を受けてたえず評価し、比較し、判断し、修正を加え、変化させる、生きたあるものであり、彼自身の知識、受ける影響、無数の考慮打算の場である意識の領域に生きています。あなたがその観察者、つまりあなた自身を見るとき、同時に**あなた**はそれが記憶、経験、偶発事、影響、伝統や無数の様々な苦しみから構成されていることを、それらが**すべて過去のものである**ことを見るのです。（強調は稲瀬、『既知からの自由』）

ここまでのクリシュナムルティのことばに表された彼の「見」が発揮されたものはいわゆる**二元性の世界**。つまり**思考者と思考、観察者と観察、経験者と経験に分断された状態**にある精神構造へのまなざしと言えるのではないでしょうか。

ところで、思考者、観察者、経験者が頑強な岩盤の如き存在となって猛威を振るったのが、第二次世界大戦中のあの**ナチスのユダヤ人大虐殺＝ホロコースト**ではなかったかと思います。アーリア民族の優秀性を声高に掲げ、そのもとに国民を結集させ、何の落ち度もないユダヤ民族が大量に非業の死を遂げるという取り返しのつかない大罪を人類の一員である当時のドイツ・ヒットラー政権は犯してしまった。国家全体が巨大にして強大な思考者としてユダヤ民族との比較の上でアーリア民族の優位性を掲げ、その理念の下に大量虐殺という蛮行を断行してしまったのです。

この無残な歴史の厳然たる事実をめぐってはこれまで当のドイツはもとより、世界中であらゆる角度から徹底的に分析され、二度とこのような蛮行が繰り返されぬよう検証されてきたものと思います。私たちがこのホロコーストから真に学んでゆかなければならないことは何であるのか。この問いはやはり同じ人類の一員として生きてゆく以上、**避けて通れない重い問い**ではないかと私は思います。ここで思い出されるのが、スイスの思想家**マックス・ピカート（1888-1965）**の名著**『われわれ自身のなかのヒットラー』**（みすず書房刊）です。題名からして、決してヒットラーの犯した蛮行を他人事としない、同じ人間としてわれわれ自身の中に巣くうヒットラー性を見つめてゆくことの大切さを説いていることが想像されますね。**私たち自身の中に巣くう悪魔性**を目をそらさずに見つめること、それは取りも直さずあらゆる行動と密接に関係をもつであろう「思考の正体」、もっと言えば、**思考のもつ暗い側面を明るみにだす**ことではないかと思われます。その意味でも、今、皆さんと共に行っているクリシュナムルティの教えへの参入は、その大きな助けとなってくれるものと思います。

クリシュナムルティは人間の精神内部で進行してゆく現象として、思考者と思考という二元を生み出す精神構造に鋭いまなざしを向けていった人物でありました。ホロコーストという巨大な歴史的事象も、よくよく考えれば人間の「思考」を基に断行されたことを思うにつけ、光明を見出してゆく道は、改めて**「思考そのものの探究にあり！」**、と言えるのではないでしょうか。

根本にあるのは二元状態なのか、非二元状態なのか

皆さん、精神の中で起こる思考者と思考を生み出す現場について、更なる考察をしてゆきましょう。

ここで、思考者と思考、観察者と観察、経験者と経験をめぐってかつてクリシュナムルティとインドの知識人たちとの間で繰り広げられた徹底討論から、その一部を紹介したいと思います。対話の相手の中心人物であった**ププル・ジャヤカール**（以下P）は、対話の中で次のような注目すべき思いを吐露しました。

P：**仏陀もシャンカラも龍樹も**皆、非二元性について語りましたが、しかし**非二元性は概念と化しました。**　＊　それは、**精神自体の構造に影響を及ぼしませんでした。**インドでは何世紀もの間、否定的取組みが議論されてきましたが、しかしそれは人間精神に影響を及ぼしませんでした。**脳細胞は二元的であり続けました。**それらは時間の中で働き、時間に囚われています。否定と非二元状態が仮定されましたが、これらの状態をつかむ手掛かりはありません。**なぜ非二元性は人間の精神に影響を及ぼさなかったのでしょう？**　非二元状態を引き起こすであろうものを発見できるかどうか見るため、それを調べることができないでしょうか？（強調は稲瀬、『伝統と革命』）

ここでププルが述べていることは、インドの思想界、宗教界の伝統を踏まえた上での重い問いとなっていることが分かります。生の現場で非二元性に留まることなく、思考者と思考、観察者と観察、経験者と経験のように、二元に分断した状態から抜け出せない人間精神の闇に深く思いを馳せている、ププルの熱き心情にまずは注目しなければなりません。

仏陀、シャンカラ、龍樹といったインドが世界に誇る宗教界、思想界の巨人も皆、非二元性について語っていました。しかしながら、**非二元性はインドの歴史と共に概念と化し、結果的に精神自体の構造に影響を及ぼすに至らなかった。**この現況を憂えているププルの気持をくみ取ることができるのではないかと思います。

その名状しがたい複雑な思いをもって、クリシュナムルティに人間精神の新たな展開を見出してゆけるのか、真剣な問いが発せられたわけですね。受けて立つクリシュナムルティの真骨頂が発揮されるところだと思います。彼は、ププルに、**極めつけの問い**を発してゆきます。

あなたは根本的に二元性があると思いますか、それともあるのは〈あるがまま〉、事実だけだと思いますか？（『伝統と革命』）

このあと、クリシュナムルティのこの問い、すなわち根本的な二元性があるかどうかという事実を見極めるそばから他者との比較を持ち出してしまうププルの精神の動きを見て、クリシュナムルティはすかさずププルに事の真相へ迫るための問いを発してゆきます。

われわれは周囲の環境、社会の結果です。これもまた事実です。私は、まさに**核心部に根本的二元性があるだろうか、**それとも**二元性は私が〈あるがまま〉から離れるときに起こるのだろうか**と自問しているのです。私が精神の根本的非二元性から離れないとき、思考者は二元性を持っているでしょうか？　彼は考える。思考者は、彼が完全に〈あるがまま〉とともにあるとき、二元性を生み出すでしょうか？（強調は稲瀬、『伝統と革命』）

ここまでクリシュナムルティのことばを共に傾聴してきましたが、ここは**精神構造の実態に迫らんとする緊迫した場面**です。そして、今クリシュナムルティが取り上げているテーマは他でもない私たち一人一人の問題でもあることを心に留め、更なる探索の旅を続けましょう。

＊**仏陀**は、紀元前五世紀前後の北インドの人物で、仏教の開祖である。**シャンカラ**は、マラヤーリ人の八世紀に活躍した中世インドの思想家。梵我一如思想、不二一元論（アドヴァイタ）を提唱した。**龍樹**は、二世紀に生まれたインド仏教の僧である。龍樹とは、サンスクリットのナーガールジュナの漢訳名で、日本では漢訳名を用いることが多い。中観派の祖である。（強調は稲瀬）

二元性の出現は、「あるがまま」からの逃避と共に

先のクリシュナムルティのことばを真剣に聴けば、「あるがまま」から逃避し、離れてゆく動きの中で、二元性、すなわち思考者と思考の分断、分離が起こってくることが見えてくるのではないでしょうか。

クリシュナムルティは、ププルを始めとする対話者との対話のこの場面で、彼自身の、事に及んでの様子を、いくつか具体的な事例を挙げて考察を深めてゆきます。

私は木を見つめるときけっして考えません。私があなたを見るとき、「ミー」と「ユー」としての区別はありません。言葉は、言語上、意思疎通上の目的のために使われるのです。なぜか「ミー」と「ユー」は私に根ざしていないのです。では、どこで思考と別個の思考者が起こるのでしょう？　**精神は〈あるがまま〉に留まります。**それは苦痛とともに留まる。無痛について思い廻らさない。苦しみの感覚がある。それが〈あるがまま〉です。それから逃れ出たいという思いはない。どこで二元性が起こるのでしょう？　**二元性は、精神が**「私は苦痛を免れねばならない。私は痛みのない状態を知っていた。**その無苦痛の状態に戻りたい。**」と言うときに起こるのです。（強調は稲瀬、『伝統と革命』）

ここまでのクリシュナムルティのことばを傾聴するならば、「クリシュナムルティの教えの真髄」をめぐる本時の重要テーマをなす次なる彼のことばはぐっと実感をもって捉えてゆくことができるのではないかと思いますが、いかがでしょうか。

人が自らの思考の運動に気づき始めると、思考者と思考の、観察者と観察対象の、経験者と経験の分断が見えてくるだろう。そして、この分断が幻想であることを発見するだろう。（前掲、〈資料4〉より）

精神内部で繰り広げられる「思考」の動きに伴う二元性の世界の出現。それは、「あるがまま」からの逃避の動きの中で起こってくる現象として捉えられたことが見てとれます。

苦痛をめぐるクリシュナムルティの対処法を見よ

さて、ここで「あるがまま」に留まるということについて、私たちにとって程度の差はあれど、避けて通ることのできない**「苦しみ」の問題**を通して、より具体的に考察をしてみたい。「苦しみ」への対処法、通常の人々とクリシュナムルティとではどう異なるのか、ここが主な関心事であります。

通常の人々の場合は、「苦しみ」の場面に直面した時、「苦しみ」の感覚から逃れ出たいという欲望をエネルギーとして、かつて経験、記憶した無苦痛の状態を引き合いに出してのそれらのイメージの一つの統一体としての役割を持った思考者＝「私」の出現に至る。そして生まれ出た「私」が「私は苦痛を免れねばならない。私は痛みのない状態を知っていた。その無苦痛の状態に戻りたい。」と、「あるがまま」を離脱し、「あるべき」状態＝苦痛のない状態をイメージし、動いてゆく。一方、クリシュナムルティの場合は、あくまで「苦しみ」という「あるがまま」の感覚に忍耐強く留まってゆく。**無苦痛の状態をイメージ化する思考者――「私」が生まれ出ることは決してない**のです。

苦痛をめぐる通常の人々とクリシュナムルティの対処法の違いを前に、皆さんの精神はどういう動きを示したでしょうか。ここは大事な分岐点と見定め、あるがままの皆さん自身の精神を見つめてみてください。精神の声として、「なるほどな、クリシュナムルティのいう通りだよな。**でも、**苦しみの感覚にとどまることは難しいよな」等々、様々な反応があるでしょう。

「思考」が「思考者」を生み出すのだ

この場面で、見えてくるものは何でしょうか。ゆっくり、じっくり観察しましょう。

私が観察するのに、それは通常の人々の精神の中で現れ出でし「あるがまま」からの逃避の動きに伴う**思考者と思考の分断は、命令を下した思考者（＝「私」）そのものも思考の結果として生み出されたものであるという事実**ではないかと思うのです。*

このことについて、ある対話の中でクリシュナムルティが語ったことばに耳を澄ませてみようではありませんか。

いかにして思考は起こるのだろうか？ 知覚、接触、感覚が生じ、そしてそれから思考が、記憶にもとづいて、「それは薔薇だ」と言うのである。思考が思考者を作り出す。思考者を生み出すのは、思考過程なのである。**まず思考が現われ、然る後に思考者が現われる。その逆ではないのだ。**もしもわれわれが、これを事実だと分からなければ、われわれはあらゆる種類の混乱に陥ってしまうことだろう。（強調は稲瀬、『生と覚醒《めざめ》のコメンタリー3』）

＊このことに関連して、**劇作家・評論家の山崎正和氏（1934～）**が**『リズムの哲学ノート』**（中央公論新社）の中で述べられていることが参考となる。「私がものを考え始める瞬間を子細に見れば、そのとき私は『思いつく』『ひらめく』『アイデアが浮かぶ』といった意外さの感じ、いいかえれば明らかに受動的で身体的な感覚に襲われているはずである。たしかに考える営みには欲望や意欲のような前段階はないが、その

結果として思考が不意に始まるようにみえることそれ自体、じつは逆に**私が思考の真の創始者ではないという事実を示唆しているの**である。（強調は稲瀬）

「思考」と「思考者」は一体である

思考者、監視者、検閲官、制御者、観察者、経験者など時と場合によって中心となって機能する者は違えど、これらのものを作り上げたのは「思考」であるというクリシュナムルティの「見」を私たちも自分の頭の中で検証してみることが強く求められています。**ここは、極めて重要なところです。**じっくり取り組んでください。総じて、「思考」が「思考者」を生み出したという意味で、**「思考」と「思考者」とは一体であり、一元的過程である**ことをことばの上ではなく、実感をもってとらえることができるか。ここが勝負どころです。＊

このクリシュナムルティの考察＝思考者と思考が一体である、ということの意味するところについて、ボーム博士はかの有名な**ヘレン・ケラー（1880-1968）の一大発見**を引き合いに出しつつおおよそ次のような注目すべき見解を示しました。

サリヴァン先生と出会う前には、目と耳が不自由な上に口がきけなかったヘレン・ケラー。サリヴァン先生はいわばゲームをヘレンとすることになったわけです。すなわち唯一残っていた感覚である**触覚**を使い、来る日も来る日も一方の掌に手当たり次第触れさせ、片一方の掌にその何かを指すことばを走り書きしていったわけです。初めのうちは、そのゲームの意味が皆目つかめなかったヘレンが、ある日のこと、家の外にあるポンプでくみ上げた水に手を触れさせられ、またその名前が走り書きされました。すると、突然、彼女はある洞察、驚くべき洞察を得ました。それは、**「あらゆるものには名前を持っている」**ということです。名前を使えば、人と意思疎通が図れることをつかんだヘレンはこの先**ことばの世界**へ奥深く入ってゆくこととなりました。こうして彼女の全人生が**一変**したのです。ここで大切なことは、彼女はもはやかつての粗暴な人間ではなくなり、**まったく違う人間になった**ということです。この知覚というものがあらゆるものを一変させ、もはや彼女は**後戻りはなくなったという事実**です。彼女は、知覚を持った後、それについて忘れ、再びそれを持ったということではないのです。そして、ボームが言うには、**観察者は観察されるものだ**ということを見ることはとてつもない**洞察**だとクリシュナムルティは言おうとしていたということなのです。それは、**ヘレン・ケラーが持ったものをはるかに超える洞察**であり、**ずっと大きな革命的影響を及ぼす**とまで彼は言いました。ここからして、**観察者と観察されるものについての考えがクリシュナムルティの教えの中心**にあることが言えるわけです。（強調は稲瀬、『回想のクリシュナムルティ第2部：最後の一歩・・・』より）

観察者は観察されるものだ、ということを見ること、皆さん、実際に「今」やってみてください。例えば、皆さんは近い将来何らかの仕事に就かなければならない身にあるわけですが、今現在のあなたは世の中にあまたある仕事を、どう見ているか。「職種Aは職種Bより社会的価値が高いな」と見る観察者（＝思考者）がすぐさま皆さんの頭の中心に出来上がっているかも知れません。そのことを粘り強く見つめてゆけば、その見方は過去の知識、人からのアドバイス等により形作られたことがあばかれて意識の表面に浮上してくる。これすなわち、**観察者（仕事を評価する者としての）も、またそれが出来上がって来るプロセス自体を観察され得るものであることに気づくことができる**のではないでしょうか。

＊前掲の山崎正和氏は、ものを考える真の主体は私ではなく、考えはどこからともなく顕現してくる現象だと捉えることにすると、**「ではものを考える真の主体は誰か」**という疑問が生まれるだろう、と述べておられる。そして、近代思想の主流もその探索に乗り出してゆく中にあって、**「エス」**ということばで言い表されるものに真の主体を見ていった歴史を、このことに真正面から取り組まれている**互盛央氏**《たがいもりお》**（1972〜）**の『エスの系譜』を俎上にあげて述べられている。大変興味深い内容であるが詳細は前掲書を参照されたし。ただ、「思考」そのものの正体をどう見るか、クリシュナムルティがその生涯を賭けて取り組んだ「思考」からの自由の意味を捉え損ねてはならないと強く思う。（強調は稲瀬）

「私」という中心は粉砕されなければならない

しかしながら、ここは先をあまり急がずじっくり考察しなければなりません。なぜなら、クリシュナムルティやボームが言うところの、思考者と思考、観察者と観察、経験者と経験の二元性をまぬがれるためには、精神内部に**「私」という中心を生み出さないことが必要であり、そしてそれは実に困難を極めることだからです。このことについてクリシュナムルティが深い理解を示していたことは、次のことばからもはっきりうかがえます。

私が「望んでいる」ことはただ、この（「私」という）中心が粉砕されることだけです。お分かりでしょうか？　中心が存在しなくなること。なぜならその中心が、すべての災い、神経症的な結論、錯覚、幻想、思い違い、奮闘、努力、不幸の原因だと分かっているからです――そういったあらゆるものはその核心から出てくるのです。**百万年経った今も、私はそれを取り除くことができずにいるのです。それは消え去りませんでした。**（強調は稲瀬、『時間の終焉』）

ここで言う「私」は思考者、観察者、経験者と置き換えることが可能だと思います。要するに、クリシュナムルティはここで、先にププルが哀切の念を抱いて述べたであろう、非二元性が歴史上達成されずにきたことを認めているのです。ただ、彼のことば中の百万年は実際の年数ではなく、それほど膨大な年数が経過したにもかかわらず、ということの誇張表現であることを言い添えておきます。先ほど見たように、クリシュナムルティ自身は、二元性にとらわれない生の姿勢を貫いていたわけです。しかし、一方、古今東西の地上に生を享けたあまたの人間達にとって、二元性から自由となることは困難をきわめることでした。思考者、観察者、経験者、すなわち「私」という中心を払拭できずにきたという冷厳な事実。このことに、まずもって深く思いを馳せなければなりません。

そして、その重い現実を認めた上で、これから先も「私」と共に人類は歩んでゆくのかどうか、その先は決して明るい光景は見いだせないのではないか。人類全体としては、**「私」の粉砕による新しい精神の誕生**を何としても実現してゆかなければならないのではないか。クリシュナムルティの熱い思いを私は強く感じるのです。

そのときはじめて、純粋な観察が、過去や時間の影をともなわない洞察が存在する。この時間のない洞察は、精神に深い根源的な変容をもたらす。（前掲、〈資料4〉より）

ここからのクリシュナムルティの教え、その表現たることばをどれだけ自らの精神、こころの中に響き渡らせることができるか。いよいよ「クリシュナムルティの教えの真髄」理解の**大きな正念場**を迎えてゆきます。凝縮されたことばに全身全霊をかけて聴き取ってゆきましょう。

さて、最初のことばである、**「そのとき」**とはどのようなときをさすのか。この問いが自然と浮かんできますね。それは、「思考」の運動によって生み出される、思考者と思考、観察者と観察対象、経験者と経験に分断されているかのように見えることも、「思考」の運動への気づきが浸透してゆくにつれて、そのことは**事実としてあるのではなく、一種の幻想としてある**かのように感じるに過ぎないことが分かってくるようになる。この精神内部で構成される**「思考」の罠をしかと見抜く**ことができるようになったときが、**「そのとき」**なのです。

これまでの授業で、精神は思考者と思考という二元性の下で働いているという、いわば強固に、常識化した見方を突破し、実は**二元性は幻想**であり、**思考者、観察者、経験者**など時々の生の場面で**行動の基点となる中心**に生み出される**「私」を粉砕してゆく力**が生み出されなければ**人類の未来は決して明るいものとはならない、**との**クリシュナムルティの根源的認識**のところまでたどりつきました。

解放された生への道――ロバート・パウエルに学ぶ

ここは、クリシュナムルティ理解の根幹を成すところであるので、今までの学びを図解し、皆さんと理解を共にできたらと思います。次の**三つの図（図2～図4）**をよく見てください。

これらの図は、クリシュナムルティ著『伝統と革命』の訳者の大野純一氏が、当書の「あとがき」の中で、フランスのクリシュナムルティ研究家**ロバート・パウエル**が案出した図のいくつかを紹介されていたものです。＊

これまでの授業の整理にぴったりの図となっていると思われますので、ここに転載させていただきます。ただし、一部変更（図3）していることを申し添えます。**図2**は、**「思考のメカニズム」**を表すものです。**感覚によって知覚**されたものは記憶され、日常生活の中で様々に**経験**されたものも**記憶**され、それらを基盤として**思考が発生**し、その結果もまた**記憶**され、そこから**「思考者」**（注・稲瀬：場合によって呼び名は「私」、「観察者」、「経験者」と変わるが、脳内に形成される**心理的主体**をなすもの）が生まれてくるメカニズム。ここで注目すべき点があります。それはパウエルが記憶を**「事実的記憶」**と**「心理的記憶」**の二種類に分類して説明を施している点です。「事実的記憶」は人類史の歩みと共に、生存競争において高位に立つ理性的存在として、人間は見る者、聴く者、触知する者、味わう者、嗅ぐ者としての身体的能力を発展させていった。それは別言すれば、人間は身体的に別々の主体としての自分の存在を意識し始め、「学習」能力と環境変化に対する適応性を身につけていった歴史でもあった。そしてこの「事実的記憶」を

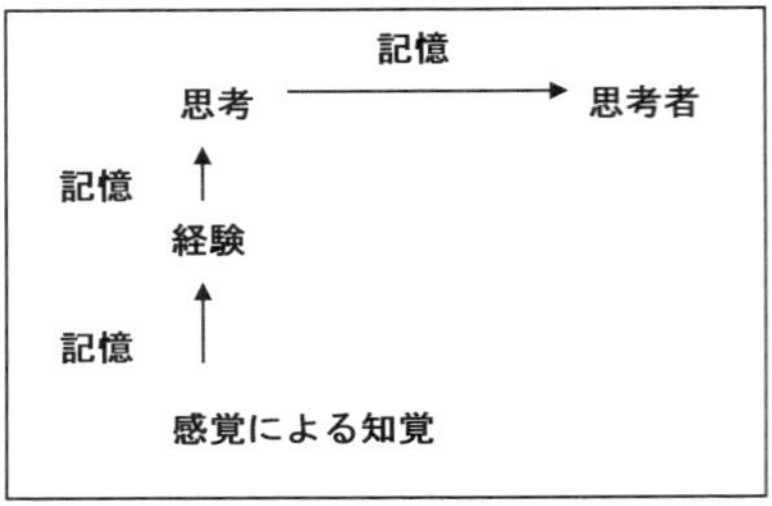

図2

基盤に、膨張運動を展開する人間の「生」に根づいていったものが「心理的記憶」と言えよう。パウエルは、「心理的記憶」をこう説明している。――人間は自分の「個別性」、すなわち心理的孤立（自意識）、「孤独」感、「虚無」感を意識し始め、その結果、様々な形の現実逃避や気晴らしなどで内心の欠落を埋め合わせようとする。また、連続性を願うようになり、それとともに死への「恐怖」が生まれ、自他を分離させる傾向が強まる段階――

この「心理的記憶」こそは、「経験」を養分として膨張する自己の運動の元凶をなすものであり、**（心理的記憶→心理的主体としての自己）**が形成されてゆくということ。

次に**図３（「自己」の運動の実態）**を見てください。心理的記憶を基盤に、思考が生まれ、そして心理的主体としての思考者が作り出されるわけですが、精神内部（自己）では、思考と思考者は互いに影響を及ぼしあう複雑な関係態として存在し、総じて膨張してゆく運動の中で、精神的葛藤から免れることは難しく、生きてゆく上で不可欠なエネルギーが浪費されてゆく段階にあることを忘れてはなりません。

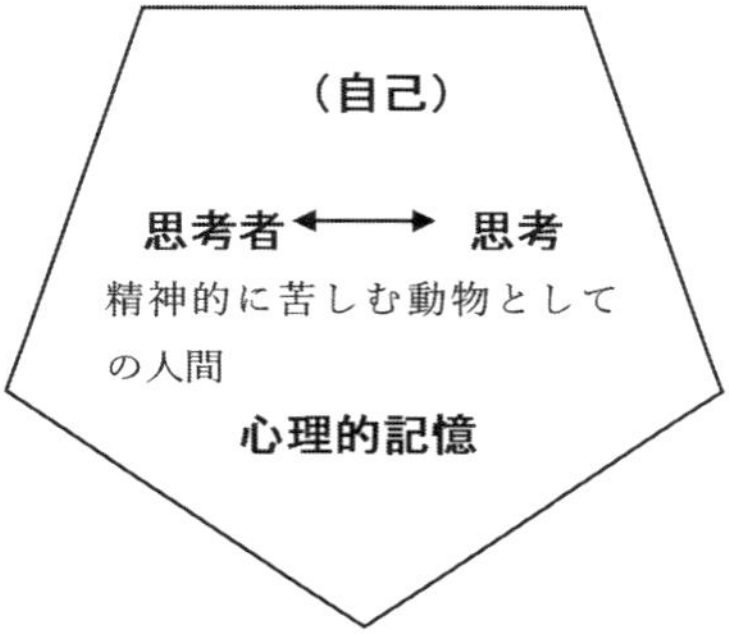

図３

そして、最後の**図４（「解放された生」）**を見てください。パウエルはこの図で示された段階を、**「自己実現」**と名づけています。そして次のようなコメントを加えています。

「自己実現」：「真実在」についての精神の思い違いが消える。**図３**の心理的記憶についで述べられていたようなあらゆる錯覚が**見抜**

思考者＝思考

死と生が一体のものとしての〈生〉

図4

かれ、その結果**精神はすべての束縛から解放される。**「エゴ」が死に、生と死という最大の二元性が超えられ、**生と死が一体のものとしての「生」**という、純粋な祝福状態へと再生する。パウエルにあっては、事実的記憶に基づく生を絶対的基盤にしつつ、生の歩みと共に生み出される**心理的記憶の世界からいかに自由となってゆくか、**図でいえば、**図3**から**図4**の段階へ、進みゆき、**解放（Liberation）を遂げてゆくか。**ここが**最大のヤマ場**であり、クリシュナムルティの半世紀を超える尋常ならざるエネルギーを傾注してのあまたの人々との対話の核心には、この場面がつねに頭に描かれていたと思われます。

皆さん、今少し探究の道を進めてゆきましょう。ここで注目してほしいことがあるのです。それは、先ほどの図3（「自己」の運動の実態）から図4（解放された生）に移ってゆくために必要とされる力とは何か、という問題です。換言すれば、心理的記憶を基盤として生み出される精神内部の複雑な状況（自意識、孤独感、虚無感、恐怖感など）の**錯覚（幻想）を見抜く力の存在が必要不可欠ではないか**ということ。私たちの学びは、この問いへの明確な認識を述べてゆくクリシュナムルティのことばの中でも最重要なものの一つである、**「洞察力」**の問題に向うことになります。

＊ロバート・パウエルは『禅と真実在』の中で、「クリシュナムーティは、生存中から伝説的人物になった数少ない人間の一人である・・・というのは、クリシュナムーティが、心理の領域で為し遂げたことは、物理学においてアインシュタインが行なった革命に匹敵すると言ってよいからである。・・・『精神は自ら作り出した牢獄である』。したがって、**変革と苦悩からの解放は、絶え間ない精神の活動が終焉するこ**

とによってのみ、達成することができる。」と述べている。（強調は稲瀬、『自我の終焉』所収）

「思考」とは異次元にある「洞察」=insight の力

さて、これからの考察は、「思考」の正体を見据えつつ、これまで人類の文明構築の中心としての「私」なるもの（=思考者、観察者、経験者など）を生み出してきた**「思考」の動きとは全く異質の未発の精神エネルギーの発現**にまなざしをむけるクリシュナムルティの真意を探ってゆく段階となります。クリシュナムルティは人間に内在する、大切な異次元にある力を**「洞察」=insight**ということばに託して更なる探索の道を進んでゆきます。私たちも共に進んでゆきましょう。

そして、「洞察」は過去や心理的時間に全く影響を受けないまさに**「今」に直面する生へ全的に注意を向けてゆく（=純粋な観察）中で発揮される力**としてクリシュナムルティが提示するものなのです。

日々直面してゆく生の場面に純粋な観察を向けてゆくことの重要性をめぐるクリシュナムルティのことば（一九八三年七月二十一日、ザーネンにおける講話）にまずは耳を傾けてみましょう。

いっさいの思考の運動なしに観察することが、どんな言葉の介入もなしに木を観察し、流れに耳を傾けることが、その観察に介入してくる過去の思い出のどんな運動もなしにただ観察することが可能かどうか、それを理解するには、**観察者という過去からの完全な自由**が求められます。（強調は稲瀬、『真の瞑想』）

観察者という過去からの完全な自由をめぐって、クリシュナムルティはさらに具体的にことばを紡いでゆきます。

皆さんは妻を――あるいは、ガールフレンドを、夫を――「妻」という言葉なしに、その言葉に含まれるあらゆる思い出なしに見つめることができますか？　このことがどれほど重要か、わかってください。みなさんは、彼女をあるいは彼を、川を、初めて見るように見るのです。おわかりでしょうか。朝、目覚めて窓の外に目を向け、山々や渓谷や木々を、緑の畑を見るとき、自分が生まれたばかりであるかのように見るなら、それは、なんと驚くべき光景であることか。（『真の瞑想』）

思えば、私たちが生きる日常は多種多様な変化に富んだ中にあります。人と面と向かっているとき、仕事に没頭しているとき、一人たたずみ自然と向き合うとき等々。みな違う日常を生きているわけですが、その生きてゆく場面場面で先のクリシュナムルティのことばにあったような姿勢でのぞんでいるのか。しばし振り返ってみることが大切だと思います。

彼のことばが向かう先は、抽象的な観念の世界にあるのではなく、私たちが生きているまさに「今」というときであること、**「今、君はどんな生を生きているのか」**、と問いを発せられているように強く感じますが、いかがでしょうか。

脳内で進行してゆく「思考」の動きは、先に述べているように、物理的な過程として観察可能であることがクリシュナムルティによって指摘されていました。皆さんも、そのことを**実際に自分の精神の中で実**

験してみてください。本当にそうなのか、何か一つ試しに考えてみてください。例えば、昨日彼は自分にひどいことを言ったとします。そのことを受けて、様々な思いが、感情と共にわき上がり、それがことばとなって彼に向かってゆくのを見ることができるのではないでしょうか。「信用していたのに、あんなひどいことを言って。もう、私は彼を許さない。金輪際、お付き合いは御免こうむりたい。これでさようならだわ」等々。

この一連の自らの精神で進行してゆく「思考」の動きを過ぎゆくままにじっと、その一つ一つの「思考」の内容について価値判断をすることなく見守り続けてゆくことは、大変な忍耐とエネルギーを要することに気づくことができるのではないでしょうか。

右記の一連のクリシュナムルティの観察と同じように最初から行えないからと言って、落胆することはないと私は思います。現実的には、ことばなしに、つまり「思考」なしに人と交わり行為につなげてゆくことはなかなか出来ることではないのではないか。「あの人は、・・・な人だ」とか、何らかの評価を下しながら人と対してゆくのが一般的な対処法だと思います。でも、クリシュナムルティの教えの素晴らしさを認識した上で、実際の人との交際の中で、先ほどのような評価を下している脳内の動きを見つめてゆく、そのことに気づいてゆくことにより、**今まさに評価している「思考」の動きを否定してゆくことの大切さに深く気づく**ようになる。このとき、自分の精神の中に**「洞察」の光がさした、**と言えるのではないでしょうか。要するに、あせってはいけない。一歩ずつ、現実の人間関係の中で実地検証を図ってゆく姿勢が大事になるのだと思います。

このように、生きてゆく日常にあって、様々に展開される「思考」への動きに対する脳内での対応は、人により、また同じ人でも時と場合により千差万別の様相を呈することとなるのではないかと思われます。一般の方々に起こる「思考」の動きへの対応の複雑さを見通した上で、「思考」の動きを例えば**水平的な動き**とみるなら、その動きとは異質な別次元の、いわば**垂直的な力**の働きをまさに、「思考」の動きが起こっているところにもたらすことの重要性をクリシュナムルティは、ボームとの対話の中でこのように指摘してゆくのです。

物質的な過程は、暗黒、時間、知識、無知、等々の中で働いています。**洞察が起こる時は、その暗黒が晴らされる**のです。それが、私が言っていることのすべてです。洞察が暗黒を一掃してしまうので、物質的な過程である思考は、もはや暗黒の中で働けなくなります。それゆえ、その光は無知を変えた、というか、終わらせたのです。（強調は稲瀬、『時間の終焉』）

クリシュナムルティとボームとの間で展開される「洞察」をめぐる対話は、日本語訳で読んでも十二分に緊迫したものであったことが伺えます。一連の対話の流れを通して、私が注目しているところは、クリシュナムルティの次なる問いに現れています。すなわち**「歴史上いわゆる覚者がこの洞察をもつのは容易であるのに、どうして非覚者は洞察をもつことが難しいのか？」**という問いです。おそらくこの問いを基にボームとの間で対話をしてゆくことの底には、クリシュナムルティ自らが洞察の光の中で生きている現実を見据えた上で、なぜに非覚者である一般大衆に洞察の力が伝わってゆくことが極めて困難であるのか。その真因をボームとの対話を通して明らかにしてゆきたいとの熱き思いがあったものと私には感じられます。

精神の全領域を照らし出す洞察力

この一大テーマ＝洞察力の喚起をめぐっての飽くことなき対話のたどった道筋をここで詳しく追ってゆくことは残念ながらできません。詳しくは直接『時間の終焉』に当たっていってもらうしかありません。ただ、洞察をめぐる両者の息をつかせぬ対話のやりとりの迫真の場面の一部をここで皆さんに提示しておきたいと思うのです。これをじっくり聴き取ることで、**洞察の力がいかに「思考」とは異次元のものであり、その開発がクリシュナムルティのような覚者のみならず、私たち一般の者たちにもその力を発揮できる可能性があること**をここでは感じ取ることができれば、よいのではないかと思います。

DB：・・・**洞察は脳の活動を照らすエネルギー**であり、それに照らされると、**脳はおのずから異なった仕方で働き始める**のだ、と言うことができるでしょうか？　＊i

K：**まったくそのとおり**です。**それがすべて**です。＊ii　まさにそれが起こるのです。ええ。

DB：そしてこの照明の源はいかなる原因も持たず、物質的な過程の中にはないのですね。

K：いかなる原因も持っていません。

DB：しかし、それは**真正のエネルギー**です。

K：それは**純粋なエネルギー**です。原因を持っていない行為があるでしょうか？

DB：つまり、時間を持っていない行為があるかどうかです。原因は時間を含意しているからです。

K：つまり、この閃光は物質的な過程が作り上げたパターンを**完全に変えてしまう**のです。

DB：一般的に、物質的な過程はある種の暗黒の中で働いているので、間違った道を辿るようになったのだと言うことができるでしょうか？

K：ええ、暗黒の中で働いています。それは明らかです。物質的な過程は無知や暗黒の中で働くのです。そして、**この洞察の閃光は全領域を照らし出す**のです。*iii それは、つまり、無知と暗黒が晴らされたことを意味します。それに固執することにしましょう。（強調は稲瀬、前掲書、『時間の終焉』）

*i ボームには、『ボームの思考論―知覚を清め、洞察力を培う』（コスモス・ライブラリー）という、思考の本質に迫った重要な著作がある。その緒言の中で、リー・ニコル氏が次のように述べている箇所は、クリシュナムルティとはまた表現の異なる方法で「洞察」の本質を描いていて興味深い。「彼（注・稲瀬：ボーム）は洞察を**能動的エネルギー**（active energy）、宇宙全体の中にある微妙なレベルの英知（intelligence）――われわれが精神／物質の領域で普通経験するそれとは異なった次元にあるそれ――と見なしている。そのような洞察は脳の構造に直接影響を及ぼして、蓄積されてきた〝電気化学スモッグ〟を消散させる力を持っている、と彼は示唆している。」（強調は原文）

*ii クリシュナムルティはある講話の中で、こう述べている。「**…鋭敏だが受動的な状態が、真の考える（という）ことです。…それが考えることの最高の形です。**」（クリシュナムルティ『静けさの発見』所収、マドラス講話 1947.12.21）精神が受動的で静かな状態となれば、記憶の応答が止み、精神は空白な状態となる。その状態は、全的に気づきの状態にある、そこで働く英知こそが最高の考える状態とみなされる。この状態では**英知が思考を有効に使用してゆく**ことになる。英知については、第11回の授業で詳しく見てゆく。（強調は稲瀬）

*iii ここでいう**洞察の閃光**は、心身統一体として日常的に、〈見ている、聴いている、触れている、感じている、そして考えている状態〉に、**全的に気づいている状態**ではないかと思われる。**井筒俊彦著『禅仏教の哲学に向けて』**（ぷねうま舎）の中に紹介されていた、**〈i see this〉**と大文字のSEEを使って、**〈I SEE〉**と比較してその違いを印象的に説明しているのが参考になる。前者は〈i〉＝自我意識の主体としての「私」が「これを見ている」状態。後者は、その状態に**「全的に気づいている」様と言えようか。〈I〉**は自我意識のレベルとは異次元の生命体としての「私」、**〈SEE〉**も精神の視力、心眼で捉えられる状態。**〈AWARENESS〉**とも言い換えられるのではなかろうか。加えて、**〈I SEE〉**の表記は、まだ経験次元での「見る」行為のレベルを超えられない状態。〈　　〉が取っ払われて、**I SEE の状態**に生命体としての私がなれば、クリシュナムルティのいう**英知が生まれる機運が整った**と言えるのではあるまいか。**両者（クリシュナムルティと禅）のまなざしは質的に重なる**ところが多いのではなかろうか。（強調は稲瀬）

「どうか、やってみてください」のことばの重み

物質的な過程、すなわち「思考」の過程は心理の領域で動いてゆく時には、無知や暗黒の中から抜けでることは叶わない。その暗黒の世界を見据え、その中で展開されてゆく「思考」の動きをあるがままに行き着くところまでいかす＝**「思考」の花を咲かす**ことによる、**その先の変容**についてクリシュナムルティはこうことばを紡いでゆきます。

どんな選択もなしに自分自身に気づき、いま実際に起こっていることを見るのは、自己の運動全体で

ある「わたし（me）」が花開くのを許すことです。それは、**根源的な変容**を遂げます。・・・みなさんの観察と真理のあいだには、何の仲介物もないのです。そうするなかで、**人は、自らにとっての光**になります。そうなったら、みなさんは、どんなときも、誰にも、どうすればいいのかと尋ねません。観察することそのもののなかに、行為があり、変化があります。どうか、やってみてください！（強調は稲瀬、『真の瞑想』）

右のクリシュナムルティのことばは、今を生きる自分の精神に起こってくる時々の思考や感情を測定し、比較し、その結果として何らかの価値判断をかぶせてゆく道ではない。ただただ起こるがままに辛抱強く見つめ抜く行為が、脳に根源的変容をもたらすことなのだと言っているのだと思います。

まずは**「やってみてよ」**、それから問うなら問いなさいとの彼一流の「生の技法」が照らし出されている場面ではないかと思います。クリシュナムルティの「やってみてください」に込められた思いを、それぞれが無論私を含めて**生きる場で実践してゆくことこそが、クリシュナムルティのことばを贈り物として受け取った**といえることになるのではないでしょうか。

皆さん、今日はこの辺で授業を終えたいと思います。次週は、いよいよ「クリシュナムルティが見た世界」と銘打って探索してきた、「クリシュナムルティの教えの真髄」を探索してゆく最終章。クリシュナムルティは半世紀を超える教えの体現としての対話人生を総括してゆく中で、いかなる結びをするに至ったか、引き続き、一つ一つのことばに込められた彼の深い意味を探るべく、一週間後、またこの教室でまみえ、共に教えの真髄の最後のことばを全力で聴き取るようにしてゆきましょう。

第十一回　クリシュナムルティが見た世界（五）

─「慈悲と英知としての愛」が生まれるとき─

いよいよ教えのクライマックスへ

皆さん、こんにちは。これまで四週にわたって、「クリシュナムルティが見た世界」と銘打って、「クリシュナムルティの教えの真髄」について、共に見てきました。いよいよ本時はその最終章。考察の流れを、「起承転結」の文章道になぞらえて、今一度大まかに振り返っておきましょう。

（起）「真理は道なき地である」から始まった「クリシュナムルティの教えの真髄」。**関係性という鏡**を通して、純粋な観察によって自分自身の**精神の中身**が理解され、その都度**新しく**見出されてゆくものが**真理。**

（承）人は決して孤立した存在ではなく、精神の中身は**全人類共通。自由**は、日々の存在と生活に関する**無選択の気づき**の中に見出されてゆく。そして、**経験と知識**を基に、**記憶**から生み出される**思考**は人間の**心理的な敵**である**時間**と共にあり、人は常に**過去の奴隷**である。

（転）思考の動きによって生み出される**思考者と思考という二元の分断**が**幻想**であることを、**純粋な観察は見抜く**ことができる。このとき、過去や時間の影をともなわない**洞察**が存在し、精神に深い**根**

源的な変容をもたらす。

人間にとって至高の価値である**真理の本質**を、**道なき地**というこれ以上ない短いことばに託して語ったクリシュナムルティ。このことばからしても、クリシュナムルティの人生の歩みがいかにいばらの道であったのか、想像に難くない。定まった道を歩むのならはっきりした道しるべにそってゆくことができよう。しかし、一寸先は闇、**前方は未知の世界**であることを覚悟してゆくことが、いかに難行苦行の連続であったか。ちなみに、クリシュナムルティの人生の足跡は、『生と覚醒《めざめ》のコメンタリー』（春秋社刊）を始め数多くの対話集などによって辿ってゆくことができます。

クリシュナムルティ自身が半世紀以上に及んだ対話人生を振り返り、その教えの真髄のことばをどう結んでいったか。一言一言ことばを紡ぎ、最高度に凝縮された教えの真髄を語り継いできた最後に、クリシュナムルティはどのようなことばを語ったのか、大変興味深いですね。では、早速彼の教えの真髄の最後となることばを紹介しましょう。

（結）〈「クリシュナムルティの教えの真髄」資料5より〉

> 全的な否定は、肯定の核心である（Total negation is the essence of the positive）。思考が心理的にもたらすものごとのすべてが否定されるとき、そのときにだけ、愛が、慈悲と英知としての愛がある。

全的な否定は、肯定の核心である（Total negation is the essence of the positive）。

（前掲、〈資料5〉より）

ものごとを肯定しようとする際の精神の動きには、ものごとの本質を「かくかくしかじか」と確定してゆこうとする欲求が働いているのではないか。このように能動的集中的にものごとの本質をつかまんとする過程の中でそれは見出されてゆくものではない。そうではなく、ものごとの性質と相容れない、その中には存在しないものを否定してゆく、しかも部分否定ではなく**全面否定**してゆく心的行為の先に、**肯定**、すなわちものごとの本質が見えてくる。

私なりに、最初の一文からその言わんとするところに探りを入れてみたものの、なにせこの一文のみではその一文の意味を満足のゆく形で捉えてゆくことは難しい。一体全体、全的否定というただ事ならぬ言い回し、そして潔さが語感から感じられるこの全的否定という行為が肯定という安定感のある状態をもたらすというのは具体的にどのような「生」の場面で起こるものなのか。疑問がこの一文のみでは沸いてくるのではないかと思います。

このような疑問を胸に抱いて、次の文を読めば、否定、肯定の行為の場面が具体的にどのような場面でのことかが一挙に意識上にある程度確かな像として描かれてくるのではないでしょうか。これらのことばを手がかりに精神の中を探索をしてゆくプロセスのダイナミックさを感じられるところではないかと思います。

クリシュナムルティは、「生」をどう見たか

二文目を引き続いて、ここであらかじめ読んでおきましょう。

思考が心理的にもたらすものごとのすべてが否定されるとき、そのときにだけ、愛が、慈悲と英知としての愛がある。〈前掲、〈資料5〉より〉

右の一文を読んでゆけば、**思考　↓　全的否定　↓　慈悲と英知としての愛（肯定）**の流れが読み取れるのではないでしょうか。最終章に現れている「クリシュナムルティの教えの真髄」は、この一連の流れが軸とされていること。そして、流れを作り出しているのが、他ならぬ**「思考」**であることがわかりますね。

私たちは、「思考」が動いてゆくところの大きな空間の中の「生」の場、そして「思考」がまさに現れ出てゆく場である「頭脳」にスポットをあて、両者の関係の糸を探ってゆくことで、「思考」から「愛」にいたる、そのダイナミックな精神の中のドラマを注意力を最大限働かせ、共に見てゆくことにしようではありませんか

「生」の現場は、誰にとってもその一時一時は、一回性の二度と戻ることのできないもの。そして、その「生」の真っ只中で、機能している「頭脳」がどのように瞬間瞬間の「生」の営みと関係の糸を結ぶのか。そのことに改めて思いを馳せつつ、見てゆくことから今日の授業を始めてゆきましょう。

さて、**生の革命家**という異名もとるクリシュナムルティが、「生」をどう描いていたのか。彼の主著の一つ『生と覚醒《めざめ》のコメンタリー3』の中から、一つ印象深いことばを紹介します。

生は美であり、悲しみであり、喜びであり、そして混乱である。それは木であり、鳥であり、そして水面の月の光である。それは仕事であり、苦痛であり、そして希望である。それは死であり、不死の追求で

あり、至高者への信念であり、そしてその否定である。それは優しさであり、憎悪であり、そして羨望である。それは貪欲であり、そして野心である。それは愛であり、そしてその欠如である。それは独創性であり、そして機械を開発する力である。それは計り知れない恍惚である。それは精神であり、瞑想者であり、そして瞑想である。**それはすべてのものである。**（強調は稲瀬、『生と覚醒《めざめ》のコメンタリー3』）

ここで描かれている「生」の実態、皆さんはどう受け止めたでしょうか。「それ（注・稲瀬：〈生〉）はすべてのものである」ということばが簡にして要を得ているといいましょうか、見事な括《くく》りのことばとなっていますね。「生」には、森羅万象、あらゆる現象が含まれていること。私は、クリシュナムルティが「生」の多種多様な実態を見てゆく中で、とりわけ混乱した「生」の姿を描いてゆくところに注目したいと思うのです。

さて、右の「生」に関することばの後、さらにクリシュナムルティは次のようにことばを重ねてゆきました。「しかし、われわれの卑小な、混乱した精神は、どのように生に取り組むだろうか？　それこそが重要なのだ、生とは何かについて述べるのではなく。生へのわれわれの取組み方にこそ、すべての質問と答えとがかかっているのである」と。

クリシュナムルティは、「頭脳」をどう見たか

「生」という名の広大な運動の中に生きている私たちにあって、生きてゆくための中心的機関である「頭脳」は、一体どのような働きをもって対しているのか。この問いが自然と生まれ出てきますね。クリシュナ

ムルティが研ぎ澄まされた注意力でもって描き出す「頭脳」の働きに、これから共に意識を向けてゆきましょう。少し長い引用となるかと思いますが、**「頭脳」の全体像**を描かんとする**冷静で、すべてを見尽くしてゆくまなざし**を感じてください。

頭脳は絶え間なく活動する驚くほど**鋭敏な機械**である。それは絶えず印象を受け取り、それを解釈し、蓄えている。それは人が目覚めていようと眠っていようと、決して静止することがない。その関心事は**生存と安全性**であり、これは動物から受け継いだ反応である。これらを基盤として、外面的にも内面的にも、その狡猾な装置は組み立てられている。神々、美徳、道徳はその**防御**である。野心、欲望、強制、適応は、生存と安全性が駆り立てるものである。高度に鋭敏であって、**思考の機械装置**を持った頭脳は、昨日と今日、そして幾多の明日という**時間を耕し始める。**これは頭脳に**延期と成就の機会**を与える。延期、観念、成就はそれ自身の継続である。だがこの中には常に**悲哀**が存在している。ここから信念、ドグマ、活動、宗教的儀式を含む多種多様な形態の娯楽への**逃走**がある。しかし常に**死とその恐怖**は存在する。そこで思考は慰めを求め、合理的非合理的な**信念**、**希望**、**結論**の中へと逃げ込んでゆく。**言葉と理論**は驚くほど重要になってくる。――それらによって生きているのであり、言葉や結論を呼び覚ますこれらの印象の上に、**生存の全機構**を構築しているのである。（強調は稲瀬、『クリシュナムルティの神秘体験』）

読んでみてどうだったでしょうか。今、仮に「〈頭脳〉とは何か」と、皆さんが問われたとして、何と答えますか。結局、クリシュナムルティの中に見出される数々の問いは、皆さん一人一人に向けられたものであること。**読まなければならないのは、いつも自分自身のこころの中であること**を肝に銘じておいてください。

日々の生活を混乱なく充実したものにしてゆくことの難しさが、図らずも露呈されている先の「生」の記述でした。そして「生」へどのように取り組むか。その取り組み方こそが最重要とのクリシュナムルティの指摘を胸に、今度は「生」に対する「頭脳」の働きを記す彼のことばに耳を傾けてみると、どのような思いが皆さんの脳裏に浮かんでくるでしょうか。それをじっと見つめてもらいたいと思います。それこそが、**今現在の皆さんの「生」のまっただなかのあるがままの状態**ですから。

「生と頭脳」が織りなす現場へのまなざし

ここで、クリシュナムルティが見つめてゆく「生」の現場、そして「頭脳」の働きの現場に見たものを今一度注視しましょう。それは、

美、悲しみ、喜び、苦痛、希望、不死の追求、信念、優しさ、憎悪、羨望、貪欲、野心、愛、独創性、機械を開発する力、恍惚、解釈、蓄え、生存と安全性への関心、自分を守る心的装置としての神々、美徳、道徳、生存と安全性が駆り立ててゆくものとしての欲望、強制、適応、鋭敏、昨日、今日、幾多の明日という時間の動き、悲哀、ドグマ、娯楽への逃走、死とその恐怖、慰めの希求、合理的非合理的な信念、希望、結論への逃走、言葉と理論への傾斜

クリシュナムルティの「見」が透徹したまなざしを精神世界に向けて見抜いた、「生」と「頭脳」とのあるがままの状態を記したものです。無論、これをもって複雑この上ない精神の中すべてを言い尽くしているわけではありません。しかしながら、見出されていった人間の精神世界のあるがままに迫ってゆくために選び取られた「ことば」の数々を通して、私たちの精神の中がいかに多種多様な姿を見せてゆくか。改めて驚きの気持が強烈に襲ってきますね。

このことに思いを馳せたとき、生まれ出る一つの問いがあります。皆さんはどうでしょう。何か、こころに向かって問うてみたいことがあるでしょうか。じっくり、まずは自分自身のこころと対話してほしいところです。

私は、ちなみに次のような問いが芽生えてきました。それは、このような時々刻々変わりゆく私たちの「生」の日常にあって、先に取り出した様々な心的状況の一つ一つは、紛れもなく私たちの精神の中で**「思考」が作用して生み出していったものではないか、**ということです。

この揺るぎない「問い」をしっかり胸に据えることが、まずは大事な探索の一歩であるということです。そして、ここで捉えておきたいことは、クリシュナムルティの「見」が見通した私たち人間の生の充実の着地点は、**「慈悲」と「英知」に満ちた「愛」**にあったということです。その愛が現れ出るためには、「生」の軸として働く「思考」が生み出してゆく多種多様な心理的もの（先に列挙したものを始めとするもの）**すべてを否定し去ること**が必要不可欠である、という、クリシュナムルティの教えの根幹をなすことばが発せられているところに、否応なく目が留まります。

一つの大切な「問い」

ここまで、クリシュナムルティのことばの流れを注視し、その全体としての意味を見据えたとき、生まれてくるさらなる「問い」があります。それは**「思考」が心理的にもたらすものごとのすべてを否定することが、どうして「慈悲」と「英知」としての「愛」の出現につながる行為となるのか、**というものです。

「すべてを否定する」ということ

今、掲げた問いの中の**「すべてを否定する」**というところに注目してもらいたい。ここには、明らかに物事の本質をつかんでゆく上での方法が示されているわけですね。「真理は道なき地」との言明に現れ出ている真実は、真理に到達してゆくための方法はない、ということ。「道なき地」である真理探究の実相は、瞬間瞬間に新しく精神が切り拓いてゆく世界として現れ出るもの。そして、その現われは、眼前に生み出されてゆく心理的なものごとすべてを否定してゆくプロセスを伴ってゆく。クリシュナムルティの真理探究に強烈な光を放っているこの「全否定」の発現の背景にあるクリシュナムルティの「見」がつかんだものを、**私たちもまたつかむことができるか、**最大の問いの一つのところでしょう。これから心してかかってゆきましょう。

「道なき地」としてある真理への言明は、他の重要なことがらにもあてはまるものであったと思われます。つまり、人間心理の世界に関する事柄について、積極的に、肯定的に、いくら論理的にことばを紡いで構築していっても、人間の「生」を真に充実したものとし、幸福に導くような状態にしてゆくことは断じてできない、という譲れない確信がクリシュナムルティにはあった、ということです。

「否定道」が辿り着いた「我れ思う、故に我れ在り」

そして、ものごとの真なる質が生まれ出てくるための唯一の方法として大切にしたものが、いわゆる**「否定道」**であったのです。

この「否定道」なる真理探究の方法は、クリシュナムルティに特有のものなのか、疑問が湧くところですね。私は、クリシュナムルティの生の黄金律と言える「否定道」のことに思いを馳せるとき、いつも鮮やかに呼び起こされる歴史上の人物がいます。その人物とは、フランス十七世紀に活躍した哲学者、**ルネ＝デカルト（1596-1650）**です。皆さんの中には、すでに彼の名前は知っているという人も少なからずいるでしょう。デカルトと言えば、**「我れ思う、故に我れ在り」**という文句が有名ですから。

デカルトは若かりし頃、当時ヨーロッパでも最高の学問の府と称された、フランスのフレーシュ学院という先端的な教育機関で、ギリシャ語、ラテン語、歴史、詩、雄弁術、修辞学、自然学、数学、道徳、哲学などを九年にわたり学びました。しかし、デカルトはフレーシュ学院で学んだ知識や学説に強い疑念と不信を抱いたのでした。そこからが行動の人としてのデカルトの真骨頂。彼は、書物を捨て、**「世間という大きな書物」**を読むために、ヨーロッパ各地をめぐり、世の人々の中へ分け入ることとなったのです。そのことに、ほぼ学究生活と同じ年月を費やしたデカルトでした。しかしながら、多様な人々、多様な集団、多様な行動、多様な事件、多様な習慣に満ち溢れた世間だが、これぞ確かなもの、これぞ真正なもの、といえるものは見つからず、かえって何もかもが怪しげなものに思えてきました。（以上、長谷川宏『いまこそ読みたい哲学の名著』引用・参考）

フレーシュ学院からほぼ二十年に達するかの、気の遠くなるほどの真理探究の過程。その実質は一般的には**「方法的懐疑」**の名で言われます。これは、デカルトが哲学を変革してゆく上で出発点とした方法です。確実なものに到達するための手段として用いられたのが懐疑。少しでも疑う理由があることを否定してゆき、最後に確実不変な真理に到達しようとしました。

別言すれば、デカルトの真理探究の核は「否定道」にあったのではないかと思うのです。学問の世界に対しても、世間という大きな書物に対しても、「虚偽なるものを虚偽なるもの」として捨て去る心性＝「否定道」をデカルトは持っていたに違いありません。そして、その長きにわたった真理探究の末に辿り着いた地点、それは他ならぬ**「自分自身のうち」**であったのです。そして、そのたしかなものが、西洋近代哲学の開幕を告げる**「わたしは考える、ゆえに私は存在する」**だったのです。

この一大エポックを成すところ、実際にデカルトのことばで聞いてみましょう。

すべてを偽と考えようとする間も、そう考えているこのわたしは必然的に何ものかでなければならない、と。そして「わたしは考える、ゆえにわたしは存在する（ワレ惟《おも》ウ、故ニワレ在《あ》り）」という真理は、懐疑論者たちのどんな途方もない想定といえども揺るがしえないほど堅固で確実なのを認め、この真理を、求めていた哲学原理として、ためらうことなく受け入れられる、と判断した。（『方法序説』）

臨場感たっぷりに、もの思う存在たる自分に気づくことができたデカルトの息遣いまで聞こえてきそうな場面です。

ところで、「わたしは考える、ゆえにわたしは存在する」はラテン語で**「Cogito erugo sum（コギ**

ト、エルゴスム)」 と言います。このコギトをめぐって、昭和の知性と称された文芸批評家の**小林秀雄氏（1902-1983）**が印象深いことばを紡いでくれていますので紹介します。

「メディタシオン（注・稲瀬：デカルトの物した「瞑想《メディタシオン》」のこと）」のなかに「コギト」の定義があります。「私とは何物であるか。思う物（unechose）である。思う物とは何か。疑い、理解し、肯定し、否定し、欲し、欲せず、又、想像し、感覚する物である」と。こんな解り易い定義はない、というよりも、これは、私達に直接に経験されている諸事実全体の叙述である。彼の言う「思う」とは、何か特別の思い方を指しているのではない。彼の字義通りに受取れば、**思うとは意識的に生きる**という事と少しも変りはありはしないのです。・・・**デカルトは、誰も驚かない、余り当り前な事柄に、深く驚く事の出来た人**だとも言えるでしょう。彼は、徹底的な反省を行い、遂に彼の心眼が、「思う物」を掌を指すが如く見た。そこが違うだけだ。尤も、これは大変な違いではありましょうが。（強調は稲瀬、小林秀雄『考えるヒント２』）

日本語のもっている響き、味わいを伴いつつ、読む者に自然と、自分自身の「思う物」としての存在に思いを馳せさせる力をもった、小林秀雄氏のことばではないかと思います。かつて小林秀雄氏の文章を、現代日本における考える文章の代表と称した、在野の稀有な女流哲学者・故池田晶子氏のことば（拙著『池田晶子の言葉—小林秀雄からのバトン』参照）に深くうなずくことができる箇所でもあります。

これまで少々時間をとって、デカルトについて、「わたしは考える、ゆえにわたしは存在する」に結実した、氏の人生の精神のドラマの一端にスポットを当ててきました。クリシュナムルティのことを学んでいるのに、デカルトとはどうしてか、と訝っている人も少なからずいるでしょう。

これは、クリシュナムルティが真理探究の道を歩んでいったプロセスとデカルトのそれとが重なるところが大いにあり、そのことから人間理解の一つの大きな気づきにつながるのではないか、と思ったからなのです。このことについて、ぜひ皆さんにも深く自分自身のこころの中で問いを発しつつ、考察の矢を向けていってもらいたいのです。

では、両者の**「もの思う存在たる人間」**理解の実質について少し触れておきたい。

それには、先の小林秀雄氏の語った引用文が参考になります。デカルトは、日々生きている人間とは、様々なもの・ことを「思う物」として生きている存在であるという事実を明らかにした。これは、いわゆる常識人、一般人は当然の如き事とみなし、通常は改めてその事実を深く考えようとはしない。でも、すべての人間的事象はこの一点、**「思う事から出発」**しなければ何も始まらない、という厳粛な事実を世に知らしめてくれた人物こそはデカルトであったということ。

「思う物」人間への飽くことなき探究者＝クリシュナムルティ

そして、「思う物」としての人間存在について、生涯を通して飽くことなきエネルギーを傾注して**その複雑極まりない正体をあばかんとしたのが他ならぬクリシュナムルティ**でありました。彼は、その探索を、世界中の老若男女を問わない数限りない人々と共に、半世紀以上にわたって行っていった、**その規模において人類史上でも類を見ない人物**でありました。この厳粛な事実を今一度、ここで想起しておきたい。

膨大な時間を費やして掴んだ、「思う存在としての人間」のその思うこと＝考えること、とりわけ心理的に時々刻々生まれ出る多種多様な心的事象―苦しみ、悲しみ、羨望、比較、怒り、妬み等々―は「思考」が生み出したものとして、**全面的に否定してゆく。**このことを通してしか、人の世に幸福をもたらすことはできないと明言した、そこにデカルトとは異次元の人間理解があると私は思うのです。

「思考」を開花させることが重要なのだ

思考が心理的にもたらすものごとのすべてが否定されるとき、そのときにだけ、愛が、慈悲と英知としての愛がある。〈前掲、〈資料5〉より〉

「クリシュナムルティの教えの真髄」の要約の最後となる一文。このことばの真意を、今から皆さんと探ってゆく上で、これを一つの問いとして皆さんに提示してゆきたいのです。それは、**「思考」が心理的にもたらすものごとのすべてを否定することが、どうして慈悲と英知としての愛の出現につながる行為となるのか。**

皆さん、この疑問文の形をとる問いの構造は、次のようになろうかと思います。

(一) 慈悲と英知としての愛の出現を、私たちの生の最高の状態とみる。

(二) (一)が現実に起こるためには、「思考」が心理的にもたらすものごとのすべてが否定されなければならない。

この二つのことがらをめぐって、これを問いの形でつなげることは大切な探索のプロセスになろうかと思う反面、このような問いを抱くこと自体に、クリシュナムルティご本人から冷ややかな目で見られかねない。このことに深く思いを馳せる必要もあります。

つまり、問うてゆくこと自体は大事であるのだが、その問いが、ことばの詮索段階で終り、一向にそこから踏み出さない。そんなありさまでは、「思考が心理的にもたらすものごとのすべてを否定するとあなたはおっしゃるが、しかし**あなた自身が本当にそれに踏み出してみなければ話になりませんよ」**、というクリシュナムルティの声が聞こえてきそうです。このことは、クリシュナムルティのことばを聴いてゆくときには、とりわけ肝に銘じておかなければならないこと。

したがって、これから私たちは、共に「思考が心理的にもたらすものごとを否定してゆくこと」をそれぞれが実際に**自分の精神、こころの中で実行**してゆかなければならないわけです。

さて、「思考が心理的にもたらすものごと」、と聞いて皆さんはどのような心理的な出来事が思い浮かんだでしょうか。皆さんの中には、昨日友達と口論になって互いに中傷し合ったできごとが蘇り、改めて友に、「悪感情」を抱いている自分の心理状態を今まさに思い描いているかも知れません。

さあ、皆さんなら、この「否定する」とはどのような心理的行為なのか、どう考えるでしょうか。私たちは、今、まさにこの最後に語ったクリシュナムルティの教えの真っ只中を体験しているわけでして、真剣に自分のこころの中で生起することを見つめていってください。

今一度、言います。さて、皆さんは友達との間に生じた「悪感情」を否定すると聞いて、どういう心理的行為にゆきますか・・・・

「ああ、昨日は私が悪かった。もう少し彼女の言い分を聞けば良かったのに、ろくろく聞きもせずに、一方的に彼女の方が悪いと言ってしまっていた。とにかく、私が悪かった」、と自分が彼女に抱いた感情を否定しますか。

しかし、つまり他者への悪感情を始めとする、様々な感情―嫉妬、恐怖、比較など―、そして自分自身への様々な感情―やるせなさ、孤独感、挫折感など―に対して、この方法＝「意識的にこのような感情をもつことはダメだと抑圧する」で臨んでも、多くの場合根本的解決にならないことは、これまでの日常生活の様々な場面で経験してきたのではないでしょうか。

クリシュナムルティは、通常の人間が採用する心理的機制（「自らに〜してはならない」と禁止的に働いてゆく心のしくみ）の不適性について、次のように述べてゆくのです。


もし芽を摘み取ったら、その花はどうなるでしょう？　もし芽を摘み取られれば、それはもはや花をつけることはないでしょう。同様に「嫉妬や恐怖を殺さなければならない」と意気込んでも、嫉妬や恐怖を殺すことはできないのです。それらを抑圧したり、改めたり、あるいは神に捧げることはできますが、しかし嫉妬や恐怖はつねにあり続けるでしょう。が、もし皆さんが中心的事実―いかなる介入もなしにあらゆるものを**開花させること**―を**真に理解**すれば、それは**革命となる**でしょう。（強調は稲瀬、『英知の教育』）

クリシュナムルティの右のことば、皆さんにどのように響いたでしょうか。おそらく今まで聞いたことのないような内容を扱っていると感じた人も多いでしょう。「嫉妬や恐怖をいかなる介入もなく開花させてゆく。」「うん、わかったような気もするが、どうやって開花させたらいいのか実はよくわからない」

などいろいろな思いに駆られていることでしょう。それも、今、現在の皆さん一人一人の「開花する」ことを巡っての「思考」の現われであることを見つめてゆくことが大事ですね。

「開花する」とは、クリシュナムルティ独特の言い回しではありますが、見事な表現ではないかと私は思います。花になぞらえて、様々な心理的事象がこころの中に起こる度に、**その一つ一つの事象を辛抱強く、あるがままにそれが過ぎゆくままに見守ってゆく行為。**＊　これこそが、クリシュナムルティが提案する対処法なのですね。

でも、ここで肝に銘じておかなければならないことがあります。クリシュナムルティは、先のことばをある教師集団との対話の中で述べていました。「開花」をめぐる対話中、ある教師の質問から、その人物が、クリシュナムルティの語る「開花する」ということばを、**ただ一つの観念としてしかとらえてない**、換言すれば自分の語った「開花する」ということばを真底聴いていないことを感じた時、間髪を入れず、「あなたにとって開花は一個の観念です。事実、徴候、原因を見て、それを**たったいま開花させようとしないのです。**」と鋭くも指摘することを忘れはしません。

この姿勢は、あらゆる対話の中で見られる光景です。いかにクリシュナムルティが単なることばを語ってはいなかったか。逆に言えば対話者である他者がことばの表面的な意味でしかとらえてないと分かると、容赦なく指摘していったことは何度強調してもし過ぎることはない。ここはクリシュナムルティたる所以《ゆえん》のところだと思います。

改めて、「開花する」で取り上げたことがらについて思うに、これに類することは、おそらく皆さんも、私もこれまでの生活の中で、意識的にあるいは無意識のうちに実行してきたことは少なからずあったのではないかと思うのです。先ほど例示した、友達との関係、親子関係、高校までの「教師―生徒」関係、「先輩―後輩」関係などを通して。生きてゆく過程の中で起こって来る様々な心理的事象（感情、思考）に対して、「じっと、立ち止まって見つめていった」経験ですね。きっとあるでしょう。――人間関係の中で悔しい感情に見舞われて、じっと耐えた経験とか――そのことに思いを馳せ、その行為がいかなる事態となったのか、案外良い方向に向かったことも少なからずあったのではないか。振り返ることで、クリシュナムルティのことばの真意を身を持って体感できるでしょうし、これから先の人生において、極めて有効な「生の技法」（＝開花させる）を手に入れることになるのではないでしょうか。

クリシュナムルティは、開花してゆくことを通して、「思考」が生み出す心理的な事象（恐怖、嫉妬などが消滅し、否定されてゆくことが新しい精神を生み出してゆくことになる、と教師たちとの対話を通して、更なる考察を深めてゆきます。**クリシュナムルティは、過去を全面的に否定すること以外のいかなるものも、新しい精神をもたらさない、**と次のようにたえず否定し続けることの必要性を指摘してゆくのです。

どのように否定しますか？　とても劇的な出来事においてではなく、ほんのささいな出来事において、既知なるものを否定できますか？　ひげをそっているとき、スイスでの楽しい出来事を思い出しているときに、否定することができますか？　楽しいひとときの思い出を否定できますか？・・・一度きりの大掃除ではなく。愉快または不愉快な思い出としての思考を、一日中、それが起こるたびに、否定することが肝要なのです。・・・・・認識の過程は、既知なるものの連続の過程です。未知なるものを知らない人間にできるのはただ一つ、**思考が起こるたびにそれを払拭し続けることなのです。**」（強調は稲瀬、『英知の教育』）

＊このことに関連して次の対談が思い起こされる。一九七〇年十二月二六日、ニューデリーで行われたクリシュナムルティとププル・ジャヤカールとの対談の中で、ププルはクリシュナムルティの偉大さをこう述べた。「精神がざわめいているとき、なぜ逆らうのですか？・・・騒音が続いており、バスが通り過ぎていき、からすがカアカア鳴いています。ざわめきを進むがままにさせるのです。私はそれに逆らったりしません。・・・」のクリシュナムルティのことばを受けてのププルのことば―「これがあなたの大きさです。もしあなたの教えで何が最も偉大かと尋ねられれば、私はそれだと答えます。**自分自身に対して、ざわついている精神を放っておくように言うこと。以前のいかなる教師もそう言いませんでした。**」（強調は稲瀬、『伝統と革命』）

クリシュナムルティの教えの核にあるもの、それはエネルギー論だ

日々生きてゆく現場で、「思考」が生み出す心理的事象が開花する姿を見抜いてゆく。これを行うためには、あるものが私たちの体内に必要となってくると思われますが、いかがでしょう。皆さんの意識はその探索に向っていっていますか。それは、一口で言えば、**「心的エネルギー」**ですね。**クリシュナムルティの教えの軸**となっているものは、実は**エネルギー論**である、と私はずっと考えて参りました。人間の精神、こころの世界探索をしてゆくうえに、必要不可欠なものこそは「エネルギー」であります。既知なる世界から脱出し、新しい精神を生み出してゆくことに命を懸けたと言っても過言ではないクリシュナムルティ。その生命線となるのは、**エネルギーの浪費をいかに少なくし、新しい精神を生み出してゆくための「否定**

のエネルギー」を保持してゆくか。見ることのできない性質をもつエネルギーをいかに大切なものとして、人生の歩みに同伴させてゆくか。ここはクリシュナムルティ理解の根幹をなすところでしょう。心的エネルギーに係るクリシュナムルティのことば、参考に見ておきましょう。

全面的な否定は、肯定的なもの、模倣的な欲求、追従の否定である。しかしこの否定自身は肯定的である。というのもそれは何かに対する反応ではないからである。過去や現在における受け入れられた美の規準を否定することは、思考と感情を超えた美を発見することである。しかしそれを発見するにはエネルギーを必要とする。争い、矛盾が存在せず、行為がもはや部分的なものではなくなった時、このエネルギーが到来する。（『クリシュナムルティの神秘体験』）

「慈悲と英知としての愛」が生まれるとき

「クリシュナムルティの教えの真髄」の最後のことばは、**「愛」**に行き着きます。「愛」といえば、日本人には面映ゆく、照れてしまいがちで、正面切って口にすることを躊躇してしまう傾向にあるのではないでしょうか。

でも、ここはクリシュナムルティが紡ぎ出し、大切にしているものの象徴として、「愛」のことばに託された真意を探る試みを続行してゆきましょう。

これまで、見てきたように「思考が心理的にもたらすものごとすべてを否定したとき」とは、「思考が心理的にもたらすものごとを一つ一つ開花させてゆく行為による、心理的事象の消滅という形の否定」という内容が明らかになったと思います。そのとき使用されるものが**「否定のエネルギー」**であることも。技術的、科学的なことではなく、人が思考によって心理的に生み出したすべての出来事を全面的に否定すること。

このことに関連して、クリシュナムルティはある講話の中で、次のように語りました。

各人の中には中心があり、それがセルフの本質、利己性。しかしながら、日々の生活、あなたの妻や隣人、自然との関係の中で、**全的な注意**をもって、それらのものを観察し、聞き、学び、あなたの感覚が目覚めていれば、そこに**中心は存在しない。**そのような状態に人があるとき、**慈悲 compassion** はやってくる。（強調は稲瀬、『生と出会う』）

時々刻々出会う生の場面場面に、全的に注意を傾注してゆく行為を、クリシュナムルティは**瞑想**ということばの本質として語ってゆきました。瞑想こそは、クリシュナムルティが最も深い意味を込めた最重要なことばといえるでしょう。

瞑想状態にあるときとは、**すべてのエネルギーが結集**されているときとも言え、そのとき、人は**自らの「生」全体を全的に理解**している感覚に満ちており、そこから**正しい行動**が生じる、とクリシュナムルティは述べています。（強調は稲瀬、『真の瞑想』）

皆さんは、クリシュナムルティのこのことばを聴いて、正しい行動について、生活の具体的な一シーンが思い浮かんだでしょうか。私は、慈悲としての愛に基づいた行動の一つの鮮やかなシーンとしてある詩に描かれた行為が、いつも瞼《まぶた》に浮かんできます。**静かな心**でもって、詩のことばに聴き入ってください。

一つの心が壊れるのをとめられるなら／わたしの人生だって無駄ではないだろう
一つのいのちの痛みを癒せるなら／一つの苦しみを静められるなら
一羽の弱ったコマツグミを／もう一ど巣に戻してやれるなら
わたしの人生だって無駄ではないだろう
（『すべてきみに宛てた手紙』所収、エミリ・ディキンソンの詩より）

この詩をそっと差し出す前に、**長田弘氏（1939-2015）**はこう述べています。

あなたなしの人生は、この世にはありません。人間にはあなたなしの歴史はなく、文明とよばれるものさえも、あなたなしにはありません。いつの世のどんな人も、あなたには克てませんでした。わたしはあなたが好きではありません。しかし、人間の高慢や思い上がりを断じてゆるさないのが、あなたです。

「痛み」が、あなたの名です。（強調は稲瀬、『すべてきみに宛てた手紙』）

あなたのことを考えるとき、いつも思いだす**エミリ・ディキンスン（1830-1886）**の詩です、と詩人の長田弘氏はこの節を結んでいます。

まことに印象的、感動的な詩であると共に、その詩に感動する詩人長田弘氏の人間性の大事な部分が読む者に鮮やかな印象を従えて、伝わってくる場面だと思います。

「痛み」の本質を全的に捉えることによって、一羽の弱ったコマツグミをもう一ど巣に戻してやるという行為に至ることができる。一見、日常のささやかな行為のようで、過ぎ去れば何もなかったかのような一コマとしてやがて忘れ去られないとも限らない。でも、作者であるエミリ・ディキンスンの詩により、この行為と自分の人生の価値を天秤にかけるほど、コマツグミを巣に戻す行為を何ものにも代えがたい愛に満ちた、慈悲深い行為としてみている人物が、ここに確かにいることに感じ入ることができるのではないでしょうか。

この詩を全的に聴くことができるなら、そこからの学びが、明日からの、いや今日からの自らの「生」のそこかしこで、慈悲の光に導かれた行為を行うことに喜びを感じる自分を発見してゆくことができるのではないでしょうか。

「英知」とは何か

さて、慈悲と共に愛の本質をなすものとして、クリシュナムルティが深い思いを抱いて提示した、新しい精神の誕生のキーとなるものが**「英知」**でありました。

「英知」ということばは、クリシュナムルティの講話や、対話、対談などで頻繁に使用されたことばです。でも、その内実、意味合いは微妙な色彩を帯びるが如く定まったものではなく、その事実の中に、「英知」ということばのもつ**深度**そして**味わい**があるように感じられます。

ここでは、インドの知識人たちとの緊張感に満ちた真剣勝負の対話録である、前掲の『伝統と革命』の中で、クリシュナムルティが「英知」についてまとまった形で述べている箇所にフォーカスして共に見てみたいと思います。予め言いますが、これら一連のことばに対しては、今皆さんがもっている**最高の注意力**で聴き入ってもらいたいと思います。そうすれば、今まで聴いたことのない**「英知」をめぐる気づき**をもてるのではないかと思います。

私たちが知っているものとしての意識は葛藤に満ちています。私の主たる関心事はその葛藤――悲しみや苦痛をもたらす葛藤――を終わらせることです。それをよく調べてみると、それがすべて思考の過程であることが発見されます。・・・そしてその発見から精神は、**思考は知識が必要な分野で働き、それ以外の分野では働いてはならない**ということに気づきます。・・・すると私の精神はどうなるでしょう？　それは柔軟で機敏になり、生きいきしてきます。それは見たり、聴いたりしますが、その中にはいかなる葛藤の種子もないのです。そしてそれが英知です。それは**意識ではありません**。意識が遺産から成っているのに対して、英知は遺産から成っていないのです。ただし、英知を神と取り違えてはなりません。（強調は稲瀬、『伝統と革命』）

クリシュナムルティの語ったことば、どのように響いたでしょうか。「英知」という光がさしてくることに人類の明日をかけると言っても過言ではないクリシュナムルティ。**「英知」が、過去と知識と伝統にどっぷりつかった意識と異次元の世界のものとして発現されなければならない。**ここは譲れない、そして**クリ**

シュナムルティ理解の最重要ポイントの一つとなるところだと私は思います。

クリシュナムルティは、「英知」への洞察を発揮してゆくわけですが、私たちが知識の世界から逃避してゆくことはできない現実を直視しつつ、「英知」と知識との間の関係に気づきの力を発揮してゆくのです。

この英知は知識を用いることができ、知識が必要な分野では思考を働かせることができます。それゆえ、その働きはけっして二元の分裂をもたらさないのです。（『伝統と革命』）

こう言いつつ、クリシュナムルティは「英知は特定のいかなる言語も持っていませんが、しかし言語を用いることはできます。・・・それ（注・稲瀬：英知）はけっして特定の個人の専有物になるわけではありません。・・・それ（注・稲瀬：英知）は握りこぶしの中に海を保持するようなものです――あなたが保持するものは海の一部ですが、しかし海そのものではないのです。」、と「英知」の本質を比喩的表現も使いながら、探究してゆきます。まさに、クリシュナムルティの精神に「英知」のエネルギーが満ち、言語を用いている場面と言えるのではないでしょうか。

ところで、クリシュナムルティは、自身の元を訪ねてきた三人の子どもをもつある母親との、「英知」をめぐるとある対話の中で、「英知」を持たずにこれまで生きてきたという母親に、次のように語りました。

いや、あなたはお持ちなのだ。いかにあなたの生が小さいか、いかにわずかしかあなたが愛しておられぬかを自分で見ることのうちに、嫉妬の性質を知覚することのうちに、日常の関係におけるあなた自身に気づきはじめることのうちに、すでに英知の運動がある。英知は、精神の微妙なごまかしをすばやく知覚し、事実に直面し、仮定や結論なしに明晰に考えるという、たゆみない精進の問題である。英知の火をつけ、さらにそれを生かし続けるには、機敏さと大いなる単純さとが必要になる。（『生と覚醒《めざめ》のコメンタリー4』）

「英知」に生きることは単純であることだ

母親へのクリシュナムルティの「英知」をめぐることばは、読者である私たちへのことばでもあります。**「英知に生きることは単純であることだ。しかし単純であることは、極めて骨の折れる仕事である」**とのこの日の対話を締めくくることばの中に、私たちが「英知」を日々の生活に生かしてゆく一筋の光が見えてくるのではないかと思います。

そうです。「英知」は先に考察した慈悲とともに過去の知識や伝統、文化の重みから脱して、絶えず新しく生きてゆく「生」の一つ一つの場面に直面してゆく中で、「私は知らない」という心性を持ちつつ、常に見つめ、傾聴し、探索してゆくエネルギーを通して働いてくる力ではないかと思うのです。

「生の全変容のサイクル」へのまなざし

それでは、最後に本時の学びについて、前回同様図解して概観しておきたいと思います。前回の学び、特に図解した箇所を踏まえつつ、**図1（「生の全変容のサイクル」）**を見てください。私なりに、日々の「生」が、新しくなってゆくプロセスを可能な限り図解してみました。

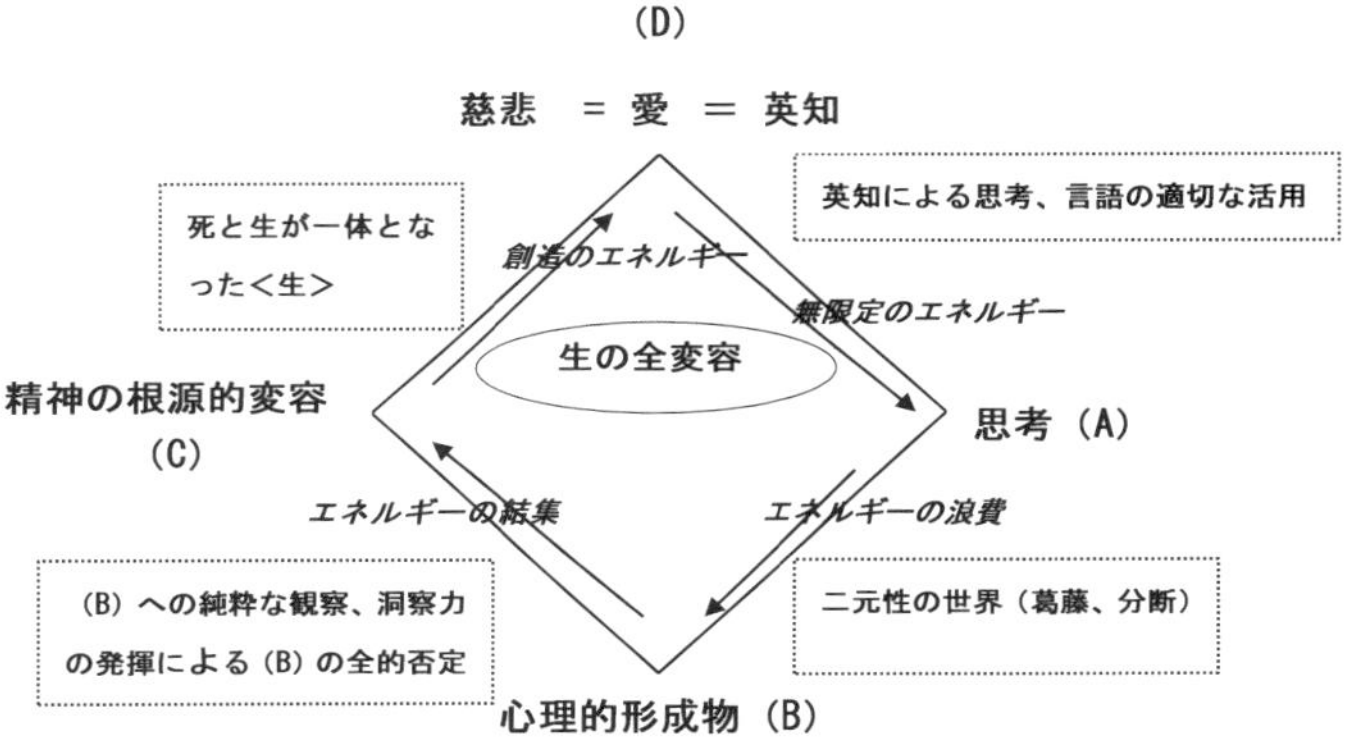

図１

思考（A）→心理的形成物（B）→精神の根源的変容（C）→愛（＝慈悲と英知）（D）のプロセスをたどってゆくことを通して、私たち人間の**「生の全変容」**が起こってくる。クリシュナムルティの教えは、私たちの精神で展開されてゆく**思考現象の明と暗を徹底的に暴いてゆくことにエネルギーをそそいでゆく**ことを柱としておりました。ここを見誤ったならば、全ては瓦解する、と言っても過言ではない圧倒的な迫力が氏の思考へのまなざしへのことばから、皆さんの心にずしりと響いてきたのではないでしょうか。これまでの学びを呼び起こしてもらいたいところです。そして、思考が心理的に様々なもの（自意識、孤独感、虚無感など）を生み出してゆく姿を**見抜く**中で発揮されてゆくのが**「洞察力」**でありました。思考とは次元の異なる力であり、それはあるがままに直面し、決してあるべき状態に逃避することなく自らを取り巻く環界の中身を味わい尽くすことが重要でありました。その過程は別言すれば、直面する物事の本質をつかまんと、非本質的なものはすべて否定してゆく精神の動きとして進行してゆきます。そのプロセスを通して、**精神が死と生が一体化した「生」として輝きを放つ「生の全変容」**

を成し遂げてゆく道が開かれてゆく。その筋道をクリシュナムルティが示してくれたことは、人類への大きな光明となっているのではないかと思います。

「生の全変容」した姿は、心身統合体としてのいのちに**「愛」（＝慈悲と英知としての）**の灯がともる姿として描き出されます。人類の危機的状況が叫ばれて久しいですが、クリシュナムルティがその教えの到達点として「慈悲と英知としての愛」の出現を描いていたこと。このことの深い意味に私たち一人一人が思いを馳せなければならないのではないでしょうか。加えて、日常生活で日々起こっている心理的思考から自由となり、生を変容し、愛を生み出してゆくプロセスは、**エネルギーの状態の変容過程**として見ることができる。ここが、クリシュナムルティの教えの一大特色であったこともお忘れなきよう、こころに留め、互いの日常生活に臨もうではありませんか。

クリシュナムルティの人生とその教えを、共に見てきたこれまでの取り組みは、私たちが自分自身を内面的そして外面的にあるがままに正確に見つめることができるような、そういう**鏡**の役を彼の教えが果たしてゆくプロセスではなかったかと思います。

皆さんの鏡には、これまでの学びを通してどのような姿が写し出されてきたのか、ぜひとも振り返ってみてほしいと思います。すべては、私たち自身のまなざしの深さにかかっていることを互いに肝に銘じておきたいものです。

さて、次週、再来週の二週にわたっては、本授業の大きな括りである教育の世界に視線を向け、クリシュナムルティの「生」が教育に情熱を傾けていったその姿を共に見てゆきたいと思います。それでは、皆さんまた来週。

第十二回　教育への情熱（一）

―「クリシュナムルティ学校」に何を学ぶか―

なぜ、クリシュナムルティは学校を作ったのか

皆さん、こんにちは。本授業も今日の授業を含めてラスト三回となりました。引き続き、「クリシュナムルティの世界」探索を共に行ってゆきましょう。

クリシュナムルティの人生を見てゆく時、決して忘れてならないことがあります。それは、クリシュナムルティが自らの考えに基づく学校を**インド、イギリス、アメリカ**に創設・運営していったことです。どうしてクリシュナムルティは学校をつくったのか。学校教育を通してどのような子どもたちを作ろうとしたのか。さらに、老若男女を問わない半世紀を超えるクリシュナムルティの対話人生からは一生をつらぬく自己教育、そして自己変容のために数多くのヒントを得ることが出来るのではないか。このような問い、思いを抱いて、先週の授業の最後で予告していたように、これから二週にわたって、**「教育への情熱」**と題して、クリシュナムルティの教育へ賭ける情熱の在り処を探る試みを共に行ってゆきたいと思います。

さて、メアリー・ルティエンスはクリシュナムルティの伝記の中で、彼が抱いた特別の関心が教育にあった、と次のように記しました。

クリシュナムルティの特別の関心は、子供たちの精神が、その中で**彼らが育った社会の諸々の偏見で硬直化する前に彼らを教育すること**にあった。彼が創立し、彼の名を冠している七つの学校——インドに五校、英国に一校、カリフォルニアに一校——は今もなお繁盛している。（強調は稲瀬、『クリシュナムルティの生と死』）

右の文章中の最初の文からは、クリシュナムルティの危機的意識をうかがい知ることができるのではないでしょうか。偏見に満ちた、古い意識で形成され、維持されている社会に飲み込まれずに、自立した一個の人間として心の砂漠化に陥ることなく、感受性豊かに「慈悲と英知としての愛」を育むことが何より重要との深い認識に立っての行動であったと思われます。

クリシュナムルティは、自らの教えを基に作られたいわゆる「クリシュナムルティ学校」を度々訪れ、学校の教師及び生徒と真剣な対話を行っていた様子が、既に日本で出版されている数種の翻訳書を通して、一般的に知ることができます。インドの「クリシュナムルティ学校」で語られた彼のことばに次のようなものがあります。

私たちが成長し、いわゆる教育を受けてから学校を後にするとき、私たちは多くの問題に直面しなければならない。・・・私たちは、苦しみ、災い、死の問題に直面しなければならない。飢餓、人口過剰、セックス、苦痛、快楽を理解しなければならない。人生における多くの矛盾・混乱した精神——男と男、男と女の間の争い、内面的葛藤と外面的苦闘といった——に対処しなければならない。・・・私たちはこれら**すべての問題に直面しなければならない。**誰に従い、誰に従うべきでないか、またそもそも誰かに従うべきかどうかという問題にも直面しなければならない。（強調は稲瀬、『未来の生』）

学校を巣立って、社会の中に否応なく入って生きてゆかなければならない人間の生の絶対条件。この現実を直視してのクリシュナムルティのことば。彼のこのことばは、現代日本に生き、社会に出る前の各段階の各種の学校で学ぶ、児童、生徒、学生の皆さんにも当てはまるものだと思います。

さて、皆さんは、どうこのことばを受け止めたのでしょうか。皆さんは、四年間の大学生活を経て、実社会という名の荒波の中に入ってゆかなければなりません。正直不安感にさいなまれている人、何を仕事とし、社会の中で自分の居場所を見つけ、生きてゆけばいいのか、いろいろ思いあぐねている人も多いことでしょう。

皆さんの脳裏に浮かぶ様々な思いが、今現在のあなたたち自身の「生」が直面している問題であると言えるでしょう。先のことばの中にあったように、クリシュナムルティは子どもたちが社会に出て、避けて通れない問題を例示しながら、まずはしっかりそれらの問題を直視してゆくことの大切さを伝えようとしていることを私たちは見逃してはなりません。**「生」は限りない問いかけと応答の連鎖である、**ということばは、クリシュナムルティの語りの中で幾度となく出てきます。ここの場面もその一つのケースと言えます。

クリシュナムルティは、子どもたちが将来社会に進み出た時に、人によって様相を異にする様々な問題、課題に直面するも、局面を打開し、充実した生を送ってゆけるように、しっかり育んでゆく場として、学校を創設していったのだ、ということがうかがい知れます。

「クリシュナムルティ学校」の目的

ここで、学校の根幹となる教育目標を三つに集約して語ったクリシュナムルティのことばに、注目してみようではありませんか。なお、以下のことばは、一九八二年にインドにおける「クリシュナムルティ学校」の中心と言える**リシ・ヴァレー校**を訪れた際に、校長である彼の甥にあたる**ナラヤン**を始め、学校のスタッフを前に話したとされるものです。そして、この時のクリシュナムルティの様子を簡潔にも印象深く、ナラヤンはこう記しています。「その日、食堂には燦然たる光輝があった。クリシュナジが、なんと午後九時頃まで（注・稲瀬：ナラヤンのこの時の記述によれば、クリシュナムルティの話は午後七時半過ぎから開始された模様）我々に情熱を込めて語ってくれたのだから。」

一つ目は**「グローバルな観点」**。

クリシュナムルティの説明によれば、グローバルな観点とは、部分的ではなく全体的な観点を意味する。決して分派的な見方であってはならず、**常にあらゆる先入見を排した全体包摂的な視点**が必要だ。**グローバルな取り組みのみが、二十世紀末に直面する我々の課題を解決できる。**すなわち、原子力、有害廃棄物、人口増加、環境汚染、そして戦争といったあらゆる災禍の生み出す未知なる危機のことだ。そして排他的姿勢は必ず偏狭と暴力に行き着くのだ。（強調は稲瀬、『知られざるクリシュナムルティ』）

このことばを発した時が、一九八二年であったことから、「二十世紀に直面する…」と述べられています。しかし、この観点は、今、クリシュナムルティ存命ならば、二十一世紀、すなわち私たちが生きている今日においてもそのまま引き継がれている教育目標であると述べたに違いありません。

二つ目が**「人間と環境への配慮」。**

クリシュナムルティは語る、人間は自然の一部だ。自然が十分な配慮を受けなければ、その過失はブーメランのように人間に帰って来る。**緑化と土壌保護が必要だ。**生態学者たちは、他ならぬ人類の破壊的本性が生態圏における多数の種の消滅という悲劇を招いたのだと指摘してきた。人間は苦悩し昏迷に陥ってきた。そして究極的に暴力と戦争へと導くあらゆる種類の対立が支配してきたのである。**唯一正しい教育と人間相互間の深い情愛だけが、常に求められてきたし、無数の人類的課題を解決できる**のである。（強調は稲瀬、『知られざるクリシュナムルティ』）

人間がこれまでの長い歴史を通して何を自然にもたらしてきたのか。ブーメランとして人間に襲いかかってくる事態をもう人類は残念ながら経験しつつあることは誰も疑えないでしょう。自然の一部としての人間の「生」の在り方が今後益々厳しく問われてくることを、クリシュナムルティが今から約四十年前に看破していることを重く受け止めなければならないと思います。

最後の三つ目に掲げるのが、**「科学的探究心を内包した宗教的精神」**。

クリシュナムルティは指摘する、宗教的精神は単独だが、孤独ではない、人々や自然との交感がある。また、宗教的精神は新鮮かつ無垢であり、創造的情熱をもって即今〔ただいま〕を探究することができる。科学的精神が事実から事実へと移りながら外から観察するのに対し、宗教的精神のみが事実をそのまま内から把捉し、既知から未知へと横超〔貫入〕することができる。最後に、**非宗派的で偏見のない宗教的精神だけが新文化を創造できる、**と結んだ。（〔　〕および強調は稲瀬、『知られざるクリシュナムルティ』）

三つ目の目標として掲げられたことは、前の二つの観点を踏まえて、具体的にどのような人間を育成してゆけばよいか、その方向性を明確に示したものとして注目されるところです。子どもたちを正しく教育してゆくには、二つの精神を育んでゆかなければならないということ。その二つとは、科学的精神《こころ》と宗教的精神《こころ》。

私たちは、ここまでのところでクリシュナムルティが学校教育を通して子どもたちに身につけさせたい精神が科学的精神と宗教的精神であることは分かったとして、この二つの精神の関係はどのようなものとして一個の人間、すなわち子どもたちの中で位置づけられなければならないのか、という疑問が沸くのではないでしょうか。

つまり、両者の関係として考えられるものは、以下の三つが考えられる。

一、　科学的精神と宗教的精神は人間の精神を形づくる二つの精神として、対等の関係にある。
二、　科学的精神は宗教的精神を内包したものとしてある。
三、　宗教的精神は科学的精神を内包したものとしてある。

ここは、大切なところですので、今一度この三つの場合を各自確認しつつ、クリシュナムルティが三つ目を教育目標として掲げたことに注目していただきたい。クリシュナムルティは**「科学的探究心、すなわち科学的精神を内包した宗教的精神」の涵養**こそが、目指すべき人間像であることを明確に打ち出している。このことを皆さん、こころに深く刻んでもらいたいと思います。

その上で、私たちに突きつけられている問いはどのようなものがあるのか、ここを皆さん心に思い描かなければなりません。**共に考えていってくれているでしょうか。**子どもたちが人としてこの世を生きてゆくために必要な精神。このことを見据えた時、クリシュナムルティがとらえたものは一つは科学的精神、今ひとつは宗教的精神。そして、両者の関係は宗教的精神が科学的精神を包み込む関係にある、ということ。この意義はどのようなところにあるのか、クリシュナムルティからの声なき声として、私たちに**「深く考察せよ」、**と語りかけてくれているようです。これらの課題に沿って、今から考察してゆきましょう。

科学的精神とは何か

まずは、科学的精神とは一体いかなるものなのか。この問いに答えるべく、クリシュナムルティはインドの「クリシュナムルティ学校」の生徒への講話の中で、次のようなことばを発しています。

科学の精神は非常に実際的なものだ。その使命は発見、知覚にある。それは事物を顕微鏡や望遠鏡によって見る。あらゆるものをあるがままに見、その知覚を基に科学者は結論を引き出し、理論を立てる。科学の精神は、事実から事実へと動く。それは個人的状態、ナショナリズム、人種、偏見とは無関係である。・・・しかし**科学の精神とそれが行う発見は、**国家主義的な精神、インドの、ロシアの、アメリカのそれによって**使われ、搾取される。主権国の国益などに利用**されてしまうのだ。（強調は稲瀬、『英知の教育』）

宗教的精神とは何か

科学的精神について述べた後、引き続いてクリシュナムルティは宗教的精神について熱く語ってゆきます。

宗教的精神だが、ほんとうの宗教の精神は**どんな宗派、どんな集団、どんな組織宗教、どんな教会にも属さない。**宗教的精神とは、ヒンドゥー教徒の精神でも、キリスト教徒の精神でも、仏教徒の精神でも、あるいはイスラム教徒の精神でもない。それは宗教的と名乗るいかなる集団にも属さない。・・・宗教的精神は完全に一人立ちしている。・・・それは爆発的で、新しく、若々しく、新鮮で、純真である。純真な精神、若々しい精神、とてつもなく柔軟で微妙な精神は、少しも固定していない。いわゆる神、つまり測り知れないものを体験しうるのは、そのような精神だけなのである。（強調は稲瀬、『英知の教育』）

宗教的精神の核心部分を語るクリシュナムルティは、日本語訳からも生命感のみなぎるエネルギッシュな精神であることが伝わってきますね。ここで、クリシュナムルティは「宗教」ということばをエネルギーの結集という語源にさかのぼって、しばしば語っていたことを付け加えておきたいと思います。

ここまでのクリシュナムルティのことばを導きの糸として、科学的精神と宗教的精神の内容について、皆さん思い描くことができているでしょうか。皆さんが、これまでの小学校以来の学校教育を受けてきた長い年月を通して、この二つの精神がどう自分の中で育まれてきたのか。この問いを抱いて、クリシュナムルティが語ることばに深く聴き入ってもらいたいところです。

科学的精神と宗教的精神の関係へのまなざし

クリシュナムルティは二つの精神の特徴を述べた後、今度は両者の関係にまなざしを向け、次のように更にことばを紡いでゆきます。

> **科学の精神と宗教の精神の調和のとれた人間、それこそがほんとうの人間だ。**そうなったとき人間は、共産主義者の世界でも、資本主義者の世界でも、バラモンのあるいはローマ・カトリック教徒の世界でもない、よい世界を創造することだろう。・・・科学の精神と宗教の精神を兼ね備え、だから自分の中に何の矛盾もない、調和のとれた人間――彼こそがほんとうのバラモン、新しい人間だ。そして、教育の目的はこの新しい精神、爆発的で、それゆえ社会が立てたパターンなどに従ったりしないような精神を生み出すことにある、と思うのだ。（強調は稲瀬、『英知の教育』）

歴史の激流に呑みこまれた科学的精神

科学的精神と宗教的精神との調和のとれた人間、それこそが新しい精神の誕生を意味し、これまでとは違う人間社会を築く源となる姿をそこに読み取ることができるのではないかと思います。ただ、ここで皆さんに深く考えてほしいのは、現実の社会の中にあって、クリシュナムルティが熱く語る新しい精神、新しい人間の育成がいかに難しいことか、ということです。

このことについて、先の科学的精神について述べたクリシュナムルティのことばの中に、その一端が垣間見れます。今一度、彼のことば、とりわけ後半のことばをじっくり読み込んでみてください。

科学の精神とその発見が、国家主義的な精神により使われ、はたまた主権国家の国益などに利用されてきた人類史の負の遺産に、クリシュナムルティはまなざしを向けることを決して忘れてはいません。

このことについて、皆さんは具体的な事象をこころに浮かべることができるでしょうか。しばしの間、世界の歴史、日本の歴史に思いを馳せてみてください。

まず第一に思い起こしてもらいたいことは、**我が国が、人類史上初めて原子爆弾投下という惨劇の当事国**となってしまったという事実。広島、長崎に当時として科学の粋を結集してつくり出された悪魔の兵器が、主権国同士の戦争の手段として使用されてしまいました。**オッペンハイマー博士（1904-1967）、マンハッタン計画、トルーマン大統領（1884-1972）**などがキーワードとなってくるかと思います。ここでは深入りは避けますが、科学の精神とそれが行う発見が国家主義的な精神に搾取され、主権国の国益に利用されたとの先のクリシュナムルティのことばの重みを否が応でも感じずにはおれない出来事となりました。

続いて、我が国の歴史、とりわけ前世紀の末に発生した驚愕の惨事。一九九五年三月二十日に発生した、**オウム真理教徒が犯した通称地下鉄サリン事件。**皆さんはまだ生まれる前の大事件でしたが、テレビ報道等でこの事件についてはあらまし知っていることでしょう。平時の大都会・東京で無差別に化学兵器としてサリンが使用されるという、世界でも類例のないテロ行為であり、世界中に大きな衝撃を与えました。この事件により、乗客や駅員ら十三人が死亡し、負傷者数は約六三〇〇人とされています。この悲惨な事件も科学的精神の暴走が招いたものでありました。

日本への人類初の原爆投下、そして猛毒サリンを使用しての無差別テロによる甚大な生命の損傷の事実。この言語を絶する圧倒的な事実の重みを前にして、問わなければならないこととは何なのか。ことばを変えて言えば、真に見なければならないことは何か。皆さん、どうか今はこのことにぜひとも直面してもらいたい。

どうでしょうか。・・・・この、人類に大きな負の遺産を残してしまった事実が問いかけていることは何なのか。

私が思うには、クリシュナムルティが言うところの**科学的精神が宗教的精神に大きくかつ深く包まれることなく暴走し、生命尊重という最重要な課題を踏みにじる結果を招来してしまったという事実。ここを見誤ってはならない**と思うのです。誠に痛恨の極みでありますが、この二つの歴史的事件において、慈悲心と英知に満たされた宗教的精神は結果として機能することはできませんでした。自己中心性を基底とする無慈悲な「私」が怪物と化して、科学的精神をその配下に従え、自らが生み出した「敵」へ向かってその存在を亡き者とする行為に突入するという事態を招いたこと。私たちはこのあるがままの現実を直視することからしか、人類史を前進させてゆくことはできないに違いありません。

以上取り上げた事象、事件を通して、私たちに科学的精神と現実の世界との厳しい関わり合い、そして結果として生み出された悲惨な事実を前にして、語ることばも容易に見つけ出すことができない事態に陥っている自分に気づきます。科学的精神が結果として歴史の激流の中に呑みこまれた象徴的事象でありました。無論、この二つの事象の他にも、歴史のそこかしこで悲惨な出来事が現実に展開されてきたことは多言を要さないでしょう。例えば、日本の近代化の過程の中で発生した象徴的事件である**水俣病。**近代化の推進役としての科学的精神の中に、自然の一部としての人間存在に深く思いを馳せ、繊細な精神を働かすことを旨とする宗教的精神が浸透することなく暴走してしまった事件。今なお重い病気に苦しむ多くの人々が存在する現実を直視した時、クリシュナムルティが教育目標と掲げた**「科学的探究心（＝科学的精神）を内包した宗教的精神」**ということばに込めた深い思いに感じ入ります。

クリシュナムルティがすべての人間的事象にまなざしを向けたように、私たちもまた、人間的事象の中で、科学的精神と宗教的精神がどのように働いたのか、はたまた働かなかったのか、そのあるがままの姿を見つめる試みを、過去の歴史事象に対して行ってゆくことから始めたいものです。

宗教的精神をいかに育むか

こういった人類が積み重ねてきた悪の所行を実行ならしめた当のものが他ならぬ私たちと同じ人間であったという事実。この事実を見据え、決して他人事ではない、人類の歴史を作り出してゆくのは、私たち一人一人であることを今一度胆に銘じ、一人一人が善性の開花する人間性を身につけてゆくことを旨とすること。すなわち、人として生きてゆくために必須の**科学的精神を大事にしつつも、あくまで人間を始め動物、植物などの生命圏を内包する自然環境の保持が最重要なテーマであること。**このことを真底理解する宗教的精神を第一義として大きく深く育んでゆかなければならない。これこそが「クリシュナムルティ学校」創設の真意ではなかったかと私は思うのです。

クリシュナムルティは、宗教的精神の何たるかをめぐって、死の二年前、一九八四年の十一月十二日にインド・ラジガードで次のように語っています。

宗教的精神を持つためにまず求められること、あるいは必要なこと、それは**美**です。・・・・皆さんが朝、太陽がちょうど登りはじめ、水面に金色の通り道を作りつつあるときに川を見るとき、何が起こるでしょう？　それを見るとき、何が起こるでしょう？・・・水面の上のその光の美しさが、あなたのあらゆる問題、心配、等々のすべてを数秒間、数分間あるいは一時間片づけてしまいます。つまり、「自分」――自我、自己中心的活動、利欲心――がなくなるのです。光と威厳に満ちた雲の大いなる美によって、そのすべてが追い払われ、その瞬間、自我が不在になるのです。・・・・**自我がないときにのみ、美があるのです。**そしてそれが、宗教的精神とは何かを理解するのに先ず第一に必要なものなのです。（強調は稲瀬、『瞑想と自然』）

ここまで聞いて、「なるほど、その通りだ」と簡単に同意しないように、とクリシュナムルティが語っていたことをここで言い添えます。もうこれはお馴染みのシーンですね。頭の中、脳細胞の中に記憶として、概念として美が保持されることに警鐘を鳴らせているわけです。クリシュナムルティは言います。**「美は、たんなる絵ではなく、知覚されなければならないものなのです」**と。

「美」に続いて、宗教的精神を探究してゆくためにクリシュナムルティが必要である、と述べられたのは、**「グローバルな精神」**でした。グローバルについては、先に「クリシュナムルティ学校」の教育目標の一つ目に提示されたものだったですね。それを視野に入れつつ、クリシュナムルティはこの日の講話では、グローバルを**ホリスティック（全体的）な精神**、存在の全体を把握する脳を養ってゆくことの大切さに言及してゆきました。そして、ホリスティックな精神は人類全体に関心がある。なぜなら私たちは皆、どこの国の人間であろうが、同じように苦しみ、悩む存在であるとの「見」が働いているのです。

そして、最後にクリシュナムルティは、宗教の一部として、「自然と私たち一人ひとりとの関係」というものを見出さなければならない、と説きます。クリシュナムルティは「・・・皆さんは自国の川をガンジス、テームズ、ナイル、ライン、ミシシッピー、あるいはボルガと呼んでいるかもしれませんが、しかしすべての川は神聖です。ところが、その川がいまやますます汚染されつつあるのです。そういったすべて――木々、鳥、そして**私たちが自然と呼んでいるすべての生きとし生けるもの――と、皆さんはどんな関係にあるのでしょうか？**」（強調は稲瀬、前掲書）と呼びかけます。

先ほど取り上げた水俣病に思いを馳せる時、このクリシュナムルティのことばを重く受け止め、心中深く聴き入ることが求められます。

責任感のある人間とは――村瀬学の「原子力考」に学ぶ

改めて、「クリシュナムルティ学校」が掲げていた、グローバルな観点、人間と環境への配慮、科学的探究心を内包した宗教的精神の三つの教育目標は、現代社会を生き抜いてゆく上で、国を問わず真剣に取り組まなければならないテーマであると言えるのではないでしょうか。

およそ人間に関することで自分に無関係なものは何もない、との認識もクリシュナムルティの教えから生まれてくるものですが、右の三つの教育目標を現代に生きている人々が、どう日々の行動や考え方に具現化してゆくか、ここが最も大切なことではないでしょうか。

現代日本及び世界が直面する難題中の難題といえる、「原子力」問題に、一個の人間として、市井に生きる一般人の一人として直面し、責任ある態度で真剣に考察している人に、**村瀬学氏（1949～）**がおられます。

氏の「原子力」に対する基本的視座はこうです。「そもそも『原子力の発見』に対しては、西洋が共同して取り組む責任がある。・・・これは西洋文明の罪である。・・・私たちは『原子力開発の責任』こそ**西洋文明全体の責任**として負う必要があるのではないか、と思う。」村瀬氏のことばからは、近代技術文明を作りだしてきた国々の『共同責任』という視点がもっと深く認識されなくてはとの強い思いが感じられます。

そして、村瀬氏は、結果的に**全世界レベルの「原子力開発被害対策機構」**のようなものが提案される必要がある、と自らの考えの一つの到達点を示してゆきます。この一連の考えは、**鶴見俊輔氏の相互主義（世界を相互のやりとりで生まれる出来事として考える主義）**からの学びの成果として出てきたものだと思われます。このような機構の目指すものは、鶴見の願う「日常の思想」と「原子力開発」の共存の可能性であると、村瀬氏は言います。更には、「日常性」と「原子力」の相互性、相互主義は、今後千年の科学技術をもってしてもあり得ない、ということも可能であるが、**私は鶴見の相互主義の未来には賭けたい**と思う、との村瀬氏の最後のことばには、一人の思索者としての強い覚悟を感じます。そして、村瀬氏のことばからは、期せずして「クリシュナムルティ学校」の三大目標を視野に入れた形での、政治家としてではない、考え方で責任を果たしてゆく姿を私たちは，そこに見ることができるのではないかと思います。

人それぞれ生きる場、生きる状況は違えど、地球生命圏に生きる、運命共同体としての生のあり方について、原子力問題は先の東日本大地震災害及び西日本豪雨災害、そして近い将来発生が高確率で予想されている南海トラフ地震などから待ったなしの、真剣な取り組みが求められていると思います。（強調は稲瀬、以上、『言視舎　評伝選　鶴見俊輔』参照）

教師の役割とは何か

こういった責任感のある人間を生み出してゆく上で、必要不可欠な存在とは言うまでもなく**「教師」**ですね。クリシュナムルティは自らが開いた学校の教師に、大きな期待を賭けていたことが様々な彼の発言から如実に伺えます。

クリシュナムルティが一九七〇年代後半から八〇年代前半にかけて、定期的にインド、アメリカ、イギリスにある「クリシュナムルティ学校」宛てに手紙を書いていました。現在、それは**『アートとしての教育—クリシュナムルティ書簡集』**（小林真行訳、コスモス・ライブラリー刊）として翻訳出版されています。全体を通して、教育へ賭けるクリシュナムルティの熱い思いを感じ取れる内容となっております。その一節に、「教師」の役割について語っているところがありますが、**日本のすべての教師にも聴いてもらいたい、**

クリシュナムルティのことばです。

わたしたちは非常に根本的な疑問を投げかけることになります―教師とは何でしょうか？　たとえ最低限の敬意しか払われていないとしても、**教えるという仕事は世界でもっとも偉大な職業です。**それというのも、もし、教師の関心が深く真剣なものであるならば、彼は人間の頭脳に**脱条件づけ**をもたらすことができるからであり、自身のみならず生徒たちの頭脳も解放することができるからです。（強調は稲瀬）

時代は、全体的に暗雲がたち込めている状況下にありますが、私も長年高校教師をやってきた身として、教師への熱い激励の思いが込められている、このクリシュナムルティのことばは胸に響いてきます。

さて、大きな期待を世の教師に賭けたクリシュナムルティにあって、日々の学校生活を通して、中心である授業の中で具体的に、どのようにして脱条件づけを目指し、善性の開花した生徒を育ててゆこうと考えていたのか、疑問が湧いてきますよね。

この疑問に答えるかのように、クリシュナムルティは、かつてサンディエゴ州立大学の宗教学教授アラン・W・アンダーソン氏との対談の中で、自分ならこんな授業を行う、とより具体的な授業像を提示していました。

A（注・稲瀬：アンダーソン教授）・・・私は、ちょっと前に出された、教師と生徒は、癒し《ヒーリング》の行動が起こるような関係に入ることができるというあなたの発言を考えていました。

K（注・稲瀬：クリシュナムルティ）それこそは、もし私が教室にいたらまず初めにすることでしょう。何かの学科ではなく。まず**生徒も自分も傷ついていることに目を向けます。**・・・どのようにそれが人々をだめにし、そこなうか、暴力の温床になるか、冷酷さを生むか、他人を傷つけようという衝動を生むかを指摘してあげます。・・・十分間ぐらい、そういったことを話すでしょう。毎日異なった仕方で話すようにし、やがて生徒とその理解を共にするようになるでしょう。・・・一緒に取り組むようになるでしょう。が、わたしたちはそれをしません。教室に入るやいなや、私たちは教科書を出して授業を始めます。もし私が教師だったら、生徒の年齢を問わず、まずその**共感関係を築く**でしょう。それが**私の義務、私の仕事、役割**なのです。ただ情報を伝達するだけでなく。（強調は稲瀬、『生の全変容』）

アンダーソン教授は、クリシュナムルティのことばを受け、「クリシュナムルティの考える授業での取り組み方を聴いて、その姿勢をきわめて意義深いものだと認めつつも、今の学問で育てられた教育者にとっては、クリシュナムルティが提示した授業の取り組み方は**極めて実行が難しい**」と答えています。

さて、クリシュナムルティのこのことばは、学生の皆さんにはどのように響くでしょうか。一度、胸に手を当てて、正直な思いを探ってみてください。その思いが、今現在の皆さん一人一人の「授業観」でしょうから。

学生とは何か

ただ、ここで更に考察してほしいことは、クリシュナムルティのこのような授業観の底には、学校における一方の軸をなす「生徒はどのような存在でなければならないのか」についての揺るぎない「見」が働いていることを見逃してはなりません。彼は、ある学校での質疑応答の中で、ある質問者からの、「学生の定義とは？」の問いに、こう答えていました。

学生であることは、たんにカリキュラムによって求められた数冊の教科書を読むだけではなく、**人生を学ぶこと**を含んでいる。それは、ある期間中ほんのわずかなことを観察するのではなく、**生涯を通じてあらゆるものを観察する能力**を意味する。・・・真の学生は、人生におけるあらゆるものを、比較も非難も是認もせずに、外面的ならびに内面的に観察する人のことだ。・・・自分の精神の働きその全部を理解するには、大いなる洞察力、非難を交えない大いなる探究が必要だ。（強調は稲瀬、『未来の生』）

現に、今学生の身である皆さんには、このクリシュナムルティのことば、どう響いて来たでしょうか。今の学びのあるがままの姿を照らし出す上で、彼のことばによく耳を傾けてほしいものです。

「教師―生徒」関係をめぐって

教師と生徒という不可欠な存在者でもって成り立つ学校。学校での学びが豊かな実りをもたらすには、**「教師―生徒」の関係へ注意深くまなざしを向けてゆく**必要がありますね。

私は教育学Ⅰ（前期）を受講した皆さんに、「これまで小学校以来皆さんが過ごしてきたそれぞれの学校段階で、印象に残った、自分の人生に影響を受けた先生について」というテーマで、レポートを書いてもらいました。

それを読んで思うことは、少なくとも一人はそれぞれの学生の皆さんにとって良い影響を与えてもらった先生が存在している、という事実です。このことはここにいる皆さんにとっても同様でしょう。全体を読んで、日本の教育も「うん、うん」と思わずうなずいたものです。文面からして、それぞれの学生と、真剣に向かい合った先生がいてくれたということ。このことが学生の皆さんが、様々な壁に当たっていた時に、その壁を突破してゆくための何よりの支えになってくれたことが文面からひしひしと伝わってきました。ある者は小学生時代、またある者は中学生時代、はたまた別の学生は高校時代等々と学校段階はバラエティに富んでいましたが、そこには単なる教科学習を教える教師の姿ではない、**対面する教え子に真剣に向き合い、その場に直面する教師の姿**を髣髴《ほうふつ》とするものがありました。

クリシュナムルティも、生きてゆく上で自らが直面する問題に正面から逃避することなく当たってゆくことの大切さを繰り返し主張してきました。

私には、この「教師—生徒」関係の現実の姿として、強烈な印象を携えて甦ってくるあるシーンがあります。それは読書体験から得た一つのシーンです。ここで、皆さんにもそのシーンに実際に深く入り込んでもらいたいと思います。精神科医の**浜田晋先生（1926-2010）**がご自分の小学六年生の頃の担任の先生にまつわる話として、ある本の中で紹介しているものなのです。少し長くなりますが、一度聞けば心中深く記憶に留まる話ではないかと思います。

「教育問題」を考える時、私がいつも思い出す衝撃的な出来事があった。

私が小学六年生の時の先生である。気むずかしく、暗い先生で、正直いって私は好きなタイプの先生ではなかった。ある授業が終わった時である。トップクラスの一人の**「優等生」**が先生に呼ばれた。
その子が**「知恵おくれの子」**を殴ったらしい。
先生「お前は○○君を殴ったのか」
生徒「ハイ」
先生「なぜ？」
生徒「××君が殴れといったからです」
先生「お前は他人が誰かを殴れといったら理由もきかずに殴るのか」
生徒「・・・・・・」
先生は激怒した。大声をはりあげた。**「神様が、先生にお前を殴れとおっしゃった！」**といきなり、その生徒を殴りつけたのである。二〜三メートルその子はぶっとばされた。
その子がケガしていないことをじっと見ていた先生は、そのまま黙って教室を出て行ったのである。
私は、その時、**その先生の後姿が「神」のように見えた。**もう五〇年前の話である。（強調は稲瀬、『心をたがやす』）

皆さんには、この話どう胸に響いたでしょうか。ひょっとすると、「その先生は暴力教師ではないか、なぜ言って聞かせなかったのか」といった思いが沸き立っている人も少なからずいるかも知れません。そこは、浜田先生も先刻承知の事で、「今、この話をすると誤解されるかもしれない」と付言することを忘れてはいません。この話が載った本が出版されたのは、一九九四年で、今からかれこれ四半世紀前。この時の先生の対応への容赦ない、「NO！」の声が押し寄せてくるようでもあります。しかしながら、大切なことは、時代の変遷はあっても、ことの本質、すなわち**「教育の本質とは何か」**をつかんだ対応を、日々の様々な教育現場で手抜きなく実行してゆくことを怠ってはならないと思います。

今から約七十五年前に、日本のある町のとある小学校の六年生のクラスで起きた一つの出来事。テレビドラマではなく、その場にいた一人の生徒に**気づき**を与えんと真剣この上ない**魂**が行った行為。何の邪念ももたず、トップクラスの優等生が知恵遅れの子どもを殴った行為と同じ行為を、今度は自らがやられる立場となって身に受ける。これこそは、その時その場の優等生にとって最善の教育ではなかったか。こと**暴力云々という問題ではない**のだ。まさに尊い「教育現象」そのものであったに違いない。万が一つ、ことばではなく身体に直接コンタクトするしか道はない場合があるということ。この時の先生のとった対応は、その場の事態をあるがままに見つめた結果、そこから生まれた行為であったということ。無論、怪我があってはならないという大前提はある。先生は、怪我がないことを確認しその場を後にしたのである。いかに全面的に目前の子どもの存在（言動・態度・表情など）に直面するかという問いが、この印象深い出来事から突き付けられているのではないでしょうか。

あの時の小学生は、その後どのような人生を歩んでいったことだろう。きっと、**大きなターニングポイントになったのではないか、**と私は思うのです。

この話を締める浜田先生の次のことばは、全教員がそして大人たちが心中深く刻むべきことばにちがいありません。

「教育」は、長い人生というタイムスパンの中で、考えるものであろう。つけは必ずあとからやってくる。「今の多くの先生方」の見えないところで悲劇はおこっているのである。

それから先に紹介したアンダーソン教授との対談集『生の全変容』の中で、クリシュナムルティがアンダーソン教授に語ったことは、時と場所を超えた普遍的な「教師—生徒」関係を描いており、実に印象的です。

K両者（注・稲瀬：教師と生徒）の関係において、彼は単に生徒に情報を与えるだけでしょうか？　それなら機械にできることです。教師は自分を教壇の上に立たせ、そこから生徒を見下ろすのでしょうか？

それともそのなかで教師の側も生徒の側と同様に学びの状態にある、そういう関係にあるでしょうか？・・・**分かちあい。一緒に旅をしていくのです。**それゆえ両者の側に限りない思いやりが起こるのです。（強調は稲瀬、『生の全変容』）

「一緒に旅をしていくのです」とは、いいことばではないですか。そして、私は「教師—生徒」関係のことを思うたびに、思い起こすことがあります。今一度鶴見俊輔氏に登場願うことにします。

鶴見俊輔氏は中学生数人と、人生問題に係るいろいろなこと（大人になるとは、規則とは何かなど）について一九九九年春に対話し、その成果を本にしてゆくという企画がある出版社によってなされました。その中で、生徒が受けもちの教師に**「あなたは、私から何をまなびましたか？」**と問い、両親に**「あなたたちは、私から何をまなびましたか？」**と問うことをすすめたとのことでした。

鶴見氏は、さらにことばを続けました。「教室は大きいから、受けもちの教師が、ひとりひとりの子どもに、自分で満足のいく答を出すことはむずかしいだろう。しかし、そういう問いを、受けもちのひとりひとりが自分に投げかけ、自分もその問いにこたえる力をもちたいという理想を心の中にもっていたら、**教育は変わる**」と。（強調は稲瀬、以上、『教育再定義への試み』より）

ここにも、先ほどの鶴見氏の相互主義の考え方が表れていると言えなくもありませんね。とにもかくにも、「教師―生徒」関係へ、クリシュナムルティと鶴見俊輔氏が同様なまなざしをしっかり向けていることがわかるところであり、改めて学びの空間である授業の二つの軸の関係に深く思いを馳せてゆきたい、と思います。*

* 「人間関係としての授業」を深く追求していった人物として、今は亡き演出家の**竹内敏晴氏（1925-2009）**をここで紹介しておきたい。私自身氏の本から多くの事を学ぶことができた。例えば、**『教師のためのからだとことば考』**（ちくま学芸文庫）は教師であれば一度は手に取って味読してほしい。・・・それぞれの子にある理解という名の地図に少しずつ見通しを増やしてゆく力を子ども自身がつかみ取ってゆく。そのサポートとしての役割に喜びを見出す。ここに教師の存在意義があり、教師自身も子供たちも理解の度合いが深まりゆくことに喜びを感じてゆくことが、共に生きてゆく喜びにつながる、そこに教育の本質があることを気づかせてくれる名著である。（強調は稲瀬）

社会から退却しない「生」の中でいかに善性の開花を果たすのか

本時の授業も終わりに近づいてきました。本時は、「クリシュナムルティ学校」での教育実践をリードしていった基本的な精神を中心に、皆さんと共に見てきました。「子供たちの精神が、その中で彼らが育った社会の諸々の偏見で硬直化する前に彼らを教育する」というコンセプトで運営されていた「クリシュナムルティ学校」の歩みも順風満帆とは言えませんでした。先に紹介したクリシュナムルティの甥のナラヤンが長らく校長としてつとめた、リシ・ヴァレーの「クリシュナムルティ学校」を始めとする学校での成果を問う質問が、一九八〇年にスリランカを訪問した際のある会合で、クリシュナムルティに向けて出されたとき、クリシュナジは**「一箇半箇もなし」**〔ごくごくわずか〕と、即答した、とナラヤンは記しています。そして、これに続けて、クリシュナムルティが五十年に及ぶ「クリシュナムルティ学校」での教育活動をどう見ていたか、次のように述べているのです。

> 五十年にも及ぶこれら学校を通した教育的営為の果てに、生徒たちは依然として**自らの社会的成功にのみ**関心を示し、**出世闘争**に明け暮れ、挙句の果ては**競争と腐敗**に満ちたこの社会の中に取り込まれてしまう、という**冷厳な現実**をクリシュナジは見ていたのである（強調は稲瀬、『知られざるクリシュナムルティ』）

現実社会は、インドと言わずわが日本もその他世界中のそれも、そう大差はないはず。魑魅魍魎《ちみもうりょう》の跋扈《ばっこ》する得体の知れない複雑怪奇なもの。人の善意がいとも簡単に踏みにじられ、いつしか現実は「渡る世間は鬼ばかり」ではないか。自分独りが善意の旗を掲げても詮無きことではないか、と諦めの境地になり、厳しい生存競争の真っ只中にあって、いかに人を出し抜くか、といった生活スタイルに次第に条件づけられている自分に気づく。でも、時すでに遅し、この道を行くしかない、と妙に開き直って今日も社会という荒海に仕方なく漕ぎ出す。

これから社会の中へ進み出てゆかなければならない皆さんを前にして、何という悲観的なことを言うのか。おしかりの声が聞こえてきそうです。しかし、敢えてここで言ったのは、それほどまでに、様々な人間が棲息する社会で生きてゆくことは有形無形の重圧がかかるということ。換言すれば、いかに過去からの様々な条件づけが思いの外強いか。この現実を見据えた上で、それでもクリシュナムルティがこの上なく大切なものとして掲げた**「科学的探究心（＝科学的精神）」を内包した宗教的精神の涵養**を、あくまでも学校教育の中核に据えてゆくことはこれから益々重要なものとなってくると私は思うのです。

そのためには、クリシュナムルティが生涯を賭して探究していった格闘の足跡である「思考の正体」をめぐる膨大な著作群が大いなるサポート役を果たしていってくれるのではないかと思うのです。これまで教育現場では、「よく考えなさい」ということばは日々すべての学校で連呼し続けられてきたことでしょうが、**「果たしてよく考えなさいということは一体どのようにすることなのか」**という当然すぎる**子どもの声なき声を真摯に聴き取ろうとしてきただろうか。**このことを私は強く思うのです。あらゆる教科のあらゆる科目の、そしてあらゆる学びの場面で登場する**「思考する現場」で何が一体起きているのか、**このことに**これまで学校教育はどれだけ自覚的であっただろうか、**とクリシュナムルティはもの凄いエネルギーを携えて迫ってくるように感じます。

この**「思考への気づき」の力を培ってゆく**ことこそが、科学的探究心を内包した宗教的精神の涵養」という学びに直結してゆく道だ、と私は信じます。授業最終回の十四回目で再び、「思考」へのまなざしを向けてゆきたいと思います。

「学校とは何か」を問い続けて

思えば、クリシュナムルティの肝いりで始まった「クリシュナムルティ学校」は、あくまで学校という制度を維持しつつ、その中で新しい人間を生み出すことによる新しい人間の世を創造してゆくことを希求しての大いなる実験の取り組みであると言えるのではないでしょうか。そして、これまで見てきたように、「クリシュナムルティ学校」も社会の現実との関係で、厳しい壁を突破するまでには至っていないのが偽らざるところではないでしょうか。

かたや我が日本でも、一九七〇年代から顕在化していった様々な学校制度のひずみ―不登校、いじめなど―を見据え、いかなる方向へ舵を切ってゆけばよいか、法制度の改革（一つの成果としては二〇一六年十二月に制定された**「教育機会確保法」**〈「義務教育の段階における普通教育に相当する教育の機会の確保等に関する法律」〉をあげることができる）を軸に鋭意進められているのは事実であります。教育環境を整えてゆくための法の制定・見直しの方向性も無論大切なことではあります。でも、より重要なことは**「今、ここにいる子どもたち」の生がいきいきとしたものとなっているのか**に、**注意のまなざし**を向けてゆくこと。**「脱学校論」**で展開されてきた視点は尊重しつつも、学校制度にとって変わりうるしくみが根本的には見出されていない現状にあっては、学校というしくみの中での学び（「教師―生徒」関係を軸に据えた学び）をより深く、多角的に考察し、実践を積み重ねてゆくことが求められていると言えるのではないでしょうか。＊（参照『教育学をつかむ（改訂版）』―「子どもたちが集まって、一つのことがらを協働的に、持続的に、かつ知的に追求できる場」としてのメリットが学校にはあることが示されている。）

そして「クリシュナムルティ学校」での貴重な取り組みもまた、日本において「学校とは何か」を問い続けてゆく上で、参考とすべき少なからざる視点を提供してくれているのではないかと思います。

＊**『脱学校の社会』**の著者として有名な、オーストリア生まれの思想家・**I・イリッチ（1926-2002）**を代表格として、1970年代以降に本格的に展開されるようになった、近代公教育のもとに組織化された学校の解体を主張する脱学校論。この脱学校論の登場以降、近代学校そのものが問われるようになった。**学校を整備することが必ずしも人々に幸せをもたらすものではない**というような、**学校の相対化**が本格的になされ始めたのである。（強調は稲瀬、『教育学をつかむ【改訂版】』引用・参照）

あなたは、今自分が好きですか

それでは、いよいよ本時の授業を閉じてゆくに当たり、折に触れて私がよく読んでいる三人の方々のことばを紹介したいと思います。

まずは、詩人・**谷川俊太郎氏**のことばから。（本授業では、再登場。）

何ものにも、何ごとにも出逢いたくないと思っても、私は私を避けることが出来ない。**めざめれば私は私に逢う。**（強調は稲瀬、『谷川俊太郎の問う言葉答える言葉』）

続いて、数学者・**遠山啓氏（1909-1979）**のことば。

ぼくは考えた。

あの遠い天の川の向こうまでいっても、このおれとおなじ物体は一つもないのだ。・・・・そう思うと、なにかそら恐ろしくなって、からだの奥がふるえたような気がした。しかし、その恐ろしさはしだいにうれしさに変っていった。**この自分が、大きい空間と長い時間のなかで唯一のものである、**ということを悟ったとき、ふしぎなうれしさが湧きあがってきた。（強調は稲瀬、『教育問答　かけがえのない、この自分』）

最後に、**哲学者の永井均氏（1951～）**のことば。

子供の教育において第一になすべきことは、道徳を教えることではなく、人生が楽しいということを、つまり**自己の生が根源において肯定されるべきものであることを、体に覚え込ませてやること**なのである。生を肯定できない者にとっては、あらゆる倫理は空しい。この優先順位を逆転させることはできない。（強調は稲瀬、『これがニーチェだ』）

自分から逃れられない現実（万人共通）↓満点に輝く星の中に今いる私なる存在は唯一無二↓できるだけ幼少の頃から自分を好きになってゆく心性を養ってゆく。これは引いては、他人をも、自然をも、大切にしてゆくことにつながってゆく道。現代において、学校教育を中心とした**「子育て」**の方向は、右の↓**の流れ**をしっかりかみしめてゆく地道な歩みの中にあると言えるのではないでしょうか。そして、**「あなたが、**

世界である」ことへの気づきへとあまたの人々を誘っていった、クリシュナムルティの熱き思いの核にあった、**教育の本質**を示唆する次の氏のことばは、重く私たちに響いてくるのではないでしょうか。

心理的な意味において自分は世界そのものなのだという事実の意義を完全に把握することができたなら、責任感は圧倒的な愛に変わることでしょう。そのとき、人々はこどものことを気遣うようになり、その子が幼い時分だけではなく、**生涯にわたって責任の重大性を理解できるような人物になるように育てよう**と思うはずです。（強調は稲瀬、『アートとしての教育』）

最後に、あえて大学生の皆さんに問います。

「皆さんは、今現在のあなた自身が好きですか？」では、また、来週。さようなら。

第十三回　教育への情熱（二）

―一生をつらぬく自己教育のヒント―

生涯自己教育へ向って

皆さん、こんにちは。今日の学びは、これまでそれぞれの回で見てきたクリシュナムルティの生、そしてその教えを下地に、皆さんがこれから歩んでゆく未知なる世界で直面するであろう重要な課題を視野に入れて、それにどう取り組んでゆくか。**生涯自己教育の視点**から、共に考えてゆきましょう。

なお、誤解してほしくないのは、ここでいう生涯自己教育とは、例えば一般社会人向けに行われている大学での教養講座や街の教養講座や趣味講座（文学、歴史、ダンス、書道など）を意味しているわけではないということです。無論、自分の興味・関心の赴くままに、人生の味わいや豊かさを増すべく、これらの講座に積極的に参加することは、それはそれで意義深いことでしょう。ただ、私が今日の授業でテーマとして掲げるのは、人として長い人生の旅路を歩んでゆく上でのいわば**「生の技法」**というべきもののことなのです。これまで共に学んできた**クリシュナムルティの人生とその教えが、どのように私たちの「生」に光を降り注いでいるか、**見つめてゆきたいと思います。その取り組みが、皆さん一人一人のこれからの生涯教育に確かな展望をもたらすことを願って。

クリシュナムルティの考える本当の教育とは

それでは、今日の授業、クリシュナムルティが人間存在の全体をどう考えていたのか、そして、本当の教育とは何であると見ていたのか、ここからスタートしてゆきたいと思います。

クリシュナムルティは「クリシュナムルティ学校」への手紙の中で、次のように述べています。

わたしたちは、学校やカレッジを卒業してしまえば教育は終わると考えているようです。つまり、**人間存在の全体**を、絶え間のない、ひょっとしたら**終わりのない自己教育のプロセス**としてとらえることはないように思われるのです。（強調は原文、『アートとしての教育』）

何の方向づけもなく、何の動機もなく、あなた自身を気をつけて見守る〔なか〕、聞くなかで、人類〔の物語〕すなわち**あなた自身の物語──を読みはじめる**ということを、です。**それが本当の教育です。**（強調は原文、『生の書物』）

この二つの文からは、クリシュナムルティが人間存在全体を、そして一生をつらぬく長いスパンで自己教育のプロセスと見ていたことが分かります。＊ このことは以前見た教育学者・大田堯氏の言われた教育の本質＝（ちがう、かかわる、かわる）を引き合いに出せば、一生を通して、私たちは唯一無二な存在として、ひと・もの・こと・自然にかかわりながらその都度変容を遂げてゆく（かわる）という見立てをすることが大切ではないかと思われます。

＊山崎正和氏がかつて、—「生涯」との再会をめざして—という題で述べていた次のことばは、かれこれ四十年前のものだが、その真実味は古びることなく、益々大事なメッセージとなっているように思える。

「・・・日本人にユーモアがなく、社交の感覚が欠けているというのは定評であるが、これはたぶん、われわれがその必要を感じるほど孤立していないということだろう。だが、それを裏がえせば、少年が八十歳の老人を深く知る可能性も少ないということであり、**真に異質な人生段階をのぞき見る機会も乏しい、**ということにほかならない。これが日本人にとって幸福であるのか、不幸であるのか、われわれはもう一度、**素朴な人生論を始めなおす歴史の曲がり角に立っているのかもしれない。**」（強調は稲瀬、『自己発見としての人生』）

人間とは何か、自然の意味とは何か

このような視点をもって、人の一生に思いを馳せる時、私が真っ先に思い起こす詩があります。これは、十六世紀に生きたイギリスの詩人、劇作家、政治家であった**フルク・グレヴィル（1554-1628）**の戯曲『ムスタファ』に出てくるものです。

「おお、堪えがたき人間の条件よ。一つの法則の下に生まれながら、他の法則に縛られて、虚しく生まれながら、虚しさを禁じられ、病むべく創られながら、健やかにと命ぜられて、かくも相反する法則によるとせば、自然の意味とは、そも何か」

余韻漂う、この何とも魅惑的な詩、皆さんはどのような感想をもったでしょうか。**誕生によるこの世への入場の一歩は、同時に死の世界への近づきの一歩**でもある。誕生と死の間の生のまっただ中にあって、人間存在の意味に深くこころを奪われ、たたずむ一人の人間の像が浮かんでくるようですね。容易に自らの懐疑からの出口を見いだせず、心臓の鼓動と共に目的地の定まらぬ精神の脈動の音が聞こえてくるようでもあります。

これは私の感想ですが、無論皆さんはそれぞれの感想を抱いていることでしょう。どれが正解などあろうはずはありません。ただ、私はこの詩から、人間存在の三つの様相を異にする相が見えてくるのですが、皆さんはどう思われるでしょう。**図1**（**「人間存在の三つの相」**）を見てください。

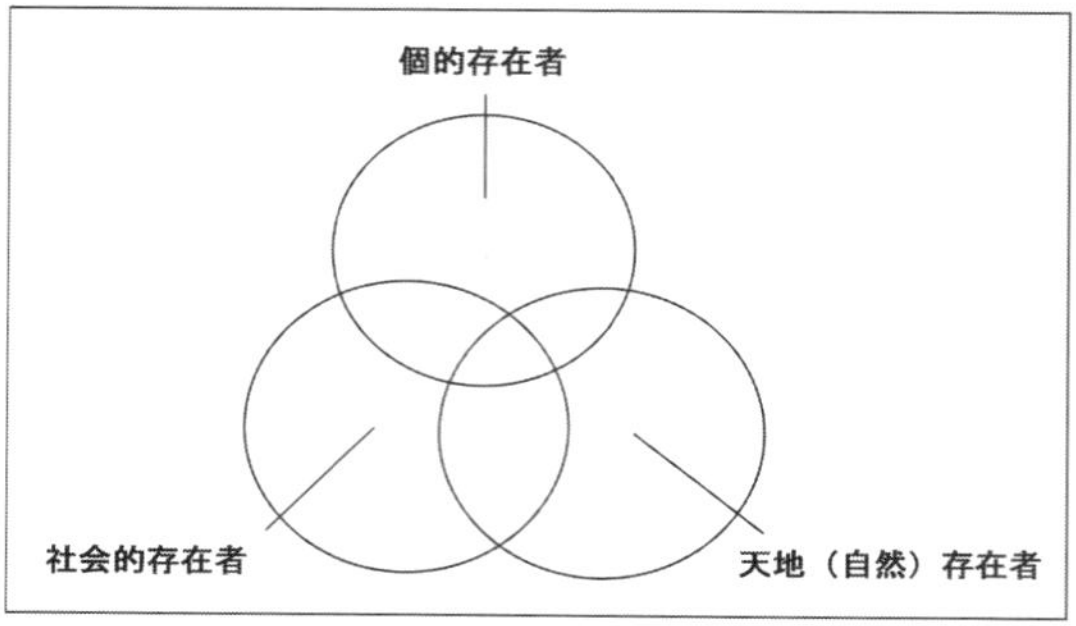

図１

一つ目は**個的存在者**としての人間、二つ目は**社会的存在者**としての人間、そして三つ目は**天地（自然）存在者**としての人間です。フルク・グレヴィルのこの詩は、人間として生きてゆくことにまつわる逃れることのできない条件に鋭いまなざしが向けられています。病むべく創られている（一つの法則）ということ、これは程度の差こそあれ、個的存在者たる人間にとっての宿命。そして社会の中で人と何らかの関係を取り結びながら生きてゆかなければならない人間の生の絶対的条件（他の法則＝社会的存在者）を見据えている。その社会の中では、「常識」の力として人は健康であらねばならないと有形無形の磁場が働いている。このような相矛盾せる法則の中で、人間としての生があることを思うにつけ、そのような生たらしめている大いなる自然の意味（天地〔自然〕存在者としての人間）とは何なのだろう、と深い懐疑にたたずんでいる。私なりにこの詩を解いてゆけばこんな感じになります。

もっとも、本来、詩はあくまでそのままの形で何の過不足無く味わうべきものであることを、念のため言っておきたい。何度も何度も読み、味わってもらいたい。そんな思いにさせてくれる詩です。

クリシュナムルティの教えはいかに応答するのか

ここからは、この詩に象徴的に現れ出た人間の生への根本的懐疑（問い）〔最後が―自然の意味とは、そも何か―と問いかけ、意味深な余韻を漂わせている。〕に対して、**クリシュナムルティの生涯そしてその教えはどのような光景を生み出すことによって応答しているのか。**そのことを本時の基本テーマに据え、共に考え、見出してゆくことに全力を注いでゆきたい。

「生きること」へのまなざし

先週の授業の最後で、この世を生きてゆくエネルギー源は、誰にあっても唯一無二な存在たるこの身をもった自分を好きになることではないかと私は皆さんに呼びかけました。覚えているでしょうか。生命を刻んでゆくのは、他ならぬこの身と共にである日常にあって、一体全体私たちの身体の内部でどのような生命の営みが進行しているのか、皆さんはこれまで真剣に考えたことがあるでしょうか。今、このことをめぐって一つの驚くべき事実を皆さんに示したいと思います。まずは、私の話を聞いてください。

六〇兆個の細胞がつくりあげる、身体。それは、新陳代謝という生物学的なかたちをとりながら、刻一刻の死滅とひきかえに、その一刻一刻のあたらしい生誕へ、ふりかえられている。寸前の身体組織全体を一挙に失うそのことが同時に、あたらしい身体組織の獲得となる。・・・この死滅と生誕との、相互に矛盾しあうものどうしの同時進行現象としてしか、身体は、一瞬たりとも存在していない。*・・森羅万象はすべからく酸素燃焼運動。・・・存在できる（生きることができる）のは、**刻一刻に無くなっている（死んでいる）からであり、刻一刻に無くなること（死）が同時に存在すること（生）と、表裏する。**

（強調は稲瀬、『現代思想としてのギリシア哲学』）

魅惑的な文章ですね。皆さんはこれらのことば全体の醸し出す像をどのように頭に描いたでしょうか。この文章を書かれたのは哲学者の**古東哲明氏（1950〜）**です。古東先生ご自身が、身体の中で毎瞬、毎瞬起こっている摩訶不思議な現象にまなざしを向け、その現象を読者にそのままを伝えてゆこうとされている、深い思いを私は感じます。ぜひ、先に引用した文が載っている本全体、読んでほしいものです。**「在ること」へ驚愕**し、ヘラクレイトスを始め遠くギリシアの地に生きた哲学者たちの精神を現代に生き返らす試みを通して、「生」の神秘に直面してゆく自分の存在を感じれる読書体験となるに違いありません。

それにしても古東先生のことばにあった**新陳代謝という生命現象の働きは驚くべきこと**ですね。胃腸、心臓、肌、筋肉や肝臓、骨など部位によって細胞が入れ替わる周期は異なるとされていますが、身体全体では約3カ月で新しく生まれ変わるわけです。そして、そのメカニズムが生涯にわたって繰り返され、更新されてゆきつつ「いのち」の灯が、死に至るまで点され続けてゆくわけですね。この事実一つをとっても、生きるということは奇跡の連続としか言いようがありません。

この事実に深く思いを致し、今一度「生と死」の問題に話を戻したいと思います。古東先生も述べられているように、私たちの身体では、何と六〇兆個の細胞の中で、「生と死」が同時並行して進行していっている。「生と死」は一体のものとして明滅している。このことにまずは深く思いを馳せようではありませんか。こうやって学んでいる最中も、私の、そして皆さんの身体の中では一瞬も留まることなく刻一刻の死滅と誕生が起こっているという紛れもない現実。

しかるに精神の領域、こころの領域で起こっている現象はどうなのか。そして、バランスを考えれば、身体と同様、**精神内部も「生と死」が一体となった状態で生きてゆくのがベストではないのか、**という問いが生まれるのではないでしょうか。でも現実はどうか。今までのクリシュナムルティの学びを思い出してほしい。彼の偉大な功績の一つは、私たちの心の中で起こっている出来事を可能な限りその**あるがままに接近すべく言語化してゆくことに成功**したところにある、と私は思っています。クリシュナムルティの洞察はどう働いていたでしょう。彼は私たちの複雑極まりない精神の働きにいかなる光線を降り注いで、その姿を明るみにだしてくれていたでしょう。皆さん一人一人が、今この時、それぞれの頭に呼び起こし、それをじっと見つめてゆく時です。

どうでしょうか。いかなる光景が見えてきたでしょうか。・・・私たちは「生」の大半を、過去の伝統、様々な媒体から得た知識に引きずられながら、それは別言すれば心理的時間を持ちながら、欲望を起爆剤に、大切なエネルギーを使いつつ、思考の動きを生み出してゆく。直面してゆく生の現場に、過去そしてまだ見ぬ未来から応答してゆく動きが見えてくるのではないか。この事実をクリシュナムルティは圧倒的な「見」の力を発揮し、まるで目前で展開されているが如く見抜き、**私たちにも同様にそれを見なさい、気づきなさい、それが全てだよ、**と力強く思いを込めて届けてくれたのだと思います。これは生涯変わらぬクリシュナムルティの姿勢ではなかったかと思います。その姿勢から、私たちは日々生きて行く営みにおいて何が大切であるのか、を学ぶことができる。そしてそれは**今この時から実行してゆくことが可能な生きる技法**ではないのかと改めて思うのです。

クリシュナムルティは過去や未来からの反応ではなく、今に直面し、自分が応接しているものごと、人との関係の網の目状のしくみに**全的注意を向けてゆく**こと。安易に今の状況から逃避することなく、今にたたずんで、状況の全てを見尽くす中から、きっとその時の最善の道は見えてくる、との揺るぎない確信があった、と私は思います。このことは、それぞれの「生」へこれから立ち向かってゆく**若い皆さん**にとって、何よりの生きてゆく、**自己教育のヒント**になっているのではないでしょうか。

＊古東先生は**『ハイデガー＝存在神秘の哲学』**（講談社現代新書）の中で、在りて無き世の姿の具体的なものとして、音や雲にまなざしを向けてこう述べられている。「音はふしぎだ。在るやいなや、すでに無いからである。・・・音は現れては消え、消えては現れる。むしろ消えながら現れるというべきか、現れることで消えているというべきだろうか。」

「老いること」へのまなざし

次に、**私たちが直面していかなければならないこと。それは「老いること」。**皆さんと私では、このことの受け止め方は自ずと異なるのが自然でしょう。皆さんは、「老いること」を実感をもって捉えてゆくことは物理的に無理な状況の中にいます。でも、だからと言って、自分とは関係のないこと、と高をくくっているとも思えません。

もっとも、「老いること」はずっとずっと先の話。その時が近づいてきたら考えたらよいではないか、と内心私の話を聞きながら思っている人も少なからずいるでしょう。でも、そうではなく、人間の現象として自分の身にも必ずやってくるものと見据え、「老いること」にまつわる現象で、若かりし時を生きる身にあっても、共通するテーマが見え隠れしているのではないか、と探りを入れることは大切な生きる姿勢ではないでしょうか。

人の気持ちなど分かろうはずはないとは、根本のところで真実の響きがしますが、とりわけ若者と老人の間のギャップは、正直なところ埋めることが実に困難な部類のものでしょう。これから、不可逆的に老いてゆく道を歩んでゆかなければならない身の私にとって、関心の高いテーマは何か、と自らに問いを発するに、それは**「人間の孤独」**だ、とすぐさま応答が帰ってきます。

でも、同時に思うのです。これは何も老人に限定されるものではなく、人間という生き物にまつわる一種普遍的な生の有り様とも言えるのではないか、と。

評論家・**三浦雅士氏（1946～）**の近著**『孤独の発明』**（講談社）では、「孤独」という人間に特有のこころの現象に多角的に光が当てられています。その一節に次のようなことばがありました。

孤独は青春の系ではない。青春はしばしば孤独をともなうが、孤独は青春の属性ではあっても、青春は孤独の属性ではない。人は時代を超えて孤独とともにあり、年齢を超えて孤独とともにある。

含蓄のある三浦氏のことばではないですか。現在若い時代を生きる皆さんにとっても、この「孤独」ということにしっかりまなざしを向けてゆくこと。そのことが、引いては、やがて間違いなく訪れてくる自らの老人の時を心豊かに生きてゆくことにつながるものとなってくれるのではないか、と私には思えるのです。そのあたりに心を向けて、今、まさに老年を生きてゆく途上にある私と、若い皆さんとの間で意思疎通を図ってゆけたら、と心底願います。

さて、クリシュナムルティは「孤独」についていかなる「見」を発揮したのだろうか。ある白髪の、小柄な、齢七十五の婦人との対話の中で、「孤独」について取り上げていました。対談の相手である婦人には、すでに夫はいなく、子どもたちがいました。婦人が夫や子どもたちが傍にいた時から感じていたのは「孤独感」だったのです。そして、婦人は孤独感、孤立感をめぐってこうクリシュナムルティに告げました。

「私は、この孤立感とその恐怖から逃げ去るために全力を尽してみましたが、果たせませんでした。」
(『生と覚醒《めざめ》のコメンタリー4』)

これに対するクリシュナムルティの返答は、**「逃げ道を見出さなかったことが、あなたの救いかもしれない」**というものでした。クリシュナムルティと婦人との対話は、この婦人が逃げ道を結果的に見出すことなく今日に至っていることの**よさ**について、いっしょに調べてゆく作業に乗り出してゆく。そこで明らかにされていったことは、日常生活において、各人が、祖国の名、平和の名、あるいは神の名においてではあるが、自分自身の利害に専心し、それゆえ孤立化の過程が進行してゆくことであった。そして、クリシュナムルティは言います。「人はこの過程に、強烈な孤独、完全な孤立感の形で気づくようになる。・・・幸いにも、あなたはそうする（注・稲瀬：孤独感から逃げ去りたいとの思い）手段を見出せぬまま現在に至った。出口を見出さずにきたおかげで、あなたは今や、自分がそれらから逃げ去ろうとしてこられたものを見つめる立場におられるのだ。」（前掲書）と。

クリシュナムルティは、ここから「孤独」、「孤立」、「恐怖」、「切り離されている」といったことばが、婦人を襲う様々な感情を誘発してゆく様に言い及んでゆきます。そして、**「その感情に恐怖をもたらすのは、精神、思考なのではないだろうか?」**と、婦人に呼び掛けてゆくのです。

婦人は、この問いに「ええ、まさにその通りです。今この瞬間、私はそれがとてもよく分かります。」と応答しました。クリシュナムルティは、婦人が到達した地点は、ちょうどコブラを見るようなもの、と応じました。当意即妙なクリシュナムルティの巧みな比喩力がいかんなく発揮されている場面です。道で猛毒のコブラに遭遇した時、私たちは一挙にコブラの存在を見、即座の行動、すなわち身を守る行動にでるであろうことをここでクリシュナムルティは婦人にはっきりとした形でつかまそうとしていることが分かりますね。

コブラに遭遇した時の体験は、以後の同様のケースで活かされると同じように、孤独感や孤立感にさいなまれ、恐怖の感情に陥ることの元凶が「思考」作用にあることを見ることができれば、孤独感と思考との関係において、二度と思考の罠にかかることはないことに気づいてゆく婦人がそこにいました。

人はその感情を経て、見ることによりそれを超越したなら、次なる発見の旅に出てゆかなければならないとクリシュナムルティは告げてゆきます。改めて心の旅の果てしなさを感じます。そして、この印象深い婦人との対話の最後に持ち出した大切な人間の性質は、「この孤独、この孤立感ではない、**単独性**」であったのです。**他人に頼らない真の自立した個人として立つ＝単独性**の尊さに行き着いたと言えます。

この対話は、人生を送ってゆく時に必ずと言っても過言ではない「孤独感」への向き合いについて、ひとつのしっかりしたヒントを与えてくれているのではないでしょうか。それは老人、若人の区別を超越した世界であることを見ることが大切であると言えるのでしょう。

「病になること」へのまなざし

個的存在者として人生行路を歩む途上で、**直面しなければならない次なること。それは「病になること」。**クレヴィルが「一つの法則の下にうまれる＝病むべく創られる」と見た、人間の普遍的事実。ここにいる皆さんも、無論例外ではないでしょう。そして私も。

誕生から死に至るまでのいのちの営みの中にあって、病はどの時点で、どのような形で私たちを襲い、心身に影響を及ぼしてゆくのか。それは無論、一人一人別様であり、それぞれがその都度直面して、それを他者に転嫁することはできず、自ら引き受けてゆかなければならない事実が浮き彫りにされてきます。

「病」をめぐる基本的事実を見据え、なおかつ、それでも様相の異なる「病」ではあるが、「病」へのまなざしを向けてゆく上で、普遍的なものがすべての「病現象」にあるのではないか。そう私は問いたいのです。そのための探索のヒントとして、クリシュナムルティ自身の生と病との関係へまなざしを向けてゆきます。

クリシュナムルティとて不死身の身体でない以上、その生涯を通じて様々な病魔に襲われたことが伝記を読めば分かります。そして死に至る病は膵臓《すいぞう》癌であったことが明らかとなっております。しかし私がクリシュナムルティの生涯に思いを馳せる時、意識が向かう先はあの**一九二二年、二十七歳の時に起こった神秘体験。**彼の人生のターニングポイントとなった精神的体験と同時にその後何年にもわたって、ほとんど絶えることなく、鋭い痛みを頭と背骨に感じ続けたこと。彼が**「プロセス」**と呼ぶこの摩訶不思議な現象が、ずっとその時よりも穏やかになったとはいえ、**数十年にわたって続いていた事実。**クリシュナムルティに起こったこの事実をめぐっては、おそらく世界中の研究者を始め彼に関心を寄せる人々の間で喧々諤々《けんけんがくがく》の議論が戦わされていることでしょう。

この授業は、「プロセス」ということばで表現された内実が一体どのようなものであったのかをいろいろ詮索してゆくことにエネルギーをかけてゆく場ではないと考えています。ただ、**アリエル・サナト**という人物が著した**『クリシュナムルティとは誰だったのか』**（コスモス・ライブラリー）の中で、この「プロセス」について探究してゆくサナトの、純粋にその真相を掴まんとする知的正直さを疑うことはできません。ですから、皆さんにその一節を紹介しておきたいと思います。以下のことばは、先の本の最後の「解題：〈全体性〉を描く試みとして」の中で、この本の訳者の一人である大野純一氏がまとめて述べられているものです。

「・・・サナトによれば、このような根源的レベルでの意識変容が人類規模での出来事になるためには、その前にまず**人類の中の最低誰か一人に脳細胞レベルでの突然変異**が起こらなければならないのです。そして、その一人が実は**K**（注・稲瀬：クリシュナムルティ）だったのであり、主に彼の脳内で起こっていた、あるいは起こすべく試みられていたものとしてのそうした変異の全体が「プロセス」だったのです。・・・・あえて誤解を恐れずに言えば、**「脳内永久革命」**とでも称すべき出来事であったことが暗示されており、実際、それは程度の差こそあれ**頭痛その他を伴いつつ終生続いた、**K個人にとってはまさに**「受難」**でもあったのです。・・・」（強調は稲瀬、『クリシュナムルティは誰だったのか』）

ここで述べられていることは、おそらく皆さんの中の多くに驚きやら一種の怖さの感情を引き起こすかもしれない内容かも知れません。無論、「プロセス」なるものの正体が何であるかは、文字通り神のみぞ知る、それほどの謎に包まれたことであることは間違いありません。ただ、ここで私たちがクリシュナムルティの身に起こった「プロセス」に現段階でいかなるまなざしを向けてゆくのがよいのか。この点について、私は一つの方向性を出すことは可能ではないかと思います。それは、クリシュナムルティとて、**「プロセス」の発生及び進行を止めることはできなかった**こと。その「プロセス」なるものは、詳細に見れば身体的苦痛を生じる度合いは日に日に異なっていたであろうが、まがうことなく**長きにわたって身体的苦痛と共にあったこと。**あくまでもこの事実に留まってゆくこと、そこがまさに**自己教育の重要な場**となるところだと私は思うのです。

どうでしょうか。皆さん、私と共にクリシュナムルティの生涯と痛みへとまなざしを向けているでしょうか。私がこのことにまなざしを向けてみるに、見えてくるクリシュナムルティの像は、**頭と背骨を襲う痛みの到来を拒否することなく受け入れ、じっと耐え、それが過ぎ去ってゆくのを待つ姿勢**であります。無論、彼に生じたこの「プロセス」に伴う痛みをいわゆる常識化した範疇《はんちゅう》で、「病気」と見ることは明らかに的を外れていることでしょう。

しかしながら、長きにわたって身体的に痛みと共にある人生を送っていったクリシュナムルティの生涯であったことは、病気と人生の問題に一筋の光をあててくれているのではないかと私は思います。

皆さんもこれからの長い将来にわたって、「病」とそれに伴う痛みをすべてシャットアウトすることは難しいと覚悟を決めておいた方がよいのではないか。そして将来、様々な病気がわが身に降りかかり、苦しい状況に遭遇することとなっても**「逃避」に走ることなく病気と向き合う**という、クリシュナムルティの最大の教えの一つを実践し、自らが陥った病的事態のありのままをつかむことに全力を注いでゆく。その行為の中から、自分が生きてゆくために何が必要となるかを認識してゆく道が開かれてゆく。このような「見」を「病」に向けておくことで、将来のその時に備える底力と成り得るのではないでしょうか。

「死ぬこと」へのまなざし

誕生の際の女性の陣痛の苦しみ、母体から異界に生まれ出でることへの根源的苦しみ、そして生きてゆくことそのものに伴う苦しみ。その中でも程度の差はあれど避けることの難しい、病におかされることに伴う苦しみ、そして肉体の道行きとしての老化の苦しみときて、最後は言わずもがな**「死ぬこと」**へまなざしを向けなければなりません。否が応にも避けることのできない、つまり**例外なく直面してゆかなければ**

ばならない事象が「死ぬこと」。

物心ついた子どもでも、人は必ず死ぬことは頭では分かること。しかし、分かると言っても、「死ぬこと」は、すべてが他者の現象として見聞すること。「死ぬこと」以外の人間的事象は、体験なり経験なりすることでそれをまたこの世で活かしてゆくことが基本的に許される。だが、生身をもった一個の人間としての死が起これば、二度とその同じ身として甦ることは叶わぬ揺るぎない事実。死を前にして、意識をもった人間に暗雲がたちこめるように厚く被う恐怖の情感。死後の世界へあてどもない想像の翼を伸ばしながら彷徨《さまよ》う宿命か。古今東西、地上に生まれ、あまたのいのちに宿りし切なる思いの極北にあるものは、やはり「死」であるに違いない。「死とは何か」「死後の世界はあるのか」「肉体は滅んでも、霊魂は残るのか」等々、尽きることなき人間の思考が「死」に向き合ってきたと言えるでしょう。

ここで、クリシュナムルティの肉体としての死に目を転じてみたい。クリシュナムルティは、**カリフォルニアの地で、一九八六年二月十七日の真夜中をちょうど過ぎた頃に、メアリーを始め数名の人々に見守られつつ、眠りのうちに死にました。**

クリシュナムルティは講話や対談で「死」の問題をテーマに掲げて多くの発言をしていました。ただ、今日はその中から、「死」の数日前に掛かりつけの医師であった、ドイッチェ博士に語ったことを伝えたいと思います。

「**私は死ぬことを恐れてはいません。**なぜなら、**私はこれまでずっと死と共に生きてきた**からです。私はけっして記憶を引きずってきませんでした。」（強調は稲瀬、『クリシュナムルティの生と死』）

メアリーの伝記には、このことばが、死の真際にいたにもかかわらず、力を奮い起こして要約をあえてしてくれたとてつもなく感動的なものであった、と記されています。それだけに、この短いことばに凝縮された**クリシュナムルティの最後の教え**ともとれる魂の吐露に私たちは敬虔の念を抱いて受け止めることが大切ではないかと真底感じ入ります。

「自殺」へのまなざし

これまで人間が避けることのできない四苦である「生老病死」へ、クリシュナムルティの教えからのまなざしを向けて見てきました。この四苦は仏教の教えにおいても、人間が直面してゆかなければならないものとみなされてきました。

人はどんな人もいつまでも若くありたいと願っても肉体の衰えは避け難く年月の経過と共に年老いてゆき、やがて肉体としての終着駅である死を迎えねばならない。誕生から死に至る生をこの世に刻んでゆく中にあって、肉体的、精神的な様々な変容を遂げつつ、人は彩の異なる心の旅路をたどってゆきます。その旅路において、時に生きてゆこうとする心の灯が消失に向う危機が人を襲ってくることを否定できません。人間は、自らのいのちを自らが亡きものにしようとする＝自殺への衝動に向ってゆく生き物であることを、少なからざる数の自殺者の事実が物語っていると言えるでしょう。

自殺は、最も難しい人性上の問題であることは、皆さんも内心想像がつくものと思われます。皆さんは、これから未来に向けて心身ともに現在という時をエネルギッシュに刻んでゆかなければならない身。今の時点で、こころの旅路をたどる道中で直面することを完全に否定しきれない自殺の問題へどうまなざしを向けてゆけばよいのか、まさに**自己教育のヒント**としてもらうべく、三人の「自殺考」を、そして最後にクリシュナムルティのそれを紹介します。

まず始めは、哲学者・**渡邊二郎氏（1931-2008）**の、名著の誉れ高き**『自己を見つめる』**（放送大学叢書）の中に収められた「自殺考」の一節です。

いかに自暴自棄となろうとも、自殺は、許されない事柄であろう。なぜなら、それは、みずからに贈られた生を、あたかも自分一人で勝手に処理してよいと思う傲慢の現れだからである。プラトンが言ったように、私たちは、牧場に放たれた牧畜の群れであり、それを見守る牧人の許しなしに、勝手な振舞いをしてはならない生き物だと考えられる。私たちは、生を贈ってくれた存在の主が許可してくれるまで、生から解放されることは許されず、その最期の時まで生き続ける努力を重ねて、**みずからに託されたと信じられる人生の使命を果たし終えるまで、生きることに耐えねばならない。**・・・（強調は稲瀬）＊

続いては、評論家・三浦雅士氏に今一度登場願っての、氏の「自殺考」の一節です。

自殺とは全人類への死刑宣告。こんな世界はない方がいいということですから。だから、自殺を認めると、自分たちが滅亡してもいいと認めることになる。・・・（強調は稲瀬、愛媛新聞・平成三十年十一月七日朝刊掲載）

さらに、昨年亡くなられた女優・**樹木希林さん（1943-2018）**の「自殺考」です。

昔からの本を読むと　およそ　同じことを言っている／自殺した魂は　生きていた時の苦しみどころじゃ　ないそうだ／本当はどうかは　わからないけど／信用している／**私は弱い人間だから／自分で命を絶つことだけは／やめようと生きてきた**／こんな姿になったって／おもしろいじゃない

ＫＩＫＩ　ＫＩＬＩＮ　七十五才（withnews.jp 2018.8.18）

（強調は稲瀬）

以上、私が最近目にし、そのことばのもつ奥深さに感じ入った三人の方々の自殺へのまなざしを紹介しました。一度や二度読んでもその深い意味を感じ取ることが難しいことばがこの世には少なからずありますが、これらのことばもその中に入ることばだと思います。

最初の「自殺考」。生を贈り物として見る。このまなざしからあくまでも人間的労苦の世界をひたすら生き抜くことに私たち人間の生の意義を見ようとされる渡邉先生の深く熱い思いが表出された「自殺考」となっているのではないでしょうか。

そして、三浦雅士氏の最初の一行にまずは度肝を抜かれる思いが私はしました。自殺を主語として表出された一文による「自殺考」。これほどまでに短いことばが、それを聞いたものに様々な思索を生み出してゆく可能性を感じ取れる「自殺考」はそうはお目にかかれないのではないでしょうか。ことの本質を捉える眼力の凄さに感じ入りました。三浦氏の「自殺考」自体が、どうその日の対話者（フランス文学者の宇佐見英治氏）との間で展開されたかは知る由もないところではあります。しかし、この後に自殺を認めるわけにはいかないという理由として、自分たち自身の生存がかかっているという認識。切迫した人間の感情とそれに理性でもって必死に応戦してゆく必死の攻防を見る思いのする数行。ことばの生み出す力の凄さを改めて思い知らされる三浦氏の「自殺考」。

最後は御存知、今は亡き女優・樹木希林さんの「自殺考」。人生の年輪を重ねられると共に圧倒的な存在感をもって平成の世でその生を全うされた女優人生そのものから発せられた「自殺考」。**若者へのメッセージ**をとの要請に向き合われてのことば。含蓄のあることばとはこういうことばを言うのでしょう。

そして、クリシュナムルティの「自殺考」です。クリシュナムルティは自殺をめぐるある対話の中で、こう自らの考えを発しました。

本当は、自殺することが正しいかどうかと問うべきではないのです。希望をまったくもたない心の状態をもたらすものは何か、と問うべきなのです――もっとも「希望」も、未来を含蓄しているのでまちがった言葉ですが。むしろ、**「どのようにすれば時間のない生が訪れるのか」**と問うべきなのです。時間のない生とは、この無限の愛の感覚をもつことです。**・・・この愛を探究し、それと共に生きることが真の問題です。**自殺すべきか、するべきでないかという問題は、もうすでに死にかけている人のものです。**希望というのは最悪のものです。**「地獄へ入るときは希望は捨ててゆけ」と言ったのはダンテではなかったでしょうか。彼にとって天国とは希望だったのです――恐ろしいことに。（強調は稲瀬、『自己の変容』）

ちなみに、クリシュナムルティの右のことばを受けて、質問者（アラン・ノーデという名の人物）は、「ええ、希望をもつこと自体が地獄なのです。」と応えています。

皆さんのなかには、「アンチ・希望」の立場をとるクリシュナムルティのことばに戸惑いを感じている人も少なからずいることでしょう。希望は未来志向にあるこころの一つの状態をあらわすものとのクリシュナムルティの考えが示されているところでもあります。このことについては、次の社会的存在の生としての人間へのまなざしとして、「努力」の問題を扱うこととも関係のあるところです。そこで改めて時間の視点から生の問題を考えてゆくことへ根本的な疑義を呈するクリシュナムルティのまなざしを共に見てゆきたいと思います。

一連のノーデとの自殺をめぐる対話の中で、**クリシュナムルティはいかなる時も最高の感受性と至高の英知でもって生きてゆくことの大切さ**を述べています。クリシュナムルティの自殺へのまなざしは、「英知は自殺を認めるだろうか」との問いに結実してゆきますが、それはたとえ不治の病に罹った人に対しても何ら変わることはないのです。

クリシュナムルティを含めて、ここに紹介した四人の方々の「自殺考」が、すべての自殺者の、そしてありのままさに自殺へ向わんとする人間のこころのあるがままを見据えることが出来た上でのものであるとは到底思えません。しかしながら、ここに紹介したクリシュナムルティを始めとする自殺への真摯なまなざしは、それぞれの人が唯一無二の人生を過ごしてきた生のど真ん中から発せられた声であることは疑えません。

そして、生きている状況は違えど、最後まで自らの生の主人公は自分であり、**「自らの光になること」**の重要性に気づくことこそが、自殺への真の応答になるのではないか。クリシュナムルティを始めとする方々のことばからはそのことを強く感じ取れるのではないでしょうか。

＊痛ましいニュースが最近あった。父親が巨漢息子を殺害したというもの。父親は現在６７歳で無職、息子さんだけでなく、奥さんも統合失調症で、２人の介護で疲れ切っていたとのことであった。元日に「私これから死にます」と警察に通報してから一家心中をはかったとのこと。父親は、奥さんとともに一命を取り止めたようであるが、自殺に絡んで大きな難問を突きつけている。本当に与えられた生を全うすることは容易なことではないことをこの事件は改めて訴えている。

「常識」とともにある「生」

それでは、次に**社会的存在者**として生きる人間にまなざしを向けてゆきましょう。社会の中で、人々との関係を軸に、自然、もの、こととの複雑な関わりをもちながら生きているのが私たちの共通した日常生活ですね。その大切な毎日の生活を成り立たせてくれている力は何だろう、という問いを自らに発したことが、皆さんあるでしょうか。ぜひ、今この問いを自分に投げかけてみてください。どのような答えが返ってくるでしょうか。・・・私は、その力として**「常識力」**を第一にあげたいと思います。

私たちの生活を動かし、迫りくる課題に対処し、突破してゆく力となって働いているもの、それは「常識力」に違いありません。日々の生活の様々な場面にまなざしを向け、そこで働いている「常識力」の凄さを感じてほしい。歯は磨くもの、食事は三度摂る、大学の授業参加は皆勤を心掛ける、交通ルールを厳守する、大学生活においては専門に限らず幅広く読書に励む等々。無論上げればキリはなく、一瞬一瞬を何らかの行動に向いつつ時間の旅人の如く、時をわたってゆく身。この「常識力」を支えとし、やがて皆さんも社会に漕ぎ出せば、競争社会（企業社会）の大きな枠組みの中にあって、評価、測定、比較のある社会の真っ只中に漕ぎ出さなければならないのが偽らざる現実です。

前回の授業でも触れましたが、インド社会に巣立っていったリシ・ヴァレーの「クリシュナムルティ学校」の卒業生も厳しい比較社会の圧力にあらがうことがなかなかできない状況があったかと思います。予想以上に伝統の継承の中で長い年月を経過しつつ浸透していった「行動規範」といったものを鵜呑みにすることなく、新たな「行動への挑戦」を、単独で人知れず自分の生きる場で実践してゆくことは、殊の外難しいことが想像されます。

新しい社会へ、自分の生きる場から、「常識」の深みへ

しかし、今までよりも**自由の風の吹く、思いやりに満ちた善意の花が咲く新しい社会の建設**をどこから始めるのか。この問いは今の世の中に生きているすべての人間に、老若男女を問わず、真剣に応えてゆくことが求められているのではないかと私は思います。**この教育学の授業もささやかながらそんな熱い思いを胸に、やってきております。**

さて、ここで私たちが日常生活を送ってゆく際に、有形無形に大切なものと考えているであろう**「努力」という問題**に焦点を当ててみたいと思います。なぜなら、このテーマは何事も探究してゆく上でタブー視しないクリシュナムルティのクリシュナムルティたる所以《ゆえん》がはっきり現れ出ていると思うからです。そして、「努力」への彼の考察は、これに留まらず、私たちが日常生活において、行動に向ってゆく様々な起点

となる状態、そしてそこからの動きと行動を呼び起こし継続してゆくための必要不可欠なエネルギーの有り様全般に向って、より深いまなざしを向けるよう仮借なく要求してゆきいます。そのことは、いわば常識が支配する日常生活の新たな発見に人々をして向かわせる力となると私は確信しています。だからこの「努力」への真摯なまなざしを共に、今、向けてゆこうではありませんか。

「努力」の深層へ

さて、皆さんは、「努力」ということばで表された意味をこれまで生きてきた中でどのようなものとして捉えているでしょうか。考察の手順は、まずは**今この時の自分の「努力観」をあるがままに見つめる**ことにあろうかと思います。どうでしょうか。これまでの生活を振り返り、例えば高校時代に好きな部活動に仲間と互いに切磋琢磨しながら競技力向上を目指して、「努力」した日々のことが蘇った人も多いことでしょう。また受験勉強に必死に頑張った毎日を「努力した」日々として懐かしく思い出す人も多いことでしょう。そして日常見聞きする中にあっても、何気ない会話の中にあっても、様々なジャンルの本の中でも、「努力する」ことを称賛こそすれ、そのことの意味のマイナス面をえぐるようなことは通常はお目にかかれないのが実情ではないでしょうか。この状況は、端的に言って「努力する」ということの意味が、**現代社会の中で固定化され、そこに含まれているであろう新たな意味を見出す動きが強固な目に見えない圧力の下、閉ざされた状況にある、**ということを物語っているのではないか。

この事実に私は深く思いを馳せなければならないと思っています。と言いますのも、クリシュナムルティという稀有な眼力の持ち主が見抜く世界は、無限とも言えるものであり、硬い岩盤を打ち砕くドリルの如く、**人間の精神及び行動を支配する強固な「常識」の世界に大いなる風穴を開け、新しい精神及び行動へと人々を誘う可能性をもったもの**と私は感じるからなのです。

さて、クリシュナムルティが人間の精神及び行動の動きとして表れる「努力」に何を見たのか。非常に成功したある蓄財家がこれまでの家庭生活を通して、深い精神的な交わりをもつに至らなかったことの要因がどこにあるのか、このような思いを抱いてクリシュナムルティの元を訪れた時の対話が残されています。

（『生と覚醒《めざめ》のコメンタリー2』）

この対話は「努力」がメインテーマとなりました。訪問客の悩みとは？　彼は、クリシュナムルティの「あなたは、努力によって何を意味しておいでだろうか？」の問いに、「何かを目ざして励むことをです。私は、金銭や地位を目ざして努力してきました。そして私は両方とも手に入れたのです。私はまた、幸福な家庭生活を営むために努力してきたのですが、しかしこれはあまり成功しませんでした。それで今、私は何かもっと深いものを求めてもがいているのです。」

このことばを受け、以後クリシュナムルティとこの蓄財家との間で問答が展開されてゆきます。クリシュナムルティは、「努力」の本質を次のように看破してゆきます。

「知識、経験、能力、美徳、所有物、権力、等々の蓄積過程である。それは**果てしないなりゆく過程、拡大、成長過程**である。目的をめざす努力は、それがするに値するものであれ、しないものであれ、**常に葛藤を生み出さねばならない。葛藤は敵意であり、対立、抵抗である。**」

クリシュナムルティの発言のポイントは、「努力すること」は必然的に葛藤―敵意、対立、抵抗―を精神内部に生み出す。＊　そしてそれは一個の人間の問題にとどまらず、必然的に人間の行動を通して社会に葛藤状態が広がってゆく姿として描かれてゆきます。

ここまでのところで、話を聞いてくれている皆さんのこころの中は、正直混乱とまではゆかなくとも、さざなみが立っているかもしれません。無理もないことです。この一連のクリシュナムルティのことばは、皆さんの築いてきた**「努力」をめぐる常識に大きな揺さぶりをかけている**からに他ならないからです。でも、ここで大切なことは何もクリシュナムルティは皆さんを混乱の海に沈めようと悪意を抱いてのことではないということです。クリシュナムルティは「努力」という人間の行為を表面的な見栄えのする面からではなく、その行為が継続してゆく中で、何が人の精神内部で起こり、人にとって生きてゆく上で最重要なエネルギーがどのような状態になるのか、その成り行きを全的に見てゆくところにありました。そしてその結果、常識力が見逃してしまっている「努力」のもつマイナス的性質を暴き出すこと、そしてそのことに目を向けることの待ったなしの重要性を指摘しているのだと思います。

ただ、クリシュナムルティは物質レベルでの「努力」、つまり適切な衣食住を獲得すべく努力してゆっくことの大切さについて言及していたことをここで押さえておきたいと思います。

さらに、「努力」をめぐる彼のことばをこれとは違った場面で述べているところに聴き入ろうと思います。クリシュナムルティは言います。「**…努力が存在するのは、心理的な矛盾があるとき**だけです。すなわち、『現にあるもの』に対して『あるべきもの』、対立するものがあるときであること…それが矛盾です。『現にあるもの』は『あるべきもの』になろうとします。暴力は非暴力になろうとします…ここに矛盾があり、それゆえ、ちがうものになろうと努力、奮闘が生じます。」（『スタンフォードの人生観が変わる特別講義』）

そして「努力」をめぐるクリシュナムルティのまなざしの核になることばに行き着きます。それは、**「精**

神は『現にあるもの』にどう対処すればいいのか知らないため、それに対立するもの、『あるべきもの』を考えだすのです。」と。

さあ、皆さんこれからの展開はどうなるのか、自分で考えてみてください。「現にあるもの」に対処する方法を知ることができれば、「努力」ということばで通常、「常識」の世界でほとんどその意義に懐疑的な目を向けない精神状態及び行動とは全く異質の精神状態及び行動を生み出すことが可能である、とのクリシュナムルティの洞察が示されているところなのですね。

さらに彼のことばに聴き入りましょう。上手い比喩で努力と意志の関係に探りを入れつつ、「努力とは歪めることであり、意志の一部です。意志が歪めるのです。しかし、私たちにとって意志と努力は、パンとバターのようなものです。私たちは、それによって育てられます。試験ではあの少年よりもいい成績を取らなければいけない、というわけです。そして、そのような育て方のなかには、たいへんな災いと悲惨さがあります。ですから、〈現にあるも〉を見て、**何も選ぶことなく**それに気づくことで、精神は、対立するものの矛盾から自由になります。」（強調は原文、前掲書）

さて、先の蓄財家との対話は、クリシュナムルティの「努力」の本質を射抜いての強い語感を伴う確言として示されてゆきます。**「・・・あらゆる逃避、あらゆる蓄積、あろう、あるまいとする一切の努力は終わらねばならない。」**（『生と覚醒《めざめ》のコメンタリー2』）

ここまでの一連の彼のことばを、皆さんはどのように読んだでしょうか。ここでクリシュナムルティが蓄財家に、そして聴衆に求めていることは彼が話すことばを入り口とする「努力」という行為のあるがままの世界への、それぞれのエネルギーをかけた「見」と一体化した「生」を生きてゆくことそのものではなかろうかと思うのです。少し油断すれば**思考の動きを作動させ、「あるがまま」の状態から「あるべき」状態へと逃避**してゆくことで、**葛藤の世界へ奥深く**入ってゆくこと**そのものを見る**こと、このことが**常識化した「努力」の世界とは異質のエネルギーの充満した世界を生み出す**ことに繋がること。あとはバトンは私たちに渡されているわけで、**どう日常生活で実践してゆくか**ということでしょう。

「努力」をめぐってこれまで共に見てきましたが、「あるがまま」から「あるべき」へ逃避してゆこうとする心性を、見ることのできる心理的事象はこの他にも少なからずあるのではないか。ここをぜひとも、皆さんに一つの応用問題として、しっかり見つめていってもらいたいと切に願います。

少しばかり例を挙げれば、既に考察していた中にも出てきましたが、「意志」の問題、「理想」の問題、「目的・目標」の問題、「選択」の問題、「希望」の問題等々・・・。ここでそれぞれの事項について詳しく考察してゆくことはできかねます。ここからは皆さんの頭で、こころで、全身で、日常生活の中で、通常全面的プラス価値として常識化して見聞されているこれらの問題に、可能な限り皆さん自身がもっている「見」の力を最大限発揮し、まだ見ぬそれぞれの世界の真相・深層を見ていってもらいたいと心底思います。

その作業は一見孤独の内に行われてゆかなければならない行為かもしれません。でもその作業＝徹底した「見」は、**真の「単独性」＝ただひとりあること＝何ものにも影響をうけない、何ものにも干渉されない精神の自由**をもたらす上で不可欠の取り組みではないかと思うのです。それが、これまでクリシュナムルティを長きにわたって共に学んできた学びから日々の実践への、最も大事なところの一つであると信じます。

＊今は亡き臨床心理学者**河合隼雄氏（1928-2007）**はクリシュナムルティの「ものごとは努力によって解決しない」ということばがお気に入りだったとのこと。「努力によってものごとは解決しない、と知って、

一切の努力を放棄して平静でいられる人は、これは素晴らしくて、何の言うこともない。・・・しかし、われわれ凡人は、努力を放棄して平静でなど居られない。・・・解決などというのは、しょせん、あちらから来るものだから、そんなことを『目標』にせずに、せいぜい努力でもさせて頂くというのがいいようである。」河合氏一流の、洒脱な中にもことの本質を看破した含蓄のある文章である。（強調は稲瀬、『こころの処方箋』）

ことばにとらわれるな、ものごとの本質直観へ

ただ、ここで注意してもらいたいことがあるのです。それは端的に言って、**「ことばにとらわれるな」**ということ。そして、日々生きてゆく中で直面するものごとの本質を全的につかむべく直観力を養うことが大事。「努力」という人間にとって重要な心得や行動への、クリシュナムルティの教えからの異なるアプローチを、今、見てきました。クリシュナムルティの教えからはアンチ「努力」を掲げているように感じている人も多いことでしょう。でも、ことはそれほど簡単ではありません。要は、**「努力」ということばをどのような文脈**で、**どのような意味**で使っているか、**どこに本意**があるか、そこをしっかり見抜かなければ、クリシュナムルティの教えの大事な部分を見失いかねません。

ここで一人の援軍を登場願いましょう。その人とは、明治の文豪にして、第一回文化勲章受章者であった**幸田露伴**です。彼には**『努力論』**（岩波文庫）という、大傑作があります。「努力」という人間的事象をあらゆる角度から照射し、これでもかこれでもかと飽くなき探究の成果を一冊の本に結実させているものです。文語体で決して読みやすくはないですが、皆さんのような若者にこそ、ぜひ一読をすすめます。紹介し

たいことはたくさんあるのですが、今日は一つだけ、皆さんに考えてもらいたい幸田露伴の努力観の一節がありますこころを空しくして読んでみてください。

「**努力している、**もしくは**努力せんとしている、**ということを**忘れていて、**我がなせることが**おのずからなる努力**であってほしい」（強調は稲瀬）

どうでしょうか。この短い一文の中に使われた「努力」ということばに注目してください。最初と二番目の「努力」と三番目（最後）の「努力」のことばの意味はいっしょではないと思われます。この文からは、幸田露伴の理想とする行動の有り様（行動の本質）は、**おのずからなる「努力」**というもの、つまり**ことにあたって生き生きとエネルギッシュに心身一体となって働いている**意味で「努力」という漢字が使われているると解するのが正当であると思います。

努力している、努力せんとしているとは、こころの中で思考が働いている状態を意味し、クリシュナムルティの教えで学んだように、その状態は「あるがままの状態」から「あるべき状態」へ逃避してゆこうとしている状態。この状態を忘れていて、とここで幸田露伴は言っているわけでして、幸田露伴はこころの状態は、まさにこのような二元を想定してない状態にある。これを称して「忘れていて」ということばに託したのだ、と思われます。

ちまたでは、幸田露伴は理想主義者と称されますが、ものごとの本質をつかまんとしてゆく姿勢の中にかいまみえるこういった繊細な考察の中に、人間の多面性が露見しているケースとして心に刻んでおきたいところです。

ここからは、皆さん自身の想像の翼を逞しく羽ばたかすところです。先ほど例示しましたように、「意志」、「理想」、「目的・目標」、「選択」、「希望」等の問題についても、今「努力」の問題について見てきたことと同じような事情があるということ。つまり、それぞれのことばが意味するところの奥にある**共通した質＝未来志向**というところに固定した形で、それぞれのことばが意味する全体像をつかむのは早計であり、危険であるということ。要は、**その時、その時の行動に向かってゆく人間に内在するエネルギーの充実度（浪費されてないかどうか＝クリシュナムルティの教えの核をなすところ）を冷静に見つめてゆくことが求められる**ことを忘れないでほしいと思います。

天地（自然）存在者として生きる人間へのまなざし

これまで、「生老病死」を中心に、避けられない苦しみと直面して生きてゆかなければならない人間の個的存在者としての生。そして人、もの、こととの関係を通してその生を営んでゆかなければならない人間の社会的存在者としての生。この二つの側面に、**常識化した視線とは異質のまなざしを向けてゆくクリシュナムルティの「見」の在り処**を共に見てきました。そして、クレヴィルのあの詩の結びを成す「・・・自然の意味とは、そも何か」とのことばに込められた思いをしっかりうけとる作業のところまでたどりつきました。クリシュナムルティは自然と人間の関係をどう見たか。ことばを変えれば、森羅万象の中の人間の生をどう見たか。この問いに向いたい。

思えば、クリシュナムルティは長い対話人生を通して、人間の生を成り立たせている自然という広大無辺な、目くらむような在るものの魅惑的世界に驚嘆の念でもって接していたことが、彼の実際の声、著作から私たちは十二分に伺い知ることができます。例えば、皆さんはこれまでも授業の中で引用してきました『生と覚醒《めざめ》のコメンタリー』を手にとって読んでみれば、すぐさま合点がゆくことでしょう。

「あるがまま」の現実をエネルギッシュに見つめてゆくこと、このことは私たちもその一員である大自然、森羅万象の世界へこそ向けられなければならないのだということを、クリシュナムルティはその生涯を通じて時に厳しくも慈愛の気持で、様々な機会を掴んで示してくれたと思います。**私たちは、自分の生きる場の周りの動物を、植物を、山を、川を、海をどれほど見つめているのか。**

人間の生そのものを人類規模で危うくさせている状況が明らかとなってきている中、今こそクリシュナムルティの教えの中心である「あるがまま」の自然へのまなざしを向けてゆくことから「真の共生の世」づくりを、始めなければならないと思うのです。

一生をつらぬく「自己教育」の核心――「死と共にある生」の実践

これまで、個的存在者、社会的存在者、天地（自然）存在者の三相からそれぞれの人間が生きてゆく過程で直面してゆかなければならない主要な事項を取り上げ、クリシュナムルティの教えから照らし出される、一生をつらぬく自己教育のヒントを探る試みをしてきました。

ここで、皆さんには私たちそれぞれが日々、時々刻々生きている現実の世界そのものにまなざしを向けてもらいたいと思います。冷静に観察し、思いをめぐらせば、現実はこれら三つの相が複雑に関係を持ちながら重層的に私たちの生を成り立たせていることに気づくことでしょう。今という瞬間も、ここに集まってくれている受講生の皆さんは、個的にいのちのメカニズムによって生き永らえつつ、大勢の受講生仲間と学びの共同体の中にあります。そして同時に、私たちの「生」の営みはいのちを息づかせる環境の保護があって始めて可能であること。これらの事実に深く思いを致すとき、私たちは、「生」が関係をもつすべてのもの・ことに気づいてゆくこと。ことばを換えるなら「生」を全体的に捉えてゆく視座、すなわち**ホリスティックな視座**に立ってみてゆくことが大切になることがわかるのではないでしょうか。

さて、これまで十三回にわたって、クリシュナムルティの人生とその教えを**鏡**とし、そこに映し出されているであろう**自分自身を見つめてゆくこと＝自己教育しつつ自己変容を遂げてゆく**ことのヒントを得るべく、学んできました。

今日までの学びの一つの区切りとして、「クリシュナムルティの教えの真髄の中の真髄」をあらわしているのではないかと私が思っていることばを今日の授業の最後に、紹介したいと思います。

日々死ぬこと、あらゆるものに対して、数多くの昨日に対して、そしてたった今過ぎ去った瞬間に対して死ぬことが、いかに必要であることか！　死なくしては、再生はない、死なくしては、創造はない。（中略）死における以外には、この連続性からの解放はない。死ぬことに、喜びがある。この、すがすがしい、晴れた、新しい朝は、昨日の光と闇から自由である。あの鳥のさえずりは初めて聞かれ、そしてその子供たちの叫び声は、昨日のそれではない。（中略）精神が記憶の自動的な機械であるかぎり、それは、休息も、静謐（せいひつ）も、沈黙も知らない。（中略）静謐であるところのものは生まれ変わりうるが、しかし不断の活動のうちにあるものは、すり減ってしまい、そして無用である。汲めども

尽きぬ源泉は終わることのうちにあり、そして**死は、生と同じほど身近にある。**　クリシュナムルティ
（強調は稲瀬、『クリシュナムルティの会会報・第5号【追悼特集】』）

今日の授業は、全体的に重苦しい雰囲気が漂っていたのではないかと思います。でも、人生四苦八苦から立ち上がってゆく、これは時代を超え、国を超えた人間の生きる真実だと思います。そして、人生途上で遭遇する様々な苦しみに対しては、耐えに耐え抜くことが必要不可欠な「生きる技法」ではないかと思います。本日の授業の最後に当たり、若者である皆さんへのエールの意味を込めて、私の好きな詩の一節を贈ります。

「耐えよ、耐えよ／青空の中に耐えよ！／沈黙のどの原子も／成熟への機会だ！」
（ヴァレリー作『椰子』より）
（強調は稲瀬）

次週はいよいよ最終回となります。皆さんは今生きている学生時代から未来に向けて歩んでゆかなければなりません。最終回は、「それぞれの、善き『生』へ―『あなたが、世界である』からの出発」のテーマでやってゆきたいと思っています。皆さん一人一人が、それぞれの、善き「生」へと踏み出してゆくべく、背中をそっと押したい。最終回は、**どうしても最後に伝えたいことにしぼって、そんな気持を込めてことばを紡いでゆきたい**と思っています。では、また来週、この教室で会いましょう。

第十四回　それぞれの、善き「生」へ
―「あなたが、世界である」からの出発―

それぞれの、善き「生」へ

いよいよ教育学Ⅱの授業も今日が最終回となりました。本授業は、**「二十世紀の哲人・クリシュナムルティの人生・教えを鏡として」**と題して、学びを通して、**私たちの生涯をつらぬく自己教育のヒント**を得てゆくことをねらいとして、共に取り組んできました。現代を生きる私たち、とりわけ明日の日本を担ってゆく若者である受講生の皆さん、それぞれが自分自身の善き「生」をこの時代、この日本という国、グローバル化した世界の中で築いてゆくためのヒントとすべく、クリシュナムルティの人生・教えをなすことばの数々に傾聴してきました。

思えば、**「善く生きる」**という命題は今に始まったものではなく、遠く哲学の発祥の地と言われる古代ギリシアの地に生きた哲人・ソクラテスの時代より**「人間とは何か」**の問いと共に、この地上で目指すべき人間共通の最大の関心事であったと言えるでしょう。クリシュナムルティもまた、その生涯を賭けて、「人々をして、絶対的に、無条件に自由にさせる」という意味の先に、「善く生きる」人間の姿を思い描いていたのではないかと私は思います。

その「善く生きる」という人類共通の命題は、遠く理想の世界にあるわけではなく、私たちが生きる日常世界で日々実践してゆかなければならないこと。一回一回の授業が、クリシュナムルティの金言中の金言である**「あなたが、世界である」**ということばに含まれた意味をどこまでも深く、広く探ってゆく場だということを、皆さんが心底感じてくれれば嬉しく思います。

最後の授業に当たって、この短いことばに込められた意味を今一度より具体的に考察し、明日から、いや今日からの皆さん一人一人の、**「善き生」への、現在から未来へ向けての限りない「自己教育」のヒント**をつかんでもらうべく、これから最後のことばを紡いでいきたいと思います。

問うことの力

本時の授業のスタートにあたって、私はふと脳裏をよぎることがあるのです。クリシュナムルティの半世紀を超える対話人生にあって、世界の各地で、その都度彼から人々に投げかけられた「問い」が一体どれくらいあっただろうか、という思いです。膨大な「問い」を起点として、ありとあらゆる事象にわたって人々と共にその本質を見抜かんと、はたまたそれぞれの事象間の連関をつかまんと日常言語でもって無限にことばを紡いでいったクリシュナムルティ。問いから事象の本質へ、そして事象間の連関へ、更に新たな問いへ。・・・どの対話、講話、対談も一つのものが終わるときには、全体を通して大きな円となって一つの小宇宙がそこに現れ出ている。そんな光景を、私たちはクリシュナムルティの語りの世界からはどこからもうかがい知ることができるのです。

さて、ここで「問うということ」の本質をめぐるとっておきの文章を紹介します。哲学者のことばですので、決して優しくはありませんが、読めば読むほど味わいのあることばであることがわかってくると思います。大学生である皆さんは、このようなことばにも慣れてもらいたいものです。

ことばの主は、二十世紀フランスを代表する哲学者の一人と称された**モーリス・メルロ＝ポンティ（1908-1961）**です。彼はこう述べています。

・・・何ものかを思念する独自の仕方であり、どんな言表や「答え」も原理的にそれを乗り超えることのできないいわば**知としての問い**（question-savoir）であって、したがっておそらくはわれわれの〈存在〉との関係に固有な叙法であり、まるで〈存在〉がわれわれのさまざまな問いの無言のあるいは寡黙な話し相手でもあるかのようなのだ、と。（強調はポンティ、メルロ＝ポンティ『見えるものと見えないもの』）

長い一文ですが、この文全体の主語は**「疑問文とは」**なのです。**私たちの「存在」の意味を探る果てしない問いの形＝疑問文が人間に与えられていること。**ものごとの何たるか、人間の生の何たるかを無限に問うてきた人類史にしばし思いを馳せてみましょう。この「問う」形式としての疑問文がもしもなかったならば・・・人類史はまったく様相を異にするものとなっていたのではないか。

そう思わせてくれるメルロ＝ポンティの疑問文への思いではないか。クリシュナムルティもまた、人間固有の叙法（稲瀬註：人間特有の表現方法）である「問うこと」を縦横無尽に駆使しつつ、「存在」との無限のかつその都度真新しい関係を探ってゆく試みを人々の前で、そして人々と共に生涯実践していったのではないかと思います。

さて、クリシュナムルティはその生涯そしてその教えを通して、「あなたが、世界である」ということばにいかなる意味を込めていったのか、クリシュナムルティの「生」にとって、最重要な行為である**「見ること」**、そして「見ること」が向かっていった最大の対象である心的世界の中でうごめく**「思考」という人間特有の考える営み。**これらは、無論、私たちにも共通するテーマであることに思いを馳せ、クリシュナムルティの「生」そしてその教えの軸をなす二つ**「見ること」**、**「思考」**をこれまでの学びを思い起こしつつ、**より実践的な方向**で捉えて、二つの人間的事象へのまなざしが切り拓く世界をより**具体的に**明らかにしてゆきたいと思います。

子どもたち、鶴見俊輔のことばを重く受け止めて

私の愛読書である鶴見俊輔氏の『教育再定義への試み』のことは、すでに前回の授業の中で触れておりますが、最後の授業にあたり、かみしめておきたいことばがあります。それは、「教師が教師であることによって、尊敬されるべきだと考えている教師は、教育をになう条件を現代では失っている。親が親であることによって、尊敬されなくてはならないという考えも、現代では考えなおす必要がある」と述べておられること。これは、次のような中学生との対話の中で出されたことばを受けて吐露されたものなのです。

近頃、一三歳、一四歳の中学生と一三回つづけて会って話をする機会があり、そこで生徒の出した教師への注文は、**教師が自分をふくめての問題を出してこない**という点にあった。親についてもそうで、

親が子どもをふくめての自分として、人生の問題を問うことがないということを、とてもはっきりと、なげかけてきた。（強調は稲瀬）

鶴見俊輔氏は、子どもたちのこのことばを真摯に受けて、**「生徒の前に、自分自身をもっと前に出す方法を考えたらどうだろう」**と、現代に生きる教師や親に真剣に呼びかけておられます。

私自身、子どもたち、そして鶴見俊輔氏のことばは、これからの教育現場、家庭での子どもたち、生徒、学生との関係において最も大切なことをズバリと指摘してもらっているのではないかと改めて鶴見俊輔氏の事の本質をつかむ眼力の凄さに敬意を表してきました。

私もささやかながら、これら子どもたち、そして敬愛する鶴見俊輔氏のことばを真剣に受け止め、最終回である本時の授業では、「見ること」、「思考」という大きな軸となるテーマにわたって、**パーソナルなこと、私自身の個人的なこと**も交えながらことばを紡いでゆきたい、と覚悟を決めました。でも、個人的と言いましたが、そのことはきっと**私以外の皆さんにもどこかでつながるもの**であると思います。なぜなら**人間に関すること**であるからです。その思いで、ぜひとも自分に関わるとの意識を向けて共に聴き、考えていってもらいたいと思います。

「見ること」をめぐって

「見ること」をめぐっては、二十世紀後半に及んで、国の内外を問わず学問の世界においても重大な関心が寄せられました。第二次世界大戦という未曾有の惨劇の後、どうやって新しい世界、戦争のない平和の世界を生み出してゆくか。その問いに真っ正面から応えてゆくには、「人間とは何か」を根本から問わざるを得ない状況に人類は立たされたのだと思います。

その中から、大きな学問の潮流をなす形で生まれてきたのが、ヨーロッパから産声をあげた**「現象学」**という学問だったのです。その旗手として活躍したのがオーストリアの哲学者である**エトムント・フッサール（1859-1938）**でした。そのフッサールが「見ること」をいかに重要視していたか、哲学者の渡邊二郎先生の著書で次のように紹介されています。

「見る」と言っても、フッサールは、感覚器官としての**眼で「感性的」に見るということを言ったのではなく、**むしろ、**事柄の「本質」をいわば「精神的な眼差し」で「洞察」する**ということを、とりわけ強調しようとしたのである。（強調は稲瀬、渡邊二郎『はじめて学ぶ哲学』）。

これは学問の世界の話ですが、見ることは私たちが生きてゆく上で、必要な情報を感覚的に取り入れることのできる肉眼を通した働きとして、最も基本的な日常的行為であろうかと思います。そして、クリシュナムルティにあっては、「見ること」の世界が、肉眼の捉える世界から始まり、どこまでも限りなく拡がり、深まりゆく世界のものであることを雄弁な語りを通して私たちに示し続けてくれました。彼の「見ること」の世界を覗いてみましょう。

山々や雲を見る人々のなんと少ないことだろう。・・・いかなる知識も持っていない目で、夕陽の当たる非常に美しい頂を、〈見る〉ことは、すでにそれを何千回も見たことがあるにもかかわらず、新しいものの誕生を見ることに他ならなかった。**衝撃をもたらすのは事実を「見ること」である。**・・・**「見ること」は爆発的なもの**であり、合理的に判断したり、計算できるものではない。・・・「見ること」、理解をしばしば妨げるのは恐怖である。・・・事実を見ることは、観念や思考の活動とは完全に異なった、それ独自の活動をもたらす。観念や思考による活動は争いを生む。その活動はそこで、形式や観念との近似、比較になり、これが争いをもたらす。（強調は稲瀬、前掲書、『クリシュナムルティの神秘体験』）

これは、ほんの一葉にもならない、彼の「見ること」へのまなざしの一端です。しかし、この短いながらも「見ること」をめぐるクリシュナムルティのことばの中に、はっきりと彼の教えの核心が現れ出ていると思います。私にとって、彼の「見ること」の世界への参入の息づく姿は、初期のクリシュナムルティの世界との出会いの中で、まずもってその**肉眼の力**の凄まじさに恐れ入ったことを昨日のことのように思い起こします。既に「見る人」としてのクリシュナムルティの像的描写力の凄さについては第六回の授業で触れておりました。具体的には、これまでの授業の中でも折に触れ述べてきました、**その自然描写力の繊細さ**です。そして、**共時的に生きているものたち全体を見、**すべてを把握し、それをできうる限りのことば力でもって描写してゆく。この姿に、出会った当時よりずっと打ちのめされ続けたと言っても過言ではありません。

「見ること」をめぐるクリシュナムルティの教えの意義に深く共感し、その世界の素晴らしさに感じ入っていた私でしたが、それと共に、自分の中で言い知れぬ**寂寥感**のようなものがじわりじわりと拡がっていきました。それは、**私の眼に関すること**であったのです。私自身いわゆる色弱（詳しくは赤緑色弱）であることを知った小学校以来、自分は色の世界へ正当に入ってゆくことのできない身であることが名状しがたい疎外感となっていたことは否めません。その結果、無意識のうちに、自分の見ている世界はどこか本当の世界ではないのだ、という一種の固定観念を形成して青年期を迎えるに至っていたと思われます。これは、クリシュナムルティ言うところの**条件づけ**が、私がものを見てゆく際の心の構えとして形成されていったと言えるのではないかと思います。

そして、色の世界の欠損を、別のことで補ってゆこうと、私の場合は一回目の授業の中でも少し述べていたと思いますが、音楽の世界、とりわけ**クラシックの世界へと耽溺《たんでき》**していきました。でもお陰様で、その甲斐あって、多感な青春時代に西洋音楽の粋と目されていたクラシック音楽の素晴らしさを感じ取る貴重な経験をすることとなりました。

そして、音楽への傾倒と共に、私が没入していったのが**読書の世界**でした。その中で小林秀雄氏を始めとする人々が、人生にとって美的世界への向き合いがいかに重要であるかを本の中で述べていることに触れる機会も少なからずありました。そのことにより、やはり美的世界、見る世界の問題は、人間にとって抜き差しならぬ問題なのだ、という認識を自分の中で抱えつつ生きていたのが私の大学生から二十代の頃のことではなかったかと思います。例えば、**小林秀雄氏の名作**の一つである**『私の人生観』**（大和出版所収）に、次のような一節があります。

諸君はまだ一っぺんも海や薔薇をほんとうに見た事もないのだ、と断言しているはずなのであります。・・・諸君の眼の前にある絵は実際には、諸君の知覚の**根本的革命**を迫っているのである。・・・

知覚から概念に飛び上がろうとする同じ**意志の力**が、逆に**知覚の中にどこまでも**入り込み、およそ知覚するものは**何一つ捨てまい、**いや進んでこれを出来るだけ**拡大**してみようという道はありはしないか。・・・」（強調は稲瀬）

クリシュナムルティと小林秀雄氏の「見ること」をめぐることばからは両者の共通性を伺い知ることができますね。それと同時に、彼らのことばは、いわゆる正常な色覚の持ち主と私のような色弱の者とではおそらく受け止め方が正直異なるものがあろうかとも思うのです。

「それは確かにそうでしょうよ、クリシュナムルティさん、小林さん。でも私の様な境遇にある者（色弱）にとってはあなた方のことばは厳しいものですよ」と当時一人下宿で、悶々としながら内的対話をしていたものでした。自分の中には、色覚正常＝あるべき姿、色覚異常＝あるがまま（色覚で欠損したものがある私）の二項対立、クリシュナムルティ言うところの。すなわち「あるがまま」と「あるべき」世界の狭間で落ち着くことのできない精神状態、これを称して葛藤状態というのでしょう。その頃の私はまさにその状態でした。

ここで、皆さんに思いを馳せてもらいたい大事なことがあります。それは、**ことばのもつ宿命**として、ある人間から放たれたことばは、特に読書の世界、本の世界においては、**どのような人にも同じような意味合いで、同じような感覚で届けられることはほとんど不可能である**ということです。

先ほど、クリシュナムルティ、小林秀雄氏のことばが色覚異常の私にとってどう響いたかを一つの事例として考えてもらえれば分かると思います。改めて、ことばは生き物として、それを受け取る人間に様々な影響を与えることは皆さん、首肯できるでしょう。ことばは喜びの源にもなるし、時に人をどん底に落とす無慈悲なピストルにもなり得る。そんなことばの生態に気づいておくことは、心の安定を保つ上で、大事な処方箋だと思えます。

ただ、これはここでは余談ですが、この時期の葛藤状態が悪化して精神的・身体的に変調をきたすところまで至らなかったのは、**あるがままを受け入れることから生きるエネルギーが満ちてくるのを待つ**ことを基本的な生きる技法とする**森田療法**（註・稲瀬：**森田正馬［1874-1938］**によって創始された心理療法）に出会ったことが大きかったのではないかと思います。しかも、自分の中で誰の助けも借りることなく、とにかく自らに起こった心の問題は、**自らが解決してゆくのだとの覚悟**があったのが功を奏したと思っています。

それから色覚に関して、学生時代から二十代後半にかけて、私には苦い挫折経験がありました。それは当時ちょっとした社会問題にもなった色盲治療（東京にあるW会というところが実施）に私も臨んだのでした。細かなことは忘れましたが、両目の周辺部分に電気パルスをかけてゆくものでした。他人の治療効果が実際に上がったかどうかは自分で確認したわけではありませんが、私個人については何の効果も上がりませんでした。色盲色弱は現代の医学では、治療できないものとされていた中で、疑心暗鬼状態の中、正常な色覚への強烈な憧れの気持の方が勝ち、ずるずると断続的ながら約十年にもわたりいわゆる治療行為なるものを受けたわけです。

でも、負け惜しみではありませんが、長い時間は経過しましたが、色覚治療の挫折体験を通して、クリシュナムルティの教えの中枢を担う、「あるがまま」から「あるべき」への逃避の実態を、**私自身の身をもっ**

て体験することができたことは、私にとって何にも代えがたい経験をしたと心底思っています。

そして、「見ること」をめぐっては、想像を絶する生の技法でもって人生を力強く開拓していった実在の人間がいたことを、読書を通して知るに及んで、大きな衝撃を受けることになりました。その人物とは、**ヘレン・ケラー**その人でした。彼女こそは、私の「見る」観に大きな変化をもたらしてくれたのです。

ヘレン・ケラーについては既に以前の授業で触れています。盲聾唖という三重苦にあって、サリヴァン先生の献身的な援助のお陰もあって、ついに**「ものには名前がある」**という一つの偉大な発見に至ったヘレン・ケラー。肉眼の世界では不可能なことでも、**こころの眼、精神の眼**でもって捉えることができることを見事に実証して見せた彼女の生涯が、いかに多くの眼そして、ひいては耳そのほかのハンディに悩む人々の生きる励ましになったことか。ヘレン・ケラーを通して、私は**「見ること」の世界の深さ、広さに実感的に思いを馳せることができるようになった**のではないかと今にして思います。

そして、クリシュナムルティの教えの幹にあたる〈見ること〉は、より事実に沿えば、**「観ること」**の表記を与えたほうが良いとも思われます。なぜなら、私たちが日々、時々刻々生きてゆくことそのものが森羅万象との応接する世界であること。つまり、時間の経過と共に、あるときは見ることに全力をあげ、またあるときは聞くことに全力をあげ、さらにあるときは触れることに全力をあげ等々。トータルとして**全感覚器官を絶えず活性化状態**にしつつ、生きてゆく中で遭遇する世界に直面してゆくこと。この**直面力を磨いてゆくこと**こそが、クリシュナムルティの教えの中枢にあったものだと言えるでしょう。ただ、授業の中では、表記上「見る」の一般に流布している用語を使用してゆきます。

「いじめ」現象を見るとはどういうことなのか—中井久夫の試みに学ぶ

「見ること」がどんなに深く果てし無いものであるのか、その体験をクリシュナムルティのことばをてがかりに自分自身が実際に日々の生活の中で実験してみること。特に若い皆さん方に求められることではないかと思います。

例えば、今教育の世界で喫緊の問題としてクローズアップされている**「いじめ」の問題。**このことに、皆さんしばしの問意識を向けてもらいたいと思います。この「いじめ」というゆゆしき現象。現象であるからには私たちの前で展開されているものと思われますが、どうしてどうしてこの現象をあるがままに、その全体像をつかむことは、実はとても難しいのです。

そのあるがままのいじめの全体像をつかまんと、鋭い透徹したまなざしを向けた人こそは、日本を代表する精神科医にしてエッセイスト、名だたる翻訳家でもあり数カ国語をあやつる語学の天才でもあられる**中井久夫（1934〜）**でした。近年刊行された氏の全集の推薦文には、数々の精神科医、学者の方々から口々に中井久夫氏と同時代に生きることの幸せを感じるとの声が発せられる稀有な人物でもあられます。その中井久夫氏が、**自らのいじめられた体験**をバックに、いじめられている子どもたちに第一に読んでもらいたいとの切なる思いで書かれた本が、**『いじめのある世界に生きる君たちへ—いじめられっ子だった精神科医の贈る言葉』**（中央公論新社）なのです。このような本は、実際に手にとって自分のこころでじっくり読んでゆくにまさることはありません。ただ、今日は折角の機会なので、**あるがままをつかむことがいかに難しく辛抱、忍耐のいることであるのか、**その一端を感じ取ってもらいたい。そんな思いで、この本のポイントをなす、**いじめの三段階論**に焦点化し、いじめが抜き差しならぬ状態になってゆくプロセス＝**人間**

奴隷化のプロセスを共に見てゆきたいと思います。

さて、皆さんは、いじめは三段階を経て深刻化してゆく、と聞いてどのような状態を想像するでしょうか。それこそは、今現在のあなたの「いじめ観」と言えるものです。ぜひ、思いを馳せてみてください。幼稚園・保育園、小学校以来今日に至る長きにわたった公教育期間にあって、おそらく身近なところでいじめはあったでしょう。ひょっとしてその当事者になった経験をもった人も少なからずいるかも知れません。そのもろもろの経験を思い起こし、**いじめの本質にある質的変化**をどう見るか、ここを今私は問うています。重ねて言います。三段階論とは？・・・・

中井久夫氏は、**「孤立化」**↓**「無力化」**↓**「透明化」**という誠に巧妙な息詰まるような三段階を経て、いじめの**人間奴隷化のプロセスは完成してゆく**とされました。ここがこの本の心臓部、そして**中井久夫氏が見たいじめのあるがまま**なのです。それでは、中井久夫氏による「いじめ考」を見てゆきましょう。

資料の**（スタート）**から**（ゴール）**に至る↓の流れに注目してもらいたい。これは必ずしも時系列に沿って並べているわけではありません。でも、「孤立化」↓「無力化」↓「透明化」の三段階を経て人間を奴隷化してゆくプロセスの基軸となる現象（あらわれ）を丁寧にたどってゆく**中井久夫氏の「見る力」の凄さ**を感じてほしいのです。それでは（スタート）地点に立ってそれぞれのことばが描き出す光景を見尽くしてゆきましょう。そして（ゴール）にたどり着いた時、この旅路、すなわちいじめという現象が全体としていかなる色合いのものとして描き出されてゆくか。・・・

【資料を読む】

〈孤立化〉

（スタート）いじめのターゲットとするひとを孤立化させる作戦の実行↓「いじめられるのは、いじめられるだけの理由がある」というPR作戦の実行（身体の特徴や癖、根拠のないけがれ、顔の善し悪し等）↓周囲の人の差別感情をくすぐる↓PR作戦は周りの大人をも、へたをすると先生をもまきこむ。「そういえば、○○にはそんなところがあるよなぁ」↓加害者には千万の味方を得た思い、傍観者には傍観の許しを↓被害者も「自分はいじめられてもしかたない」という気持ちにだんだんと↓その思いはしだいに外観へ表れる↓そのことが更に加害者と傍観者を勇気づける↓先生でさえ、家庭にあなたのお子さんの欠点を○○と書くかも知れない↓子どもはより家庭でも孤立しやすく↓被害者はしだいに**「警戒的超覚醒状態」**といわれる自律神経系、内分泌系、免疫系という身体の大事なしくみがおかしくなる↓ぴりぴり、おどおど、きょろきょろし、顔色青ざめ、脂汗↓周りは被害者から遠のく↓被害者は周りに対し、ゆとりある反応ができなくなる↓被害者は気をゆるめることができない↓加害者は攻撃点を自由に↓攻撃の焦点も場所も時間も自由に↓PRしたい時は大勢の前、相手を屈服させるためには相手が一人の時を選ぶ↓**「孤立化作戦」**＝〔被害者がいつ、どこにいても孤立無援であることを実感させる作戦〕の**完成**↓とはいえ、この段階では、被害者はまだ精神的に屈服してなく、ひそかに反撃体勢に転じるかも知れず、加害者はまだ枕を高くしていられない↓加害者はどう動くか。相手を無力化すること、これが次なるステップ。

〈無力化〉

「無力化」作戦の基本＝被害者に**「反撃は一切無効だ」**と教え、被害者を**観念させる**こと↓被害者が反撃に出れば、加害者は過剰な暴力で罰する↓被害者に誰も味方にならないことを繰り返し味わわす↓時に「お前、心の中で反抗したいと思っただろう、そのはずだ」と言いがかりをつけ、罰する↓加害者は何でもお見通しと誇示し、被害者は加害者が他者の心を見透かす能力があると信じ込まされる↓被害者は加害者との関係で劣等意識が強化され、次第に飼い慣らされてゆく↓いじめを大人に訴えることはきつく罰せられる↓「大人に話すことは卑怯だ」「醜いことだ」↓この加害者側の価値観が被害者側の価値観にも↓大人がいじめに有効な介入をしないことが実に多い（事実）↓被害者のSOSが受けとられる確率は、太平洋の真ん中の漂流者の信号がキャッチされるよりも高くはない↓この時期、加害者にとっても大きな山場↓加害者も方法を間違えば、逆にいじめられっ子に転落の危機↓手段として最もひどい暴力行使に出る可能性↓加害者は先生などの大人と子どもの世界両方の世論を気にする↓でも孤立化作戦が完成した今は、世論に気をもむこともそれほどではない↓無力化の始めに暴力をしっかりふるえば、あとは暴力をちらつかせるのみ↓**相手は進んで自発的に隷従の道へ**↓権力者はより被害妄想的に↓フロムの名言「自由の重みに人は耐えられず、自由を放棄し他人に従属する傾向がある」↓しかし、それは従属の入口までの話で、そこを過ぎれば「しまった、こんなはずではなかった」と後悔する↓**たいてい手遅れ**↓一部は加害者の手下、「こんなはずではなかった」と思い続ける。

〈透明化〉

いじめは次第に透明化へ↓人間にある「選択的非注意」状態の顕現＝（例）街を歩いている私たちに繁華街のホームレスが「見えない」、善良なドイツ人に強制収容所が「見えなかった」↓目前のいじめも自然の一部か風景の一部にしか、あるいは全く見えなくなる↓責任ある大人達も様々な言い訳を用意＝（例）「子どもの世界のことに口をはさまない」「自分もいじめられて大人になった」「あいつは覇気がないからだ」等々↓この時期の透明化作戦により、いじめが大変見づらくなる↓被害者は孤立無援、反撃も脱出もできない無力な自分にほとほと嫌気がさす↓自分の誇りを自分でほりくずしてゆく↓被害者の世界の矮小化《わいしょうか》↓リアルなのは加害者との関係のみ、周りの大人や級友達はとても遠い存在に↓空間は、加害者の存在感でみちている。↓要するに、海外旅行にいこうが、加害者は**〝その場にいる〟**↓時間的にも、加害者との関係は永久に続くかのよう↓エリクソンの言**「子どもにとって二週間は永遠に等しい」**↓被害者にとって時間への思いは地獄の苦しみ↓いじめのない日はまるで神のめぐみ感覚↓めぐみは加害者からのありがたい贈り物↓加害者との関係が唯一、加害者の表情・しぐさへの過敏な反応↓加害者の機嫌一つで運命が決まるような毎日↓加害者は被害者が今日のいじめの程度がわからないようにしむける↓被害者の知性の攪乱《かくらん》、自己への信頼喪失↓加害者の巧みな被害者操作＝場合によっては被害者を別のいじめの加害者にしたてる↓被害者の「自分は被害者だ」という最後の拠り所さえ剥奪《はくだつ》される↓被害者の眼は笑わず、ダイナミックな心の揺らぎもない↓この段階では、自らがいじめられていることを激しく否定する↓家族へも怒りのあまり暴力行為へ↓自分のことは自分で始末をつけるという最後のイニシアティブの感覚を失い、大人に明け渡す↓**この最後のパワーをむざむざ明け渡す何とも言えない喪失感**はぜひとも理解しなければならないもの↓「透明化作戦」の中で行われる「搾取」のいろいろ↓多額の金銭の搾取、家から盗み出すか万引き行為＝罪を犯す↓非常な自尊心の喪失↓**「孤立化」や「無力化」はここで本当の意味で完成**↓加害者のひどい仕打ちが被害者を打ちのめす＝調達金品の浪費、燃やしたり捨てたり↓被害者の懸命の行為も加害者にとってはゼロみたいなもの↓被害者の感情＝加害者は巨大で被害者である自分はちっぽけな存在であることが骨身にしみる↓加害者からの**無理難題**も必死にやろうとする自分に気づく↓ほとほと自分が嫌になる↓大人の世界であればこの状況は警察沙汰になる↓子どもについての法律では、加害者は大人のように罪に問えない↓**子どもの世界＝「出口なし」の暴力社会**↓「出口なし」感は、絶対に出ることのできない**絶滅収容所＝壁は透明だが、眼に見える鉄条網よりも強固（ゴール）**〔前掲書、引用・参照〕

皆さん、（ゴール）地点までたどり着いたでしょうか。いじめという人間関係の最も劣悪な状態に陥った心的・肉体的状況。容易にその姿の全貌を見出しにくいものに、中井久夫氏は繊細この上ないまなざしを向け、その時間的経過と共に、変わりゆく加害者、被害者、周りの人々をめぐる人間関係の実態を描き出してゆくパワーの凄さ。いじめの現象をまるごと掴む、まるごと見るという試み。それは、**（スタート）から（ゴール）までの細やかな場面場面を見続けてゆく行為の連なり**によってはじめて、**「いじめの正体」を見た**ということが言える。換言すれば、この取り組みを通して、**事象をあるがままに見ることがいかに忍耐、エネルギーが必要であるのか、**でも**必要不可欠な行為**であることか。このことを中井久夫氏の「いじめ考」、「いじめ見」〉は雄弁に物語っているのではないでしょうか。

中井久夫の「いじめ考」の最中で働いていたであろう、気づきの力

ここで皆さんに、さらに思いを馳せてもらいたいことがあります。それは、先のように、それぞれの場面の実相をつかみつついじめの完成に向かう姿を見抜いてゆく時に、中井久夫氏には**継続的に最高度の注意力、気づく力**が働いていたに違いない。ここが私たちのそれぞれの**〈人生〉の豊かさにも通ずる生の技法**

と言えるものではないかと私は思うのです。そして、この気づきの力、全的注意力こそは、他ならぬクリシュナムルティが最も大切にしてきた日々の、時々刻々の人間の営みであったことを思い起こそうではありませんか。

ここで、注意力の大切さに気づかせてくれる印象深い事例を一つ取り上げてみましょう。これは先週授業で紹介した**幸田露伴の『努力論』**の中の、**注意散漫**に関わるものです。

> たとえば今数学の問題を考えて居て、ａだのｂだの、ｍだのｎだの、ｘだのｙだのというものを捏《こ》ね返して居るかと思うと、眼の方向はなおそのａｂｍｎなどの文字を書いた紙上に対して居ながら、また手にはそれらの文字を書くための鉛筆を把《と》って居ながら、心は何時か昨日見た活動写真の映画の様を思うようになってしまって、そしてその映じ出された美人の舞態の婆娑婀娜《ばさあだ》たる状などを思うと同時に、それからそれへとその一段の画の変化して行く筋道を辿《たど》って、終にその美人に尾行して付けつ廻わしつする一痴漢が、小川の橋を渡り損じて水に落つる滑稽の、・・・・オヤ、自分は今其《そ》んな事を想って居るはずではなかった、数学を学んで居たのだったと心づいて、そして急に復《ふた》び、ａプラスｂ括弧《かっこ》の三乗は、などと・・・・・

微に入り細に入る御当人の注意散漫の様子は一向に収まることを知らず、戸外で狗《いぬ》の吠える声を聞くに及んで、今度は狩りの世界へ心は浮遊してゆく。そして、またまた我に返り、数学をやり出す。・・・・

幸田露伴によって鮮やかに描写された注意散漫の状態。皆さんの意識は、今、注意散漫という、いわゆる気が散る状態を思い描いているでしょう。この状態は、自分が今向き合っていることに、直面していない状態といえますね。ここで一つ問いが生まれるのではないでしょうか。**人が物事に向き合っている時の精神状態にはいかなる質的な違いがあるのか、**という問いです。どうでしょう。・・・今触れた注意散漫の状態。当然思考はその対極にある状態を言い当てようとしますね。クリシュナムルティは、注意力が働いている状態にある質的な違いを、**「集中」、「気づき」、「注意=全的注意」**ということばに託して、見ようとしました。クリシュナムルティの「見」の繊細さ、エネルギーの密度の違いが明らかになっているところだと思います。

クリシュナムルティは、見る現場で起こる「生」の状態の違いを表す、「注意散漫」、「集中」、「気づき」、「注意=全的注意」の関係を次のように見抜きました。

注意散漫　＜集中　＜気づき　＜全的注意　※（上記の表記は、下に行くほど物事に直面する力が充溢している状態にあると、クリシュナムルティはみなしています。［前掲書、『ブッダとクリシュナムルティ』他で］

私が表したこの簡単な図式について合点がゆくでしょうか。「注意散漫」から「気づき」までのところは理解は容易ではないかと思われます。ただ、「気づき」と「注意=全的注意」との間にどのような差があるのか、と訝っている人もいるのではないでしょうか。確かに二つの異なることばで表記された人間の心身が統一した状態で物事に直面してゆく際に、どう異なる状態にあるのか。なかなかの難所ではないかと思います。

このことについて、『ブッダとクリシュナムルティ』所収の、クリシュナムルティとインドの知識人達とのある対談の中で取り上げられた際には、両者（「気づき」と「全的注意」）の間の**質的相違**を、クリシュナムルティは次のようなことばで表現していました。

〈クリシュナムルティの見解〉

「気づき」には選択はなく、ただ気づいているだけ。選択が気づきに入り込む、その瞬間に、「気づき」はなくなる。ここでいう選択は、測定であり、そこには比較、区別などが働いています。だから「気づき」は選択がなく、ただ気づいているだけ。そして、**「気づき」の中には、**中心、あなたが気づく**起点となる中心**があるのではないか、と幾人かの対談者に問う。

「全的注意」は、気づきよりもっと深いプロセスであり、まったく違った性質のもの。クリシュナムルティは、**「全的注意」は、耳、目、身体、神経、精神と心のすべてが、愛情、愛、慈しみの感覚にある状態**をさすと指摘しました。そして、最大限に注意がある状態（「全的注意」）は、何の性質も**何の中心もなく、**そして中心がないので、境界もない。

それは実際の事実（actuality）であるが、この時の対話者に向ってその状態はあなたには想像できないだけだと付け加えました。さらに、クリシュナムルティは「全的注意」の状態に対話者をいざなうかのように、実際に「悲しみに対して完全な注意を向けてみてほしい」とことばを発してゆきます。ここでも**クリシュナムルティの変わらぬ対話の黄金律＝逃げ道を断ち、目前の事態に直面させるべく、対話者に「やってみてください、どうぞ、実行してみてください」**と、ことばの段階に留まることを厳しく拒否します。

この対話でも色濃く表れていますが、対談者がいかなる素性の者であっても、たとえ有名な学者であろうが、ことばの枠を突破できない状態にあると気づけば、容赦ない鉄槌を下す。これがクリシュナムルティの**対話の論法**でありました。だから簡単に、真理について**いけしゃーしゃー**と口走る対談者に対しては、**「私はそんなものは知らない」**と決然と言い放ち、対話者にことばにからめとられることへ絶えず警鐘を鳴らしていったのです。

とかく**「集中」**と**「気づき」**、**「注意＝全的注意」は、同心円状にある類似した意味空間を示すことば**として受け止められやすい。このいわば**常識化した物の見方を完全に打ち砕く新たな意味の地平を明かす**形となっていることに、皆さん、それこそ気づいてくれたでしょうか。

少々、この日の対話の話の内容に深入りしてしまいました。私の言いたいことは、「生」の根本をなす**見る世界、気づきの世界には無限の質的相違がある。**＊i 私たちは、自分に与えられた所与の心身統一体としてのパワーを最大限発揮してゆく、換言すれば「見」の力をどこまでも磨いてゆく。このことに全力投入してゆくことが大事であることに、共に気づくことこそがクリシュナムルティの教えから受け取る大きな贈り物の一つではないでしょうか。

クリシュナムルティは、こうやって一つ一つの人間的事象から始まり、森羅万象へと、その世界の新しい意味、新しい相貌《すがた》を見せ続けてくれました。ここに私たち後に続く世代への大きな贈り物の所在があったのではないかと私は思うのです。＊ii

＊i 『ブッダとクリシュナムルティ』所収の、インドの知識人達との対話の中では、「気づき」と「全的注意」との質的差異について、本文の中で見たようにかなり明確な違いがある旨述べている。ただ、「気づき」ということばをここでいう「全的注意」状態の意味で使っている場合も様々な著作の中で散見できる。要は、ことばが発せられた時の文脈、語感という二つの軸を見失うことなく、慎重にことばの質を見極める必要があるということ。因みに次の「気づき」に関する記述は、「全的注意」と置き換えても何の不都合はないと思われる。

「・・・気づきは、**あるがまま**についての、沈黙のうちのかつ無選択の観察である。この気づきの中で問題はおのずから明らかになり、かくしてそれは十分かつ完全に理解されるのである。」

（強調は原文、『生と覚醒のコメンタリー1』所収）

＊ii 「見る世界」の豊穣さに思いを馳せる時、いつも思い起こされるのが仏教で言うところの五眼の教えである。仏教では、一般的に以下のように、真理を認識する能力を、眼になぞらえて5種に整理したもの。肉眼《にくげん》・天眼《てんげん》・慧眼《えげん》・法眼《ほうげん》・仏眼《ぶつげん》。

「見ること＝観ること」の深みへ

心身統一体として日々生きてゆくその「生」の状況には個人差は歴然としてあります。でも、違いに必要以上に目が行くというのは、そこに必ず**比較の心性**が働いている。そのことがどんなに人の精神を、心を蝕むことになるのか、クリシュナムルティの教えの中心にある指摘でもありました。私自身、人生行路を歩んできた中で、「見ること」に関しては、先に述べたような変化を心的にもたらしてくれました。そして、私と同じような境遇にいて、今、悩んでいる人に、人生の先輩として読書からいただいた贈り物のことばを、一つ私から贈らせていただきます。

ことばの贈り物の主は哲学者の**大森荘蔵氏（1921-1997）**です。

世界の姿もまた百面相であらわれる。小石一つとってもその姿は私のそれを見る角度や距離、お天気具合やまわりの事物によって無限に変化する。そのどの姿も等しく真実の姿であり、その中から何か一つの姿を、これこそ真実だ、と特権的に抜き出すことはできない。そのとき**私の眼に故障があると小石はいびつな形の姿に見える**だろう。しかしそのいびつな小石の姿もまた真実であってにせ物ではない。正常な眼に見えるまろやかな小石の姿と、故障のある眼に見える歪んだ姿との間には**何の真偽の別もない。その小石は健全な眼にはまろやかに、悪い眼には歪んで見える、そういう小石なのである。**（強調は稲瀬、大森荘蔵『流れとよどみ―哲学断章―』）

ことばには様々な機能がありますが、これら一連のことばを通して、ここには認識の光を得て、「はっと、気づく」ことにより、悩みの暗雲が晴れてこれまで見たことのない光景を見てゆく方向へ進み出る力となっていると私は強く感じています。右の大森先生のことばの中の、「私の眼に故障がある」を「色覚に異常がある」と読み替えればどうなるでしょうか。眼の前の小石の見え方は、極端に言えば千差万別で、どの人の見え方が正常であり本物である、というわけではないのだ、ということになるわけですね。ものを見ることをめぐる人間同士の差異にまつわる本質は、右の大森先生のことばの中に結実しているのではないでしょうか。このことばに今から十数年前に偶然出会い、その時に沸き起こった何とも言えない感懐。その時、神様が私にこの本と出会うように仕向けてくれたのではないか、と本当に思ったものでした。「読書の醍醐味ここにあり！」でした。

欠損箇所に意識が向かう方向を、所与の機能拡大に転じてゆく。そして何よりもヘレン・ケラーが証明してくれた**精神の視力のもつ無限の可能性に人間力の真の源を見出してゆく。**そこに本当の「見ること」の意義があるのではないでしょうか。クリシュナムルティも小林秀雄もきっと私のこのことばに深く同意してくれるでしょう。

現代において、クリシュナムルティが持つ最大の意義の一つとは

では、続いて「見ること」と共に本時のもう一つの大テーマである**「思考」**について、共に取り組んでゆきたいと思います。「見ること」がその総力を挙げて時々刻々人生の時の経過と共に、そのまなざしをそそいでゆかなければならない最大の対象、それが私たちのこころの世界にうごめく「思考」現象そのものでありました。

さて、クリシュナムルティ人生最後の講話は、メアリーの伝記によると、**一九八六年一月四日、ヴァサンタ・ヴィハーラ（インド）**で行われました。半世紀を超える長きにわたった公開講話の最後を締めくくることばは、次のようなものでした。

創造とは最も神聖な何かです。それは生の中で最も神聖なものであり、ですからもしあなたが自分の

人生を滅茶苦茶にしていたら、それを変えなさい。それを今日変えなさい。明日ではなく。もしあなたが不確かなら、それがなぜなのかを見出し、**確か**であるようにしなさい。もしあなたの思考が真直ぐでないなら、真直ぐに、論理的に考えるようにしなさい。そうしたすべてが整理され、片づけられないかぎり、あなたはこの創造の世界に入ることはできないのです。

これで終わりです。［これら二つの言葉 It ends はほとんど聴き取れず、語られたというよりはむしろ吐き出されている。それらはカセット上でかろうじて聞くことができる。それらは聴衆には聞こえなかったであろう。］（強調はメアリー、前掲書、『クリシュナムルティの生と死』）

「創造と思考」をめぐる公開講話最後のことば。改めて、「思考」が終生クリシュナムルティにとっての最大の関心の的であったか、感慨深いものがあります。クリシュナムルティがその生涯を賭けて見続けた事象であった「思考」。「思考」問題については、クリシュナムルティの教えの真髄を学んでいった過去の授業の中で、光を当て、見、そして考察を施してきました。

「思考」という人間的事象へのまなざしは、言うに及ばずクリシュナムルティの教えの一丁目一番地にあるものであり、「すべての人々をして、無条件に完全に自由にする」という一大目標達成に向けた取り組みの中核をになったのが、**「思考」現象の正体をあばくこと**にあったかと思います。尋常ならざるエネルギーを傾けて「思考の正体」を白日の下にした結果、技術的、科学的領域への「思考」の貢献については、正当に評価する一方、クリシュナムルティの多年にわたる考察の真骨頂は、その**暗の部分の解明**にありました。

心理的領域に「思考」が介入してゆくことへのまなざしから始まり、あまた生まれる思考現象がどのような事態を引き起こしているか。その結果、イメージ化を顕著な特色としつつ、精神を、こころを**条件づけ**してゆくメカニズムを解明していった功績は大なるものがあったと思います。

そして、膨大な人生の時を賭けた「思考」現象へのまなざしの言語的累積の、人間が長い歴史を通して使用してきた最も馴染みのある道具が、**避けがたく限界のあるものであること、「思考」段階に留まるかぎり、人は断片化の道をたどり続けるだろう、**言い換えれば、互いを傷つけあうことなく、共にこの世を生きてゆくために連帯することはないだろうということを明らかにしてくれたのではないか、と思います。

「思考」現象を飽くことなく見続け、それをその都度言語化し、世界中の老若男女を問わないあまたの人々と共にそのあるがままの実態に気づいてゆく行為の膨大な累積の事実は、人類史上極めて稀な出来事であると言えるでしょう。そして、その事実が、一体、**私たちの常識化した「思考」観にいかなる修正・変容を促しているのか。**このことを、本授業の最終回において、今一度真剣に皆さん、一人一人が自らに問い、応答してもらいたいのです。

私の現在のこの問いへの応答は端的に言って、**「思考そのものの価値の相対化」**をもたらしたのではないかというものです。ことばを変えれば、「思考」すること、そして思考がもたらす価値を高く高く評価してゆく現代世界の重い空気を打ち破るに足る、新しい「思考観」を切り拓いてくれた。それが**現代においてクリシュナムルティが持つ最も大きな意義の一つ**ではないかと思うのです。 *i

ところで、この圧倒的な生の取り組みを通して実証してくれた「思考」の価値の相対化を、全世界を舞台にして、語ってゆくクリシュナムルティの堂々たる姿そのものが、私個人にとってはまさに**天啓**でありました。 *ii

人間が生きてゆくことと、日々考えてゆく行為がどのような関係にあるか、そのあるがままの姿を白日の下にさらすべく透徹したまなざしを向け続けていったクリシュナムルティ。とりわけ「思考」を重用する社会の現実にあって、思考の階段を登ってゆくことによる能力の開発は利己性の強い社会を生み出してゆく磁場を形成しかねない状況の中で、**クリシュナムルティの存在、そしてそこから湧き出る魂のことばは、私にはこの数十年の間、人間の生と思考との新たな関係への一筋の光となってくれ続けたと思います。**

それと言うのも、私は現在三十一歳の、重度知的障害者として、この世を生きてゆかなければならない運命を背負わされた一人息子と共にある生を生きているからです。息子の「生」を毎日身近で見ていると、生活の場面場面で物事を認識し、適切に行動をし、それを時々刻々つないでゆくことがいかに大変なことであるかに気づかされます。息子の「生」を通して、思考することが人間の「生」にとってどんなに重要なことであるかを痛感する一方、息子の人間としての存在は、「思考」という現象とは異次元にあるものでもあることを日々感じている自分がいることも紛れもない事実です。

「息子が生きている」、「この世に在る」という絶対的事実の持つ意味は、ものごとを考えてゆく力の優劣の方向とは次元の異なるところにあるのではないか。クリシュナムルティが半世紀を超え、「人間の生」と共に生起する「思考現象」へ尋常ならざるエネルギーを傾けて探究して明らかにしてくれたことは、世の常識化した「思考」への偏重に警鐘を鳴らす役割を持って、現代人の前に迫っているのではないかと思われます。

「危機」の時代に突入していると言われる現下の日本にあって、今後、「人間の生」と「思考」との関係をどう見てゆけばよいのか、一人一人に真摯な取り組みが求められてくるのではないかと私は思います。幸い、私の息子の場合は、家族環境、地域の環境などに恵まれ、大事にその「生」を育んでくることができました。しかしながら、日本全体、世界全体に目を向ければ、事態は安穏と構えてはならない出来事が起こっているのも事実です。そのことについて、次により具体的な事例を取り上げて、皆さんと共に考察を深めてゆきたいと思います。

*i　クリシュナムルティの主著の一つである、『クリシュナムルティの神秘体験』の中で記す氏の「能力観」と同じベクトルが**思考**へも向けられていると思う。氏は言う。「・・・**能力や才能は明らかに有害である**。というのもそれは**自己中心的な態度を強化**するからである。それは断片的であるため、争いを生み出す。・・・能力は自尊心、羨望を生み出し、それを満足させることだけが唯一の関心事となり、その結果、混乱、敵意、悲しみがもたらされる。それは生の全的な自覚の中でのみ意味を持つ。」（強調は稲瀬）

*ii　このことに関連して私が思い起こす人物が、昭和の坂本龍馬の異名をとった**小田実氏（1932-2007）**である。氏の**「人間古今東西皆チョボチョボや」**のことばは有名である。偉そうなことをいっても、人間皆チョボチョボ（大差ない。五十歩百歩）だ、という人間観が益々大切な世になってきているのではないかと思う。（強調は稲瀬）

相模原障害者殺傷事件に思う―クリシュナムルティの教えから

教育学Ⅱの最後のテーマは、これまでの学びを総合し、今から約二年半前に起こった、戦後最大にして最悪の殺傷事件である**相模原障害者殺傷事件（以後相模原事件）**に向き合い、**ここで問わなければならないことは何なのか、**そこにまっすぐ降りてゆきたいと思います。

そして、**事件と私たちとの関係**を共に探る試みをしてゆきたいと思います。その試みがどこまで深くゆくことができるかが、**クリシュナムルティについてのこれまでの学びが本物であったかどうかを問われる、**と私は考えています。引き続いてエネルギッシュに共に学びを進めてゆきましょう。

相模原事件への人々のまなざしへ向けて

戦後最大にして、最悪の殺傷事件と呼ばれる相模原事件。この事件をめぐっては様々な人々がそれぞれの意見を述べています。まず初めに、評論家の村瀬学氏のこの事件へのまなざしを紹介してみようかと思います。村瀬学氏は、**「『君たちはどう生きるか』に異論あり！」**（言視舎）の中で、この事件に次のように言及されています。

この事件は、二〇一六年七月二十六日、神奈川県立の知的障害者福祉施設「津久井やまゆり園」に、元施設職員のA（二十六歳）が侵入し、刃物で入所者十九人を刺殺し、入所者・職員計二十六人に重軽傷を負わせたという大量殺人事件です。戦後日本で引き起こされた殺人事件の中では、最大の殺害数で、日本中を震撼させました。そのような事件だったので、この犯行者には何らかの「精神異常」があったのだと指摘する人もたくさんいました。でも私はそうではないと思いました。彼は「**英雄主義（ヒロイズム）**」にどっぷりとつかっていたと私には考えられたからです。（強調は稲瀬）

さらに、村瀬学氏は、犯行前にとった特異な行動を紹介してゆきます。

というのも、彼は犯行の前に、「衆議院議長大島理森様」という手紙を送りつけて、そこで次のように書いていたからです。「この手紙を手にとって頂き本当にありがとうございます。私は障害者総勢470名を抹殺することができます。／常軌を逸する発言であることは重々理解しております。しかし、保護者の疲れ切った表情、施設で働いている職員の生気の欠けた瞳、日本国と世界の為と思い、居ても立っても居られずに本日行動に移した次第であります。（略）今こそ革命を行い、全人類の為に必要不可欠である辛さ（つら）い決断をする時だと考えます。日本国が大きな第一歩を踏み出すのです。（略）／私が人類の為にできることを真剣に考えた答えでございます。衆議院議長大島理森様、どうか愛する日本国、全人類の為にお力添え頂けないでしょうか。何卒よろしくお願い致します。

少々長くなりましたが、本事件の中心部分を村瀬氏が要領よくまとめて紹介していただいているので、引用させてもらいました。さて、皆さんここまで読んで、どんな感想を抱いたでしょうか。村瀬学氏のこの事件への見立ては、引用中にあったように、植松聖被告（村瀬学氏は元施設職員のAと実名を伏せて表記していますが、私は彼が現在被告人であることおよび事件の重大さに鑑み、敢えて実名で表記します。）を「英雄主義」にどっぷりとつかった人間として、いわば確信犯としてみていることがわかります。ここでいう「英雄主義」とは人々の「高み」に立って「国家」や「祖国」や「民族」を救うという目標を掲げ、その目標の実現のために障害となる人々や国々は、力で排除するという行動をとる人のことをいうと村瀬学氏は説明されています。（前掲書参照）

この村瀬氏の意見は傾聴に値するものがあろうかと思いますし、その他、この事件の本質をつかまんと様々な立場―専門家、関係者など―の人々が自らの見立てを行い、意見を表明しております。例えば、**『現代思想10　緊急特集　相模原障害者殺傷事件』**（青土社）や**保坂展人氏の『相模原事件とヘイトクライム』**（岩波ブックレット）を特に私は丁寧に読んでみました。それぞれ真剣に異様なかつ重大な事件の本質を探らんとことばを紡いでいました。その試みに敬意は払いつつも、正直言ってストーンと胸に落ちることばに出会えたというところまでには至りませんでした。

相模原事件をどう見るか―私の試み

この事件にどのようなまなざしを向けてゆくのが重要なのか。本件の何を問題としなければならないのか。ここをあやまてば、そこから導かれる結論はピントのずれたものになるのは必定。心してかからなければならないと私は思うのです。

私がこの事件の報道に触れた時、まず思ったことは、今までは正面切って問題視されるというところまでは至ってない、いわばタブー視されていたことが明るみに出てしまった。これは覚悟をもって現代日本に生きる全ての人間に大いなる挑戦がなされている。その挑戦の何たるかをしっかり見定めなければならないと思いました。それと同時に、**「あなたはこの事件に真剣に向き合うのかどうか」**という精神的踏み絵をされているようにも感じました。

自分がこの事件の見立てをしてゆく過程の中で、最終的なよりどころとなったのが他ならぬ**クリシュナムルティの教え**でありました。結論を言えば、相模原事件に真に対決することのできるまなざしからの見立てを形成できるのは、クリシュナムルティの教えではないのか、という気持ちが日に日に強まってゆきました。

正当な問いは、植松聖被告が犯行に及んだプロセスをどう見るか。大島理森衆議院議長あての手紙を熟読してみて、そこに植松被告の精神を条件づけ、それを行動に転化していった経緯をできうる限り正確に純粋に見抜くことができるかどうか。ここが分水嶺となるのではないかと思うのです。

植松聖被告に根付く**「優生思想」**をどうすれば論破してゆくことができるか、これが論者の意見が収れんしてゆくところにあるもの。しかし、これは冷静に見つめれば、植松聖被告と同じ土俵に上がって、勝負するに等しいのではないか。なぜなら、植松聖被告の「障害者排除論」に至る思考の、前提から始まり、植松聖被告なりの論理の階段を上がりながら結論に達してゆく、この一連の「思考の流れ」を通して生み出された結論に視線は投げかけられるものの、障害者を亡き者とする考えを持つにいたったのは他ならぬ**「思考そのもの」**のもつ根源的な性質にある、この**「思考の正体」そのものに真っ直ぐなまなざしを向けてゆく試み**は私の知る限り、これまでのところ**見聞していない**のです。要するに、過去の知識を元手に、欲望をエンジンに思い考えてゆくプロセスの中で、**「優性思想」が生まれてくる可能性はある**という見立てが冷静にできるかどうか。それは「優性思想」そのものの善し悪しを論じてゆく前に、「優性思想」をも生み出し得る可能性として、我々人間の脳内に機能として植えこまれている「思考現象」を引き起こす力の存在に、まず第一にしっかりとまなざしを向けなければならないということではないか。そして、クリシュナムルティの教えの真髄の学びの中で見てきたように、ものごとをトータルにとらえ全体的な視野に立つことは思考レベルでは無理であり、断片化を免れることはできないということ。つまり、いかなる思考の産物といえども、万人を納得させることは難しく、実は思考及びその副産物としての様々な想念にはたえず間違いがつきまとっており、だから極めて慎重に対処することが不可欠だということ。断片化のあるところ対立は不可避であり、その方向ではいつまでいっても平行線。同じ土俵ではダメと言う意味はそこにある。このことを思うにつけ、今回の本件に対する論の方向性として、「思考そのもの」に向っていったものはほとんどなかったという事実は、思うに驚くべきことではないか。私たちは改めて、日本という国の中で生きてゆく中で、思考＝考えてゆく行為のまさにそのど真ん中で起こっていることの正体に気づくことなく、思考と日本語ということばで織りなす世界の根本的欠陥について、自覚しない状態で生きていることを図らずも露呈している状況下にあるのではないでしょうか。

今回の事件を見てゆくポイントは、惨劇をもたらした**植松聖被告の精神に生み出された「思考現象」そのものの欠陥を見ることができるかどうか。**別言すれば、**「思考の正体」**を純粋なまなざしを向けて見抜くことができるかどうか。ここにかかっているのではないか。そのことに真に気づくことができれば、思考を万能とはしない、特に**心理的領域**に係るものとして生み出された思考は**すべて否定**してゆく、ことばをかえるならば**思考から自由**の身となることが大事ということ。

それができたとき、**思考からではない、慈悲と英知にみちた行動**が生まれてゆく。そう、これはクリシュナムルティの教えの真髄として共に学んだ五回シリーズの最後のところでたどり着いたものだったですね。このことを思い起こしてみてください。この一連の流れをしっかり見据えることができるかどうかが厳しく問われている、と私は思うのです。

そんなことできるものかとさじを投げれば元の木阿弥。今まさに悪行にのぞもうかと思っている人に法律は根本的なところで無力なもの。その方向ではなく、自分の思考に気づくことにより、その思考を消滅させる、あるいはその思考から離れることができる可能性が人間にはある、との深い洞察力があるのではないか。
犯行の瀬戸際にある当人をして**犯行に待ったをかけさせる**のは、**人を殺せば死刑または無期懲役といった極刑に処せられることへの恐れなのか、**それとも**今まさに自分がやろうとしている行為の何たるかに気づくことなのか。**むつかしい問題ではあるが、私は後者の方に光を感じます。皆さんどうでしょう。

このことからしてもやはり教育の根本である「自己教育」が大事と言えるのではないか。幼少時より、思考の働き、その限界に深く気づく行為をしてゆけば、それぞれの行動の場で、事に直面し、思考からの行為ではなく、全的に気づく行為から自ずと出てくる行為にかける道が求められてくる場合が少なからずあるのではないか。だから、今回の植松聖被告の犯行は残念でならない。

もう一度言います。「生」と共に条件づけられていった植松聖被告の精神がその条件づけをはずすチャンスはなかったのか、最後の望みはそこしかない。しかしそれは確率的には限りなくゼロに等しい。だからこそ**教育の力は偉大**なのであろう。人の命をあやめないという絶対の不文律、心理的に他人に攻撃的な気持ちが生まれ、それをさらに思考で練り上げてゆくことを全否定してゆく精神のドラマが果たす役割は大きいのではないでしょうか。

この「思考の正体」をつかんでゆく教育をうける期間に習熟するのとしないのとでは、後々の行動に大きな違いが生まれるのではないか、ということを不幸な本件から真剣に学ばなければならないと思います。

あの日から今日に至るまで、相模原事件を学校教育の現場で、はたまた家族、地域社会でどれだけ真剣な話題として、共に自分の問題として考えてゆく取り組みがなされたのだろうか。こういうときこそ、国の教育に責任をもつ文科省は問題の真の所在探索に本腰を入れていただきたい。**クリシュナムルティの教**

えがそのことに光を投じてくれていることは疑えません。

単なる凶悪事件として**自分とは関係のない事件**として忘れ去ってゆくのか、**自分と関係のあるところが必ずやある**との認識に立って、真剣な考察に乗り出してゆくか。クリシュナムルティが言うように事態はいろいろな意味で「切迫している」(『ブッダとクリシュナムルティ』)ことは間違いないと思います。さあ、あなたはどのような行動にでますか。それはすべての人の問題。**「あなたが、世界である」ということの具体的な意味だ**と私は確信します。

今回の痛ましい事件を、一人一人が自分のこととして考えて行く道は、日頃の自らの思考=考えてゆくプロセスへのあるがままのまなざしを向けてゆくこと。その地道な取り組みを通してでしか、**善意の花が咲く社会**は生まれてくることはないように思います。

問いの矢は「思考法」ではなく、「思考そのものの性質」へ

正直、このぐらいのことばで本件の本質にあるところのものを抉り出すことは難しいと思います。ただ、今一度強調しておきたいのは、数々の識者や本件の関係者の発言を見ておりまして気づくことがあります。それは、**そうした発言が「障害者に生きる価値はなく、社会のために抹殺されるべきだ」という優性思想やヘイトクライム(憎悪犯罪)に対抗できる思想や考え方をどう打ち出してゆくか、という発想に傾斜している**のではないかということなのです。

この流れは、先にも少し触れましたが、植松聖被告の頭に根づいた思想を打ち破る**別の思想を作り出すという方向へとエネルギーを向ける**ことになってしまうことを意味しているわけです。これは、クリシュ

ナムルティの教えを学んだ者から言わしめれば、**真っ先にストップ**をかけなければならない事態ではないでしょうか。これまで、共に見てきたように、思考である限り、ものを考えてゆく段階である限り、その先にあるのは、すべての人々を納得させるバラ色の世界ではなく、互いに自分達の論の優越性を主張し合ういばらの道が待っているということではなかったでしょうか。

そのことは、今回の悲惨な事件にも当てはまることだと思います。ちょうど料理の達人でも、たとえフグという魚に毒があるという知識がない段階であったとしても、毒のあるフグを使えば、極上のフグ料理を作ろうとしても、毒を抜かなければ客人は食べどころが悪いと死に至ってしまう。この事態を前に、達人は自分の料理法が悪かったと思うだろうか。それはおかしな話だよね。即座に「食材のフグに問題があったにちがいない」と疑ってゆくでしょう。

そして、フグに毒があるということに気づいたら、それから後は毒を抜いて料理に励むことになるでしょう。料理と全く同じように考えることは用心しなければなりませんが、「思考」問題もこのフグにまつわる話が参考になるのではないでしょうか。要は**思考法（思考の善し悪し）**ではなく**思考そのもののもつ性質へのまなざし、気づき**が大切ではないかということです。

「思考」してゆくこと、これは私たちの「生」に欠かせないことですが、とりわけ**心理的領域の世界**のことについては、たえず**「待てよ、これで果たして大丈夫か」**と自らに疑問を呈してゆく。特に、教育期間のうちに数々の経験の場を与えて、思考から自由となる経験を積むことが重要となると思われます。それが将来の行動を支え、導く力となるのではないでしょうか。**「あなたが、世界である」**という、クリシュナムルティの教えの結晶ともいうべきことばに込められた思いは、今を生きるすべての人々の内面深くに浸透し、責任ある行動の大切さを**自ずから気づく**ことを促すでしょう。それなしには、多くの人々からなる社会の中で、グローバル化の進む世界の中で、生涯を貫く芯が形成されてゆくのは難しいと思います。

クリシュナムルティの人生・教えに思う―エマソンの随筆『円』に重ねて

長きにわたった本授業もいよいよ最終盤にさしかかって参りました。最後は、十四回にわたって共に見てきたクリシュナムルティの生涯、そしてその教えと、それを学んだ私たちとの関係に思いを馳せてゆきたいと思います。

その試みを行うに際し、私が最近の読書の中から気に入った**エマソン（1803-1882, 米国の哲学者、作家、詩人）**の随筆『円』の中に記されていた印象深いことばをここに引きたいと思います。エマソンは言います。

人生は、拡大し続ける円である。それは目に見えないほど小さい輪から、勢いよく全方向に広がって新たなより大きな円に至り、終わることがない。このように輪の外へ外へと更なる円をどれほど生み出せるかは、個人の魂が持つ力や真理に依存する。［・・・・・・］いずれの最終的な事実も、新たな一連の事実の始まりでしかない。［・・・・・・］**われわれには、外部も障壁も外周もない。**人が自分の物語を終える。――なんとすばらしいことか。なんと決定的なことか。物事のあり　方をなんと一新することか。〔ところが、〕見よ。あちら側ではまた〔別の〕人が立ち上がり、われわれが球の輪郭だと断言したばかりの円の周りに円を描く［・・・・・・］明日の思考には、あなたの信条のすべてを、あらゆる信条を、民族の文学のすべてを、覆す力がある。［・・・・・・］人々は、次の時代の予言とし

て歩む。（強調ローティ、冨田恭彦『ローティ』より転載、ただし一部省略）

右の文章は、哲学者の**冨田恭彦氏（1952〜）**の著書**『ローティ』**において、哲学者**リチャード・ローティ（1931〜）**が、自分の論文「プラグマティズムとロマン主義」の中で、エマソンの随筆『円』から引用したものを掲載していたものです。冨田恭彦氏は、引用した右の文章の後に、「エマソンのこの言葉から、それが、私たち自身が限りなく自らを成長させ、次の世代にとっての出発点となるという、ローティ的精神の表現そのものであることを見て取っていただけると思います」と述べています。

私は、冨田恭彦氏のことばにうなずきつつも、この魅惑的な文章をクリシュナムルティの生涯とその教えに引き付けて読みました。

一八九五年五月十一日にインド・マダナパールで産声を上げ、**一九八六年二月十七日**にアメリカ・カリフォルニアでその生涯を閉じたクリシュナムルティ。その生涯と教えそして行動に思いを馳せる時、浮かんでくるのはクリシュナムルティの人生の旅路の節目となる出来事の数々。一九〇九年のインド・ベンガル湾での発見、ベサント夫人の養子となり、来るべき神智学協会の指導者となるべく最愛の弟ニティヤとヨーロッパ遊学の旅、そして約十年の歳月を経てインド帰還、一九二二年アメリカ・カリフォルニアのオーハイ渓谷での神秘体験・「プロセス」の開始、最愛の弟ニティヤの死、一九二九年の「星の教団」解散宣言、そして一自由人として半世紀を超える世界への対話人生。

ざっとクリシュナムルティのエポックとなる事態を時系列で振り返ってみるに、解散宣言以後の遥かなる対話人生の行脚の旅へ向かう前の準備期間においては、同じエマソンの次なることばに呼応するかの如き**「状態の上昇」**（＝一連の段階や移行期を通過する意味）とも言える変容を遂げていったのではないかと思われます。

「魂の進化は、直線の動きによって表現されるような漸進的変化ではなく、卵から虫へ、虫から蝶へという変態によって表現されるような**状態の上昇**である」（強調は稲瀬、『老いること』より転載）

クリシュナムルティがその生涯を賭けて拡大し続けた円の大きさはいかばかりであろうか。無論、それは誰もわかりはしないでしょう。しかしながら、インドを生誕の地として始まった世界を股にかけた遥かなる語りの人生は、エマソン言うところの全方向に拡がりゆく無限の運動の中にあったのではないでしょうか。物事のあり方、それまでの常識化した人々の見方・考え方に精神的一撃を行く先々で与え続けた、まさに一新し続けた人生ではなかったかと思います。そしてクリシュナムルティは自分の物語をその死によって終えました。

エマソンは一人の物語は終わっても、また、別の人間が立ち上がってくる、そこに希望を見出していますが、クリシュナムルティの死の数日前の人生回顧として「クリシュナムルティの教えを生きた人は誰もいなかった」（『クリシュナムルティの生と死』参照）と心情を吐露しています。人類未踏の領野に踏み込んでの孤高の仕事がいかにいばらの道であったのか。そしてクリシュナムルティは自らに正直な人であったのだと実感します。でも、この峻厳《しゅんげん》なことばは、**「人間の道はそれだけ嶮《けわ》しく奥深いものであるよ」**とのクリシュナムルティからの厳にして慈なることばと受け止めたいと私は思うのです。

クリシュナムルティは、その圧倒的存在感でもってその歩みをあまたの人々の前に示しながら、後に続く私たち、そして未来の地球人への予言者として生きたのではないかとつくずく思います。

「あなたが、世界である」からの出発

紛れもなく、大きな円を描いて風の如くこの世から去っていったクリシュナムルティ。現在という時を刻々と生きている私たちは、クリシュナムルティを始めこれまで地上に生まれ、生き、そして死んでいったすべての人間達が描いていった円の周辺にどのような円を描いてゆこうとしているのか。それはどんな状況下にある人間にも求められていることであり、すべては個人の「生」の在り方にかかっていると言えるでしょう。これから長い人生の旅路を歩んでゆかなければならない皆さんの前途には、無論何が待ちかまえているかわかりません。でも、どんな時も自分の心の奥底に「人間とは何か」、「自由とは何か」、「平等とは何か」などの基本的・根本的な問いを抱き、**自己教育の歩み**を止めることなく、人の身体的精神的差異を見据えつつ、様相を異にする人間の生の状況をまるごととらえた、**包括的人間観**を模索してゆく「生」の尊さに思いを馳せていただきたい。*i　そして、その思いを日々の人間関係を通して表現してゆこうではありませんか。その際にきっと、これまで十四回に及んだ**クリシュナムルティの学び**が役立ってくれると信じます。授業を通して学んだ二十世紀が生んだ稀有な哲人・**クリシュナムルティの「生」とその教え、行動は、**いつも「私たち自身の日々の、時々刻々の**〈生〉を見つめよ!**」、と励ましてくれることでしょう。そして**「突破口は必ずそこにある」**、と熱き思いと共に背中を押してくれるに違いありません。

私は第一回目の授業で、**「あなたが、世界である」（You are the world）**との簡潔なことばにこめら

れた真実を、ことばの本当の意味で個人個人が気づいてゆく試みの中に、教育の未来、そして人間の未来がかかっていることを、本授業を行ってゆきながら皆さんといっしょに得心してゆけたらと心から願っています、と本授業への思いを告げておりました。今、授業を終えてゆく中にあって、このことばに直面しての思いはきっと、最初と今では大きな開きがあるのではないでしょうか。それが「学び」の証ではないでしょうか。

最後になりますが、仏典の「盲亀の浮木」の譬《たと》え*ii にもありますように、松山大学のこの教室で、毎週木曜日、皆さんとまみえながら、クリシュナムルティに学ぶ時間を持つことができたことは**奇跡**と言っても過言ではない出来事でした。人生行路を歩む中での貴重なこの出会いに心底感謝しつつ、以上を持ちまして**「二十世紀の哲人・クリシュナムルティの人生・教えを鏡として」と題しての授業を終わります。**

皆さん、どうも有難う。お元気で、さようなら。

*i　今からかれこれ三十年も前に、**「包括的人間観」**、すなわちいかなる生の状況にある人も排除しない人間の包括的なとらえ方の提唱をされていたのが村瀬学氏であった。氏は、『「いのち」論のはじまり』（JICC出版局）の中でこう述べておられた。「**『考言歩としての人間』**は**『規範』**によって生き、**『生食―死としての人間』**は**『倫理』**によって生きる。こうして『規範』によって創られる人間像と、『倫理』によって創られる人間像は違ってくる。前者は社会で通用し、流通させられる人間像であり、後者は生活の中でひっそりと温められてゆく人間像である。特に病む人間、障害をもつ人間の増えつつある時代の中で、『考言歩としての人間』『規範にそう人間』だけが唯一の人間の規準とされる教育界、心理、精神医学界、そして社会一般に対して、**それに抗しうる人間像は、以上の『倫理』として現れる人間像をつきつめるとこ**

ろからしか見えてゆかないような気がしている。」味読すべき卓見であると思う。（強調は稲瀬）

*ii

仏教の経典に「盲亀の浮木」の譬えがある．大海に住んでいる盲目の亀が百年に一度だけ水面に浮かび上がってくる。その折にたまたま流れ漂っている木に亀が遭遇することも難しいが、その木の穴に亀が入ることができるのもきわめて希な出来事である。これは、仏の教えに遭うことがきわめて希で難しいことをいったものだという。（菅野盾樹『人間学とは何か』産業図書より）

エピローグ――「危機」の時代を生き抜くために

今は、劇場支配人の心境なり

「本文を書き上げた今の心境は？」、と仮に問われれば、「劇が上演され無事終わって内心ほっとしている劇場支配人のようなものなのかな」と答えたいです。『クリシュナムルティとの木曜日』の本書のタイトル通り、毎週木曜日に人生劇場の舞台に上がってもらった主役クリシュナムルティ、そして脇を固める関係者の方々との交流を軸に、**クリシュナムルティの存在、そこから発せられる魂のことばを傾聴してゆくことに全力を注ぎました。**そして、演出家（筆者）のこころに時空を超えた精神世界からこだました、かつてこの世に住みし人々、そして現存している方々が発したことばとの交感も織り交ぜながら、一幕ずつ上げ、観客（読者）の皆さんに、人生劇場を御覧いただき、最後の幕、十四幕を降ろすことができました。

ここまで、お付き合いいただいた観客（読者）の皆さんにまずもってお礼を言いたいと思います。実際の劇場では、劇後、劇場支配人の方から観劇に対するお礼のことばが何らかの形で述べられるのでしょうか。私も、それにならって立場の異なる観衆（読者）の皆さんへ、思いを簡潔にまずは告げることからエピローグ、すなわち終わりの始まりとしてゆきたい。

そしてこれは蛇足ですが、エピローグは本来余韻を漂わす意味合いのもの、余り長くならないのが通常でしょうが、お名残り惜しいということも人の情の常。その点、お含みの上、今しばらくお付き合いを。

松山大学の受講生の皆さんへ

まずはこちらの皆さんへお礼を言わなければならない。本書は、私が松山大学に赴き、教育学の講座を受け持たなければ出来上がらなかったことは間違いありません。その意味で、**松山大学そして2017年度並びに2018年度の二年間（後期、教育学Ⅱ）を受講してもらった延べ約三百名の松山大学の学生の皆さんにまずもって感謝したい。**受講生の皆さんは、授業者である私との共有の時間を通して、そこから多種多様な授業後の感想をしたためてくれました。その一部を巻末に掲載させていただきました。掲載に際しては、あらかじめ了承を得ていないこと、この場をお借りしてお断りをいたします。クリシュナムルティに関する私の手探りの授業に対して、真摯に受け止めてくれて正直私も予想だにしなかった視点からの感想を書いてくれた人も少なからずいて、大変勉強になりました。とかく「今の若者は・・・」と言われて久しいですが、今回の貴重な経験を通して、私自身「どっこい若者はしっかり物事を考え、これからの人生の諸事について真剣に悩みながらも前向きに生きようとしている」ことを、感想文を通して、また授業中の態度から直に感じることが出来たことは大きな喜びでした。本書は、実際の授業を下に、全体を再構成し、内容を吟味しつつより深い「クリシュナムルティ理解」に利するよう力を尽くしたつもりです。受講してもらった学生の皆さんは、実際の授業を思い起こしながら、本書を読み込むことでより理解の**深度を深めて**もらえれば嬉しいです。

日本に住まう若者の皆さんへ

次に私が思いを告げてゆくベクトルの先にある方々は、松山大学の他の学生の皆さんを始め、日本に住まう若者の皆さんです。

本書は、より善き「生」を目指すために日頃から考え、行動してゆかなければならないことを、哲人クリシュナムルティの人生、教えを大いなる「鏡」としつつ読者の皆さん、とりわけ明日の日本を背負ってゆかなければならない若者の皆さんが、人生を過ごしてゆく上でエネルギーをかけて見つめてゆかなければならない事柄に直面していってもらいました。**社会から退却することなく、現代という難しい時代を生き抜いてゆく**ために、**クリシュナムルティが半世紀を超えて見続けた世界**を、**皆さん自身も真摯に見つめてゆく行為の大切さを実感**していってもらえたなら嬉しい限りです。

北条高校、宇和島東高校の卒業生の皆さんへ

次にまなざしを向けてゆきたい人達は、私がかつて校長として務めさせていただいた、私が在職当時の愛媛県立北条高等学校と同宇和島東高等学校の卒業生の皆さんです。（二〇一三年度から二〇一六年度）校長として、計四年間にわたり、始業式、終業式を始めとする学校行事、そして各年度のクライマックスとも言える卒業式などで、全校生徒の皆さんにはその都度思いの丈を語らせてもらったことは間違いありません。

ただ、一つ一つの場面での話は、いかんせん時間に制約があり、十分な話の展開というところまでは正直いかなかったのかなと時々振り返ったりしています。その意味で、本書完成まで書き続けたエネルギー源の一つとして、ちょっと長い、いや随分長い**「追伸」**を私が面と向かった両校の卒業生の皆さん一人一人に届けたいという思いで、ことばを紡いでいったことも事実であります。両校の教え子の皆さんは、私のここ

ろの中に大事にしているものを本書を読み進めながら感じ取ってもらえれば大変嬉しく思います。

教師の皆さんへ

三十六年間にわたって、愛媛県の県立学校等の教職員として働かさせていただいた私にとって、同業者として日夜奮闘しておられる愛媛県を始め全国の教員の皆さんへも、当然の如く私の思いのベクトルは、真っ直ぐに向かっています。

本文の中でも触れましたように、クリシュナムルティは、教師という職業に特別の思いを抱き、意義を見出しておりました。無論、職業に貴賤はありませんが、子どもの健やかな成長のために、日常的に保護者以外で、最も身近な存在たる教師の影響力は実に大きなものがあると思います。

社会がめまぐるしく変動している中にあって、どのように子どもたちを導いてゆけばよいか、正直苦悩している先生方も多いのではないかと想像します。先生方の今後の教育活動に、拙書がどのくらい役立つことができるのか、定かではありません。でも、拙書を通して、**クリシュナムルティという一つの大きな光源**からことばとなって発せられた無数の光線は、必ずや「今」を子どもたちと共に生きる教師の在り方を明るく照らし出してくれているに違いありません。ぜひとも、十二回、十三回のみならず、全編を通して、**「いのちの輝き」と「教育」との関係への新たな視座**を持つきっかけに拙書がなってもらえれば大変嬉しく思います。

縁あって同時代に生きている皆さんへ

最後は、縁あってこの日本に、そして同時代に生きている皆さんへ、私の思いを伝えたい。本文中に記しましたが、私のクリシュナムルティの世界への扉を開いてくれたヘンリー・ミラーの『わが読書』中の「クリシュナムルティ」の文章との出会いのようなものを、私のことばが全体として読者の皆さんにもたらすなど、おこがましくて申すことは到底できません。しかしながら、私も今日まで、実質約一年クリシュナムルティと改めて向き合い、そこからことばを紡いでいった過程が十四回のそれぞれの文章の中に表されていることは疑えません。私から発せられたことばとの交感を通して、皆さんのこころに、精神に、脳髄に、**「一つの閃光」**が起こり、それまで見ることができなかった、気づくことができなかった世界へ、皆さんが誘われてゆくきっかけとなるものが現れ出たならば、望外の幸せであります。

ことば感覚を錬磨しつつ、危機の時代をいかに生き抜いてゆくか

ここで私は、本文を終えての余韻を楽しむというエピローグの通常の意味合いとは異なる方向へ、エピローグの終わりに向けてまなざしを向けてゆきたいと思います。

私は、最近**『連続講義　現代日本の四つの危機―哲学からの挑戦』**（講談社選書）という一冊の刺激的な本に出会うことができました。この本は、**「知」**、**「ことば」**、**「いのち」**、**「戦争」**という、人間の根幹に関わる四つの危機に私たちは直面しているという見立ての下、日本を代表する十二人の哲学者たちが、危機の本質を照射し、打開策を探る連続講義を一冊の本にまとめたものです。

私がここで、この本のことを持ち出したのは、思考のエキスパートである哲学者たちが、「危機」という

まかり間違えば、日本の国そのものの存亡にかかわる事態がより具体的な相として私たちの目前に現れ出つつあるという大局的な認識を共に抱いているということ。このことは、すべての日本人が、現代という時代を生きてゆく上で、浮ついた心情に陥ることなく、自らの足元から見つめ直してゆくことが急務になっている、と警鐘を鳴らしてくれているのではないかと思ったからなのです。

ここは、この本の内容について詳しく解説してゆくことを主眼とする場面ではありませんが、先程提示した四つの危機はそれぞれが互いに関係の糸を紡ぎながら全体として私たちを取り巻いており、私たちはそれらの渦中にあるとの認識に共著者のみなさんが立たれているところが注目すべきところではないかと思います。

因みにこの連続講義のナビゲーター役の齋藤元紀氏は四つをめぐる危機をこう概観しています。

「知」は今、崩壊の危機に瀕している。インターネットやパーソナル・メディアの発展により「知」のグローバル化が加速し、大量の情報が流通しつつも、それにより「ことば」の重みが急速に失われつつある。暴力的、抑圧的な**「ことば」**が横行し、そのことへの非難の声が出されるも、私たちの**「いのち」**が不当な「危機」に晒される事態も生じている。そして極めつけは、「いのち」はおろか、生死を越えて存続すべきものすら破壊しつくす決定的な「危機」が**「戦争」。**私たちは目下、そうした「戦争」の「危機」の前夜を過ごしているのではなかろうか。（強調は稲瀬、『連続講義　現代日本の四つの危機―哲学からの挑戦』）P14要約）

齋藤氏は、現代日本の「危機」の具体相を的確にしかも簡潔に描いているのではないでしょうか。私も、この見立てに深く共感するものの一人ですが、ここでは四つのうち、**「ことば」の問題**にフォーカスして、現代日本の「ことば事情」について少し考えてみたいと思うのです。

私がここでまなざしを向けてゆきたいのは、「ことば」をいかにことの本質と測り合えるほどの深さをもって発するか、という問いに込めた思いなのです。クリシュナムルティのことば観については、本文第六回を中心に、縷々《るる》見てきました。その中で、「ことばは物自体ではない」という、簡潔にして紛れもない事実に依拠してクリシュナムルティが「ことば」と「物・事」との関係へ、透徹したまなざしを向けていたことを思い出していただけると思います。

森羅万象の世界へ深く深く―「奇跡」ということばの深みから

本文中に記したように、クリシュナムルティは膨大なことばを費やして、世界中のあまたの人々を自由なる世界へ誘ってゆくという、果てし無い前人未到の仕事をしてこの世を去りました。森羅万象の世界に肉薄してゆく上で、ことば感覚を日々錬磨してゆくことの大切さを強調していたのも他ならぬクリシュナムルティでした。

独りよがりのことばを使うことが人間社会では許されない以上、後は、有限なことば一つ一つの持つ表情をいかに豊かなものとするか。クリシュナムルティの苦闘は、まさしくことばとの苦闘であったと改めて感じます。クリシュナムルティは有限で、人間に共通の道具であることば一つ一つに豊かな表情、豊かな意味、豊かな気づきを与えてゆきました。ことばへの向き合いは、ちょうど詩人のそれと重なるところが大いにあったのではないかと思うものです。詩人こそは、ことばの新たな意味、表情、味わいを見出そうとすることを生業としている人でしょうから。

私がそのことを強烈に意識したことを一つお話ししておきましょう。それは、**「奇跡」**にまつわる話です。十四回の終わり、つまり本文の最後のことばとして私は、仏典の「盲亀の浮木」の話を例示して、受講生の皆さんとの出会いは、まさに「奇跡」とも言える類のものであった旨の話をして、それだけに大切なものと考えたいと心情を吐露しました。そのことには何の嘘偽りもありません。

しかしながら、日々変転してゆく中にあって、ことばとの出会いも予期せぬものがあります。詩人の長田弘氏の**『奇跡—ミラクル』**(みすず書房)を手に取ったとき、そっと「あとがき」の中に、長田氏が記した次のような素敵なことばを見つけました。

「奇跡」というのは、めったにない稀有な出来事というのとはちがうと思う。それは、存在していないものでさえじつはすべて存在しているのだという感じ方をうながすような、心の働きの端緒、いとぐちとなるもののことだと、わたしには思える。日々にごくありふれた、むしろ**ささやかな光景のなかに、わたし(たち)にとっての、取り換えようのない人生の本質はひそんでいる。**それが、物言わぬものらの声が、わたしにおしえてくれた**「奇跡」の定義**だ。(強調は稲瀬)

人間の感受性の深さ、繊細さが長田氏の滋味豊かな「ことば」によって浮かび上がっているのではないでしょうか。一つの「ことば」の意味の深度は本当に測りがたいものがあることを、「奇跡」という「ことば」をめぐる長田氏の定義を通して気づくことができるのではないでしょうか。一事が万事、この経験から何を学ぶか、ここが大切なのだと思います。

安倍首相の新元号「令和」決定に関わる談話のことばを傾聴して

長田氏がそうであるように、私たちも一人一人が一個の人間として、日々世の中で飛び交い、発せられていることば」を**虚心坦懐に傾聴**してゆくこと。ここがいつも**出発点**となるであろうとの思いで、私は、四月一日に行われた**「平成」**に変わる新元号の**「令和」**決定に関わる**安倍晋三首相**の**国民全体に向けた談話**をいつも以上に注目して、一言も漏らさず**傾聴**しました。

安倍首相は長きにわたって日本の総理大臣として、日本の命運を握る最高責任者の重責に就かれており、日々の重圧は測り知れないものがあることは想像に難くありません。この度の新元号の自らの談話発表という行為には、国のリーダーとして、次代への切なる思いを自ら直接国民全体に向けて語らねばという、強い思いを感じました。新元号について、**「人々が美しく心を寄せ合う中で文化が生まれるという意味が込められている」**との説明は、画面からその真摯な思いは十分伝わるものでした。おそらく多くの日本人が、安倍首相が膨大なことばの山の中からいかなることばを選択しつつ、新元号「令和」に託す思いをどのように語られるのか、少なくとも四月一日に日本中で発せられたことばの中では、最も注目、傾聴されたことばであったに違いありません。

私は、安倍首相のことばを傾聴してゆく上で、一つの譲れない基本軸を頭の中に立てておりました。それは、日本国の首相として、安倍首相は現代日本に住む、**多種多様な人々が生きている「生」**―例えば病気、障害に苦しんでいる人々、災害復興に毎日を必死に生きている人々などが生きている「生」—、苦境にあえいでいる少なからざる人々の「生」に寄り添うような姿を、ことばにして述べられるかどうか、というものでした。安倍首相は自民党の総裁でもあり、自民党という一つの政党に所属している身ですが、日本国の舵取り役として、一億数千万人の命運を預かる最高責任者としての地位に在られることが、まずもって一義的に、安倍首相のことば、行動を国民が見てゆく場合の基本となることは多言を要さないでしょう。

このような観点を確認しつつ、安倍首相の談話内容について全体として虚心坦懐に傾聴し、その意味するところを熟考してみた時、残念ながら全面的にもろ手をあげて賛同するわけにはいかない箇所が、あの日の談話の「ことば」の中にはあったというのが正直な思いです。

その箇所にしぼって述べてみたい。この度の「令和」という新元号の典拠は、国書である万葉集から初めて選んだということ。そしてその理由を「万葉集が天皇や皇族から農民まで、身分にかかわらず幅広い層の人の歌が収められていること」を挙げられ、**「一人ひとりの日本人が明日への希望とともに、それぞれの花を大きく咲かせることができる。そうした願いを込めた」**（強調は稲瀬）と強調されました。

「明日への希望、それぞれの花を大きく咲かせる」、これらのことばは、一般的、常識的には大多数の国民からは、プラス価値としてとらえられ称賛されるものであると言えましょう。しかし、注目すべきことは、**「一人ひとりの日本人が」**が、安倍首相の新元号「令和」にかかる願い表明の主語に位置付けられているという点です。「一人ひとりの日本人が」という以上、このことばが表す意味の全体像は何か。ここは、単にことば尻を捉えているのではなく、ことの本質に関わることとの認識をもたなければならないところです。このことこそ、この場面、クリシュナムルティから学んだものごとの**本質直観力**（ものごとのあるがままをとらえる力）を発揮しなければならないところであると思うのです。つまり、この箇所の安倍首相の発言に懐疑的にならざるを得ないのは、**一人ひとりの日本人すべてが、明日への希望や、花を大きく咲かせることのできる環境、状況に果たしてある、と言えるのか、**という点にあります。ここは、ぜひとも、真剣に問わなければならないことの本質にあるところのものだと思うのです。このことへは、援軍を頼んだわけではないのですが、例えば、哲学者の**田島正樹氏（1950〜）**の次なることばが、時空を超えて、安倍首相の先のことばへ鋭く反応していると私には強く思えます。

　どんな議論が為されようと、どんな政権ができようと、マスコミが何を騒ごうと沈黙を守ろうと、何十年たっても、何百年たっても、福島の石棺の廃墟が不気味な姿をさらし続けることだけは明らかである。それは、未来の夢を語ろうとする一切の「前向きな試み」や、過去を清算して未来に向かって歩み出そうとする「建設的努力」を、すべて徒労のものではないかと感じさせる「重力の霊」のささやきとして、我々すべての人々の心に重く、さらにいっそう深く垂れこめ続ける影となるだろう。

　災害から力強く立ち上がる人々もいるだろうし、早くも復興に動き始めた街もあろう。それはそれで大いに結構なことである。しかし**それがすべてではない**。**二度と戻らぬ街並み**も、**二度と立ち上がれない人々**もいる。すでに老齢化が進んでいた地方で取り残された人々にとって、**いつか復興するという希望が何の救いになろうか？**　むしろ彼らにとっては、失われた思い出の日々を、その鮮やかなまま記憶に刻むことの方が、いくばくかの慰めとなるだろう。二度と帰らぬものがあることを学ぶことも、人生の貴重な教訓である。（強調は稲瀬、『思想としての3・11』）

長い引用となりましたが、田島氏によって描き出される福島原発事故の言語に絶する悲惨な現実の重さを前に、その内実を詳細に知っておられるであろう安倍首相は、どのようなことばを、**一人ひとりの国民**である**地域住民の方々**にかけられるのだろうか。先に**「奇跡」**ということばをめぐって、ことばのもつ深度を探る試みをしましたが、この場面では、**「希望」**とか**「大きな花を咲かせる」**ということばのもつ拡り、深みを最大限考慮しつつも、それでもやはり、**「希望」**とか**「大きな花を咲かせる」ということばとは異なることばが求められているのではないか**、という思いを禁じ得ません。

このことに思いをめぐらす時、不思議と浮かんできたのがこの五月に亡くなられた評論家**加藤典洋氏（1948-2019）**のことばです。

ある言葉を使う、それを自分は何の気なしに使った。しかし、その言葉がある他者を傷つけた。そういうことが、よく言葉を使っていると起こってきます。（『言語表現法講義』）

ここは安倍首相の名誉のために言わなくてはならないと思いますが、安倍首相は政治家の職責上、そして何より首相としての重責に鑑み、「何の気なしにことばを使う」ということは、ありえないことだと思います。しかし、国民全体にことばを発してゆく中で、自らのことばが結果として国民の一部分にしろ**事実として傷つけたり**、国民の**ある層の方々の「生」の現状に届かない場合がある**ことにどれほど**自覚的であられるか**、ここは立場上厳しく問われるところではないかと思います。その意味で、精神科医にしてエッセイスト、名翻訳家などマルチの活躍を見せた**神谷美恵子氏（1914-1979）**がご自分が書かれた文章の後に、そっと次のことばを付記していたことの価値がクローズアップされるところではないかと私には思えます。

終わりに、視力を失った方や病苦の烈しい方に対してこの拙文の失礼をおわびしたい。

（『存在の重み』所収―ひと、本に会う―の文章の最後に記されていた一文）

ここまで、新元号「令和」にかかる安倍首相のことばにスポットを当てて見てきましたが、改めて**様々な状況下に生きている生身の一人一人の人間の胸に深く響くことばを発し、届けることがいかに至難のことであるか、**皆さんもそのことに思いを馳せていただいたのではないかと思います。

話の流れは、希望とか、花を咲かせるということばとは異なる世界へと踏み出そうとしているところですが、知能に重い障がいのある仲間たちの明るい笑顔が溢れている障がい者支援施設・止揚学園の設立者の**福井達雨氏（1932〜）**のことばが、そのことへの一つのヒントを与えてくれているのではないでしょうか。

私は知能に重い障害をもった人たちと共に四十数年間を生きてきて、〈この人たちを不幸にする社会は総ての者の不幸なんや。そやから、この地球に一日も早く『差別』という闇がなくなり、**生命あるもの総てが胸を張って生きられる光の場をつくり出すんや**〉と、行動してきました。（強調は稲瀬、『ゆっくり歩こうなあ』）

福井氏の肉声が聞こえてきそうな魂の叫び。ここには、甚大な災害によって苦しむ人々の生とはまた異質の生の存在が浮き彫りにされています。第十四回の授業の中で、私のパーソナルなことに触れましたように、自分には福井氏のことばがとりわけ胸に響いて参ります。繊細な感受性でもって、まなざしを子細に、**すべての人間の生のありのままの姿**に向けてゆくことにより、人間の生が**全体として抱えている闇**が明らかにされてゆくのではないかと思います。その辛抱強い行為と共に生み出されてゆく魂のことばを、私たち人間は、それぞれの時空間で、探り、それを他者に語りかけてゆく試みを、**まずは自分から試みてゆきたい**ものだと思います。

安倍首相におかれては、在任期間中、困難な国際情勢の中、そして課題山積する現代日本の舵取り役として、船長として、船から海面に落ちてゆく国民が出てゆかないよう、繊細なる精神でもって**すべての国民に届くことばの開拓**に尽力していただくよう、国民の一人として切にお願いしたい。

「危機」の時代を生き抜くために──夏目漱石の孤軍奮闘に学ぶ

さて、これまで安倍首相が「令和」時代への思いとして語られた「ことば」に正面から向き合い、クリシュナムルティの「あなたが、世界である」を胸に抱いて、私なりに意見表明する形でささやかながら紙面で実践してきました。

エピローグの終わりに向けて、先に紹介した本（『連続講義現代日本の四つの危機』）に今一度立ち返り、一人の人物の生き様、洞察力にしばしの間まなざしを向けてみたいと思います。その人物とは、私の郷里愛媛とゆかりのある、明治の文豪にして国民的作家でありました**夏目漱石（1867-1916）**です。

夏目漱石を話題として出されたのは、十二人の哲学者の一人で、**高田珠樹氏（1954〜）**です。因みに高田氏は、二十世紀最大の哲学書の呼び声が高い**『存在と時間』**を、著者である**ハイデガー（1889-1976）**に傾倒すること四十年にして、独力で訳業を達成された方です。（高田珠樹訳・ハイデガー著『存在と時間』は２０１３年、作品社より刊行。全編741頁。）高田氏は、現代日本の抱えている危機として①環境問題に表われる危機②資源枯渇の危機③近隣諸国との関係の危機④人口減少の危機⑤国際競争力低下の危機を主な危機として挙げられました。そして危機の話に吸い寄せられるかのように、高田氏がしばしば連想するのが夏目漱石の小説**『三四郎』**の初めのほうに出てくる、**「広田先生」**のことだというのです。

熊本高校を卒業し、帝国大学に入学するために汽車で遠路はるばる東京へやってきた三四郎が、間もなく東京に到着するというとき、たまたま列車に乗り合わせた風変わりな男が、「広田先生」でした。この「広田先生」が、「しかしこれからは日本も段々発展するでしょう」と言う三四郎に向って、ひとこと**「亡びるね」**というシーン。高田氏は印象深いこのシーンについて、さらにことばを連ねてゆかれました。「これは、おそらく日本が日露戦争に勝って、さあこれから自分たちは大国になっていくのだ、という高揚感がみなぎる中で、漱石が、むしろそこに何か**不吉な予感**を覚えていたことを示しているのだそうです。」（強調は稲瀬、同書）と。

日露戦争後、日本がどのような歴史を辿っていったか。読者の皆さんが御存知の通りです。高田氏もその後の歴史を概観されていますが、第一次大戦、日中戦争と、戦争という国家的事象の中に飲み込まれてゆく時代状況の進行、そしてあげくには太平洋戦争で国家存亡の危機に立たされることとなったわけです。１９０８年に刊行された『三四郎』での「広田先生」に託しての漱石の洞察力は、この一点においても、今にして思えば目を見張るものがあったと申せましょう。

ところで、漱石が文学の世界で孤高の戦いを挑んでいたことを鮮やかに描き出した評論に**伊豆利彦氏（1926-2017）**の**『夏目漱石』**（新日本新書）があります。本書の表紙には「近代日本の黎明期から第一次大戦へとすすむ時代の矛盾と対峙し、孤立をも恐れなかった知識人としての苦闘と、その大きな文学世界。新しい漱石像を、長年の研究をふまえて彫りあげる。」と、伊豆氏の描く漱石の世界への誘いのことばが記されております。期待にたがわぬ快著であり、全編を貫いて、多年にわたり漱石研究にいそしんできた伊豆氏ご自身の深い漱石愛を感じ取ることができ、おかげで豊かな読書の一時を過ごすことができました。伊豆氏は自らの漱石像を次のようなことばを添えてフィナーレとされています。

漱石は死の直前まで、**絶えず自己を新しくし**、**「人間」を押し続けて、新しい世界を切り開いて行こう**としました。けれども、ついに『明暗』の完結も、世界大戦の終結も見ることなく、ロシア革命の前夜にこの世を去りました。漱石の生きた時代は暗かったのです。しかし、**漱石は自分の命が若い世代に受け継がれ、新しい命となってよみがえる**ことを期待しました。また**遠く百年の後を思い、**自分の作品が後の世に生きて、社会全体の精神の一部となり、**時代を動かす力**となることを期待しました。こうして漱石は、死の直前まで病気と闘い続け、『明暗』の筆を運び続けたのです。（強調は稲瀬）

伊豆氏は、「漱石の精神を現代に受け継ぐ」ということは、**漱石の願いを実現する**ことです、と本書の「おわりに」の中で述べておられます。続けて漱石の願いを、「一人一人が自分自身を生かし、自己の真実に従って生きることが出来る、自由で平等な、本当に人間らしい民主的な社会を実現することです。」と力強い、烈々たる思いを込めて、さらにことばを紡いでいかれています。そして、「**一人一人が社会と歴史の主人であることを自覚し、**『羸弱なら羸弱なりに』（注・稲瀬：羸弱の読みと意味：［るいじゃく］身体が弱いこと）、自分の能力に応じて、自分らしく、自分を生かして、自分の出来ることをして行く必要があります。それを漱石はその生涯の戦いによって示しました。この本が読者にとって、そのような漱石を現代によみがえらせる契機になることが出来れば、著者として大変嬉しいと思います。」と結んでおられます。

漱石の生き様と漱石の熱い思いを現代に蘇らさんとする伊豆氏の願いは、私たちに強烈なインパクトを残してくれていると思います。それは拙書の主役とした**クリシュナムルティの生き様とも呼応し合う**ものが間違いなくある、と私は心底感じます。

危機の時代に突入したと言われる現代にあって、高田氏は、『三四郎』の「広田先生」のようなへそ曲りでなくても、大抵の人が、日本はこの先あぶないな、と漠然と感じている、日本はこの先だんだん衰えていく、ということを多くの人が感じている、と言われています。思うにこのことは、由々しき事態だと言わざるを得ません。

しかしながら、このような時代を被う抗い難い空気感の中にあっても、私たち一人一人に出来ることは、漱石が身を持って、文学の世界で示してくれたように、また伊豆氏が述べているように、一人一人が社会と歴史の主人公であることに真に気づき、そしてクリシュナムルティがその生涯を通して大いなる「鏡」となってくれたように、私たち人間に共通する精神世界の実相を日々辛抱強く、エネルギッシュに見続けてゆき、そのことに賭けてゆく。そこからの行為に信頼してゆく、そして仲間を、人間社会の連帯に信を置いてゆくことを、**一人一人が自分の生きる場で、自分に与えられた時間を使って実践してゆく以外に道は**

ないのではないか、と私は思います。

私の冒険の意味──アーレントのことばに触れて

ところで、私にとって自身今回で三冊目となる、クリシュナムルティに関する本を世に問うことの意味を改めて考えていた時に幸運にも出会った、ドイツ出身の女流哲学者**ハンナ・アーレント（1906-1975）**のことばはまさに天啓とも言えるものでした。ちなみにこのことばは、先の十二人の哲学者の皆さんによる現代日本の危機にかかる連続講義の講義者の一人であられた**矢野久美子氏（1964～）**のことばの中に引用されていました。

公共的領域への冒険の意味するところは、私にははっきりしています。一つの人格をもった存在者として、**公共的な領域の光に自分の姿をさらす**ことです。・・・第二の冒険は、**私たちが何かを始める**ということです。**関係性の網の目のなか**に、私たちが**自分の糸を紡いでいく**ということです。・・・この冒険は**人間を信頼すること**においてのみ可能である・・・根本的な意味であらゆる人間が人間的なものに対して信頼を抱くことです。そうでなければ冒険は不可能です。（強調は稲瀬、『アーレント政治思想集成1』三三三─三四頁、前掲書より転載）

矢野氏が引用されているアーレントのことばは、ユダヤ人女性として在る人間として、戦争の世紀の渦の中にどうしようもなく巻き込まれていった一人の人間という生の絶対条件を見据えてのことばであることを忘れてはなりません。でも、同時にこのアーレントのことばは、私のここ最近の生を振り返り、その意味を自分自身に一つの区切りとする思いへと導いてくれるものでした。

松山大学という公共的な領域にしばしの間ではありましたが、身を置くことにより、私は学生の皆さんの前に**自分の姿をさらす**こととなりました。それが私にとっての**一つの冒険**でした。そして、私はこの第一の冒険を下に、本を刊行する行為に乗り出すことにより、**不特定多数の方々との関係性の網の目のなか**に、**私自身の糸を紡いでいく**こととなったのだと思います。これはアーレントのいう**第二の冒険**に当たるのかと思います。この冒険が出来たのも、アーレントがいみじくも述べているように、**読者である皆さんへの信頼が大前提**であることに改めて感じ入る自分がここにいます。

本書執筆の最後の時期に矢野氏の導きでアーレントのこのことばに出会うことができたこと、本当に嬉しいものがありました。今となっては、私からの嘘偽りないことばが、一人でも多くの読者の皆さんのこころに届くことができるよう、願うばかりです。そして読者の皆さんお一人お一人の人生の冒険の一つのきっかけにこの機縁がなっていただければ、と祈念します。

感謝のことば

いよいよエピローグも終わりに近づいて参りましたが、ここでどうしても書き記しておかなければならないことがあります。それは本書を書き上げてゆく過程で、協力してくれた二人の私の大切な教え子である双子の**川﨑詩歩・美歩姉妹**のことです。二人は私が愛媛県の県立学校の教職員等として三十六年間勤務して定年退職した年（2017年3月）、私の母校でもある愛媛県立宇和島東高等学校を卒業した生徒でした。校長として、文武両道を旗印に学校経営に励みましたが、日常的には生徒の皆さんが、青春を賭け、懸命に部活動にいそしむ姿を見ることが楽しみでした。川﨑姉妹が所属する女子バスケットボール部の試合もよく応援観戦させてもらったものです。二人は毎日片道一時間二十分余りバスに揺られながら学校に通い、激しいスポーツであるバスケットボール部に所属し、三年間厳しい練習にも耐え、三年次には四国大会に出場を果たし、ベスト8にも輝きました。二人とも卒業後松山市内にある大学に進学し、詩歩さんが松山大学で私が担当する二〇一八年度教育学Ⅱ（後期）を受講するというタイミングもあり、詩歩さん、そして妹の美歩さん（愛媛大生）にも協力してもらい、モニター役をやってもらうことにしました。若い感覚が私の文章をどのように感じ取ってくれるか、知りつつ文章を練り上げてゆきたいとの思いからでした。毎回授業一回分を書き終えるごとに二人に原稿を渡し、読んでもらい感想をしたためて返してもらう。これを続けてゆくこと約一年。二人ともバスケットボール部で鍛えた粘りと精神力を遺憾なく発揮してくれ、毎回丁寧に読んでもらい、「なるほどな」と自然とうなずくような感想をよこしてくれました。寄せられた感想を参考にして、かなりの部分を書き直したことも。「川﨑姉妹に恥ずかしい原稿を読ますわけにはいかないぞ」、という思いが本書を書き上げてゆく一つの原動力となったことは間違いありません。ここに、**二人に心からの感謝の意を表します。**少しなりともクリシュナムルティに関する前の二作よりも読みやすくなっているとするなら、二人に負うところが少なからずあろうかと思います。

続いて、本書の表紙の線画及び第十回目の授業に相当する箇所の最初で、「脳」のイラストを画いてくれた、今から十年余り前の私の津島高校（教頭）時代の同僚であった、**美術教師・井上直美さん（現野村高校勤務）に感謝します。**「のどかな昼下がり、毎週木曜日にクリシュナムルティの世界へようこそ」、という私の思いをしっかり受けてもらい、素敵な線画にしてもらいました。また、クリシュナムルティの探究の主戦場であった「脳」のイラストも印象深いタッチで画いてもらいました。直美さん、どうもありがとう。

そして、何と言ってもクリシュナムルティに関する自身三冊目（因みに前著『池田晶子の言葉―小林秀雄からのバトン』を含めると計四冊）となる本書の出版をご快諾の上、**今回もひとかたならぬご尽力を賜りましたコスモス・ライブラリー代表の大野純一氏に深謝いたします。**氏の三十五年を超える長きにわたるクリシュナムルティの主著及び関連本の精力的かつ継続的な、膨大な訳業の恩恵にあずかることが出来なければ、そして出版社を立ち上げられなければ、前著と私の三冊のクリシュナムルティ本が世に出ることはまずなかったであろうとつくづく思います。これまでのご尽力に敬意を表しますと共に、多年にわたる変わらぬご温情に対し、改めて謝意を表します。クリシュナムルティ紹介への熱き思いに応えるためにも、本書が一人でも多くの皆さんに届けられますよう祈りたいと思います。

最後になりますが、本書完成に至るまで、我が家でできうる限り私に自由な時間を与え続けてくれた**妻・恵子と息子・雄太に感謝しつつ、本書を捧げます。**

二〇一九年六月

まもなく西日本集中豪雨から一年が経とうとしている被災地宇和島市吉田町にて

稲瀬吉雄

■受講生の感想から
――「二十世紀の哲人・クリシュナムルティの人生・教えを鏡として」と題する授業（松山大学・教育学Ⅱ〔後期〕）を受講して――

※それぞれの感想の後に、該当する学生の名前をイニシャルで付記しています。

〈２０１７年度〉　（受講者数　１７３名）

「この教育学Ⅱの授業は、自分と向き合い考える機会を与えてもらえた時間でした。・・・この授業で、一番強く思ったことは、稲瀬先生がクリシュナムルティに出会ったように、自分自身に新しい風を吹き込んでくれるような、もしくは自分が納得していけるような考えを持つ人との出会いがあるのかなと思いました。・・・人は長い人生において、常に探求していくことで、新しい自分を知り、成長していくのだと思います。そのたびに動き続ける心身の変化にしっかりと気づいていけたらいいなと思います。」（H・M）

「我々が生きるこの世での営みを、時々刻々余すところなく味わい尽くすことに全エネルギーを注いでいくこと。これは、いつどんなときでも広い視野で世界を〈見る〉ことが大切だということだと思います。そのように、全てに気づくことができたら、クリシュナムルティのように何事にも広い視野で見られるような、素晴らしい人材になれるのではないでしょうか。これから私は何者にでもなれると思います。クリシュナムルティの教えをこれからの人生に生かしたいです。」（U・M）

「私が最も印象に残った授業は、エネルギーの話だ。・・・私たちは日常生活において、他人を意識せず自己探求にエネルギーを全て捧げることができれば、〈今〉そのときを一番と考えることができ、さらなるエネルギーを生み出すことができるのである。私は、正直とても周りを気にするタイプである。将来はファッション関係の仕事に就きたいと考えている。私の仕事はお客様が他人に良いと思われるような人になるように見立てることである。人は常に誰かを意識していることを感じる。〝誰かに良く思われたい〟、〝誰かのようになりたい。〟これはこの広い地球の中で人間だけが持っている感情だと私は考える。それゆえ、比較したりされたりするのは当たり前のことであるとは考えるが、今回の授業を通して、それに流されすぎないようにすることが大事なのではないかと思った。」

（M・F）

「教育学の授業を第1回から第14回までうけてみて、私は教育に対する今までの考えを180度変えられました。また、世界教師として世界で多くの講演を行い、多くの人々を魅了してきた、クリシュナムルティというすばらしい人物を知ることができました。教育学の授業を履修していなかったら、きっとクリシュナムルティという人物に出会うことはなかったと思います。クリシュナムルティや先生と出会え、学ぶことが出来たのは人生の宝です。・・・私はまだ大学1年生で、夢は教育者のような立場の人間になりたいと思っています。・・・クリシュナムルティの教えや稲瀬先生から学んだことは、社会に出ても大切で生きていく上で忘れてはならないことだと思います。何が起こるか分からないこれからの人生、教育学で学んだ財産を心に、しっかりと生きていきたいです。私も先生のような教育者になれるよう頑張ります。」

（T・F）

「現在の社会で、クリシュナムルティの教えは、大変重要だと思う。現代社会において、多くの人々が現状に満足しきっているように思う。物事に対し、常識などに流される状態である。この現状の改善のために必要なのがクリシュナムルティのいう、自由な精神だと思う。社会の人々、一人ひとりが何事にも、疑いを持ち、各事象の真理に近づいていこうとすることが大事だと思った。今の現状に満足することなく、常に疑いを持って接することで、混迷を深める現代社会の改善につながると思った。クリシュナムルティの教えを忘れずに生かしていきたい。」

（K・T）

「これまで受けてきた授業の中で、最もおだやかであり、また力強い授業だったと思いました。資料を読みながらも自分自身と向き合える時間でした。資料の内容を自分自身にあてはめてみたり、特に、組織があることでその人にとって松葉づえ、弱点となってしまうという言葉が印象に残っており、今までの自分の人生の中でもそういうことがあったなと思いながら授業を受け、これからどうしていこうかと考えられる時間でした。・・・生きにくい世の中ではあるが、勇気を出し、私の人生を私なりに歩んでいきたいと考えています。」（U・O）

「〝関係性の鏡〟であったり、〝自由とは〟など、教えの真髄全てにおいて、自分の中身に問うということをクリシュナムルティは常にといていることに気付いた。全ては内的に導き出され外的なものにまどわされるなとそういうことを伝えたかったのではないかと理解している。自分自身を観察することによって分かる、目覚めることが多い、今の大学生に訴えかけるようなメッセージだと思った。」（M・T）

「私は3回生なので、3月からは本格的に就職活動が始まります。これからの自分の一生を決めていかないといけない大事な時になり、同時に社会へ出て今まで以上に不平等や不条理に直面していくようになります。私は自由についてやエネルギーについて、対話人生やその他多くの今回の講義で学んだクリシュナムルティの人生論や教育論は前向きになれるものが多いのではないかと思いました。これからの人生で壁に直面したとき、折れてしまいそうなとき、この教えも参考にしていこうと思います。後期の間、ありがとうございました。」（M・F）

「この現代社会を生きている中で、自分自身の意思ではなく多くのことを周りの環境や状態に流され、まるで空気のように暮らしているなと感じることがあります。しかし教育学Ⅱで、特にクリシュナムルティについて学んでいく中で真とは何か、自由とは何か、と考えさせられたような気がします。・・・結局のところ〝その人自身にある〟という解釈を私は持ったけれど、何をしたいか、何ができるか、どうありたいか、ということに重点を移せ！と言われているように思います。許された範囲内でもがいているだけの人生じゃなくて、他の人に頼らない、自分自身の足でしっかり立ち、その中に真理を見出していかなければならないことを教えてくれたように思います。・・・クリシュナムルティの言葉をもとに、自分から価値ある行動を始めたり意義ある行為をし、考えを受けとめれる自分の器を作っていきたいと思います。」

（K・M）

「教育学の授業で印象に残っている内容はたくさんあるのだが、私たちの日常生活においてエネルギーはなくてはならないものであり、私たちはそのエネルギーを日々浪費していることに気づいているだろうか。クリシュナムルティはそれに気づき、エネルギーによって様々な精神の本質を伝えたかったのではないだろうか。だから、クリシュナムルティは観察をすることによって、人の自らの思考の運動に気づいたのではないだろうか。エネルギーを高め、観察を行ったからこそ、クリシュナムルティは世界教師としての道を歩んでいけたのではないだろうか。」

（T・F）

「〝静かな精神〟は『気づき』の構造であり、人間変革には不可欠なものです。なぜなら、人間を変革するには、社会を変えるのではなく、人間の心を変えるということが重要だからです。あらゆるものに敏感になり、外面的のみではなく、内面的に起こっていることに気づくのも大切だと学びました。外側の変化にも内側の変化にも敏感であり、知ること、観察することが『気づく』ということだと私も思います。」

（M・H）

「私が〈教育学Ⅱ〉の授業を受けて特に印象に残った内容は、第2回の稲瀬教授が語った人生のターニングポイントとなったクリシュナムルティとの出会いについてである。・・・特に稲瀬教授にとってクリシュナムルティがそうであるように、特定の人や物が自分にとっての革命的な出会いであると自身が理解したことによって、それについて探究し、自身で発信することによって、自分の人生にとってプラスになってゆくからだ。稲瀬教授と大野純一氏との出会いが良い例えになる。クリシュナムルティと出会い独自に研究を進め、革命的な出会いを確実なものにすることで、大野純一氏と出会い、周りに発信することで、同じ意志をもつ人たちにも出会うことができる。・・・革命的な出会いがこれからあるのかどうか、とても楽しみになるような講義であった。」

（M・T）

〈2018年度〉　（受講者数　144名）

「最初、クリシュナムルティという一人の哲人、しかも彼のことを良く知らなければ、新興宗教家ではないかとすら思える人物を主題とすることに正直困惑した。しかし、彼の教えを一つの例、鏡とする捉え方は教育学という教科にふさわしい取り上げ方であったと思うし、教育という型にはまりやすい世界に一石を投じる考え方に触れることができたことは自分にとって良い経験であったと思う。」

（H・M）

「一番印象に残っているのは、人は言葉によるイメージに縛られているということである。先生は『注意』と『集中』という言葉の例を出し、講義してくださっていた。この2つの言葉だけを聞くと、『集中』の方が良いとも思えるが、私たちに大切なことは、全体に気を張りめぐらせる『注意』である。このお話は、私の言葉への考え方を変えた。私たちは常に言葉に頼っていて、結果的に本質は見えていないのだと感じた。この事実は衝撃的であったが、言葉には頼りすぎてはいけない、事実として受け止めてはいけないという考えを生むにつながった。」

（N・I）

「私が松山大学に入学し、教育学Ⅱで先生の授業を受けたことは、キセキの1つであると感じた。特に、最終回では、相模原事件のお話で先生のパーソナルな話まで聞くことができ、改めて事件の深層を考える機会ができた。このような出来事を風化させず、心の中に留めておきたい。クリシュナムルティの『虚偽を虚偽と見、虚偽の中に真実を見、真実を真実と見る』ということを、大事にしていきたい。周囲の固定観念に流されることなく、自分自身の目で見たものを信じて生きていくことは簡単ではないけれど、この授業で学んだように、自分自身を強く持ち、芯のある人生を送りたいと思った。」

（N・A）

「クリシュナムルティは孤独な人物です。彼は、非常に多くの人々に出会い、会話をした。けれども、彼は、彼自身を理解してくれる人についぞ出会うことはなかった。その寂しさはいかなるものであったか測りしれません。狂い、自殺していてもおかしくはなかったでしょう。・・・端的に申し上げます。この授業を通して、私はクリシュナムルティという人物がとても好きになりました。稲瀬教授が授業で題材として取り上げて下さったことに、クリシュナムルティを同じように好んだであろうあなた様の人生に感謝を。」（S・Y）

「教育学IIの授業を受けてクリシュナムルティという人間の対話人生について学べて本当によかったと思っています。稲瀬先生の講義はとても興味深く毎週木曜日が待ちどおしかったです。授業後に自宅でプリントを読み返していると読むごとに見方が変化していき、新たな気づき、発見を体感することができ、今までにない勉強ができました。教育学IIを受講することができて本当によかったと思っています。」（R・M）

「クリシュナムルティが何をしたのかと言うと、合理性を重んじる西洋人相手に、決して安易な宗教的な安心に着地させまいとしていたかのように感じた。筋が通った説明で安心するような人間の思索というものを徹底的に疑え、捨ててしまえと繰り返し説いている。要は、自分の『経験』をいかなる解釈、思考のフィルターを通さずに、つまりいかなる判断をすることなしに『経験』することが大切だということだ。それが『自分を知る』だということ。彼特有のいろいろな言葉の使い方があるのだが、仏教の哲理と重なる。彼が再三重視する『精神が静かになる』という境地は、仏教でいうところの『寂滅』とは『空寂』に近いものだと思った。」（M・I）

「『観察へのまなざし』のところで印象に残ったことは、〈見る者〉自身は見られないという言葉である。純粋な〈見る者〉、純粋な〈目撃者〉のうち静かにくつろぐとき、自分の姿は見られないのである。エゴや身体や心や自然は見ることができるが、これらは〈見る者〉の前を行進していくのであるから自身では見られないということが、私はすっと心に入ってきた。」（Y・I）

「週一回の教育学の授業で、大学の他の授業では学ぶことのできない色々なものを学ばせていただいている時間だと思っています。・・・私が特に印象に残った授業は、クリシュナムルティの神秘的体験についての授業です。クリシュナムルティの心身に起こったとされる現象は、私たちのような凡人が体験する領域を超えたものであると実感したため、懐疑的な感想をもちました。しかし、授業が進んでいくうちに、私自身の19年間の経験から培ってきた常識が覆されたといっても過言ではないほどの強い刺激を受けた時間であったと感じています。講義をしてくださっている先生の熱い言葉とニティヤやウォリントン氏など4人の目撃者の説得力のある報告書の事実。これらによって、この現象を自分に通ずるものとして向き合うことができたと思います。・・・これまでに私が知ることのなかったこの世の事実に出会うことが出来たこの授業は、確実に自分の経験の1つとして刻まれました。」

（S・K）

「最後に学んだ『何が本当の幸福なのかは、私が聴くすべを知るときにだけ明らかになるでしょう。私は苦しみに耳を傾けるすべを知らなければなりません。もしそうできるなら、私は幸福にも耳を傾けることができるのです。なぜなら、それがあるがままの私だからです』の言葉には感心しました。ずっと幸福であればいいけれど、本当に永遠に幸福であれば、幸福だと思えず、それすらも苦しみと感じてしまうかも知れません。苦しみがあるからこそ幸福を味わえるのだと思います。苦しみを拒絶することなく苦しみとして理解すべきだという考え方は圧巻でした。」

（M・A）

「私は教育学Iと教育学Ⅱを1年を通して学びました。教育学IよりもⅡはより深く、詳しく学ぶことができました。クリシュナムルティと稲瀬先生の考えや話を聞いて、私はこの学びをどう生かしていくのがいいだろう、と考えました。考えた結果、私は教師となり、教育学を通して学んだことを、次の世代へと教えることがいいと思いました。クリシュナムルティの人生論や教育論は後世に引き継いでいくべきだと思います。・・・難しくて自分だけでは理解できなかったことも、稲瀬先生が分かりやすく解説されていて理解することができました。これからの人生、稲瀬先生のように分かりやすく解説をしてあげられる先生（教師）になりたいです。そのために、今日からできることをしっかりやっていこうと思います。自分に将来の目標をくださったクリシュナムルティと稲瀬先生にはとても感謝したいです。本当にありがとうございました。」

（A・H）

「私が1番印象に残っているのは、『あなたが世界である。』というクリシュナムルティの言葉である。このように考えると、日々自分を見つめ直すことは世界を見つめ直すことになるのである。授業の中でも何度も『戦争』というワードが出てきた。現在、自分たちの見えないところでもこの瞬間にも争いは起こっている。自分には関係のないことのように思えるが、1人ひとりが『あなたは世界』というこの考えを持てばあっという間に争いなどなくなってしまうように思えた。ビートルズの楽曲の中にもあるように、私たちは『国』というイメージに縛られており、他国のことを関係のないことのように捉えている。私は今回の授業を通して、戦争は世界の全ての人類の自己の見つめ直し、考えの変化がなければ終わることはないと感じた。私もどこかで自分とはかけ離れたもののように感じていた。『鏡』として見つめ直すことが何事においても大切なことであると感じた。」

（N・I）

「生きることは教育現象という言葉を聞いた時、若い時にやっておけなどということは限定的かつ無意味に感じ、社会の中で生きて生きながら、学びを深めることが大切なんだと全ての授業を通して思いました。また、私は人がどれだけうわさしていること、他人の知識など、自分が見たもの以外信じることができない性格であるため、第4回のクリシュナムルティの反逆の精神も印象に残りました。授業を通して、数奇な人生を送ってきたクリシュナムルティの存在を知り、クリシュナムルティの人生論を学ぶことができ、貴重な講義でした。」

（M・T）

「本当に興味深い授業でした。クリシュナムルティという哲学者は、他の人が持っていないようなすばらしい考え方を持っていた人だと思いました。常に彼は〝自我の正体〟について追求していました。私はこの授業で『もしかすると私は自分のことを独力で救うことができるのではないか』とさえ思えるようになりました。彼の教えのキモは、『思考する人』の発見です。・・・彼が発見した考え方は「思考」が苦痛の原因なのではなく、『思考』のプロセスにおける『分離』が苦痛の原因である、というものでした。その『分離』とは『思考する人』と『思考』の間にわずかな分離がある時、それがありとあらゆる苦痛の原因にあることを彼は見抜いたのです。私は、健康問題や経済、人間関係などが苦痛の原因だと考えていましたが、結局のところはそれらが問題ではなく、それらの問題に対する自分自身の『思考』に原因があることがわかり、その通りだなととても感心しました。」
（Y・F）

「私は、完全な否定＝情熱の最高の形態ということに興味をもった。確かに『否定すること』は、何かを追い求めているが故の行動であり、何も追い求めず、自分自身の判断を所有していない者はすべてを肯定する、または肯定も否定もしないと思った。・・・私にとって、物事の否定というのは、マイナスのイメージがあった。根拠を否定し、真実の否定につなげていく。それは誰かの考えを否定するということで否定はマイナスだと考えていた。しかし、否定したことを通じ、『わたしは何をすべきか？』と考えるならば、存在の問題全体に鋭敏になり理解し始めるということを学び、否定は必ずしもマイナスになる訳ではなく、プラスにもなり得ると分かった。・・・私クリシュナムルティの教えの真髄のように、真実を求めるために、否定を行っていきたい。そして、慈悲と英知としての愛というものを知りたい。」
（A・I）

「私が後期・教育学Ⅱの授業で特に、印象に残った事柄は、先生が『クリシュナムルティは対話において、相手がいかなる専門用語、偉大な人物の言葉を引用したとき、それはあなたの言葉では無いと断じた』と仰ったことである。このことは、教育学という授業のなかで、大きな意味を持つのではないだろうか。最近の教育に関するニュースは、生徒が教師にメッセージを発しても、それを理解してもらえぬまま、自らの命を絶つというような非常に胸の痛くなるものが散見される。その背景には、教師に限らず、子どものことばを対話において理解すべき大人の対応が、専門用語やマニュアルの引用に固まってしまっていることがあるのではないだろうか。人間がその生命を賭して発するメッセージを、注意深く、自分の言葉によってのみ解釈し、対話する。このことこそ、こどもに向き合い、話を聞くということではないだろうか。教師でも生徒でもなく、ただの人として向き合い、対話すること。それが、私の教育学Ⅱを通して特に印象に残った内容である。」
（H・M）

「クリシュナムルティの語る言葉の中には、人間のあるべき姿や自然の美しさが感じられ、彼の文章を読む度、まるで魂にエネルギーが注ぎ込まれているような感覚を味わえる。彼の中にある澄みきった世界から物事の本質を理解する能力、虚心な状態で自然と向き合った姿勢を自分のものにしていくために、学んでいきたいと強く感じるのだ。・・・人のあり方、本質を学び、自分自身と向き合うことで、自分自身を愛することができる。さらに、他者への理解を深めることができ、より豊かな心へと良い方向へ変化できるのだ。教育という学問によって、人は本当の意味での人間へなるのだと理解することができた1年間であった。」

（N・S）

引用文献

本書を執筆するにあたり、クリシュナムルティ本人が書いた本を中心に、先達からも多くのことを学ばせていただきました。以下、その中から、本書中に直接引用させていただいたものを三つに分類して、引用順に出典を載せさせていただきました。心より感謝いたします。

■クリシュナムルティ自身の著作

J・クリシュナムルティ『自由と反逆――クリシュナムルティ・トーク集』（大野龍一訳、コスモス・ライブラリー、二〇〇四年）

J・クリシュナムルティ『時間の終焉』――J・クリシュナムルティ&デヴィッド・ボーム対談集』（渡辺充訳、コスモス・ライブラリー、二〇一一年）

J・クリシュナムルティ『生と覚醒《めざめ》のコメンタリー2――クリシュナムルティの手帖より』（大野純一訳、春秋社、二〇〇五年）

J・クリシュナムルティ『変化への挑戦――クリシュナムルティの生涯と教え』［DVDブック］（大野純一監訳、柳川晃緒訳、コスモス・ライブラリー、二〇〇八年）

J・クリシュナムルティ『クリシュナムルティの神秘体験』（おおえまさのり監訳、中田周作訳、めるくまー

る社、一九八五年）
J・クリシュナムルティ『境界を超える英知：人間であることの核心――クリシュナムルティ・トーク・セレクション①』（吉田利子＋正田大観訳、コスモス・ライブラリー、二〇一七年）
J・クリシュナムルティ『真理の種子――クリシュナムルティ対話集』（大野純一他訳、めるくまーる社、一九八四年）
J・クリシュナムルティ『生と覚醒《めざめ》のコメンタリー1――クリシュナムルティの手帖より』（大野純一訳、春秋社、二〇〇五年）
J・クリシュナムルティ『ブッダとクリシュナムルティ：人間は変われるか？』（大野純一監訳、正田大観＋吉田利子訳、コスモス・ライブラリー、二〇一六年）
J・クリシュナムルティ『私は何も信じない――クリシュナムルティ対談集』（大野純一編訳、コスモス・ライブラリー、一九九六年）
J・クリシュナムルティ『自由とは何か』（大野純一訳、春秋社、一九九四年）
J・クリシュナムルティ『生の全体性』（大野純一＋聖真一郎訳、平河出版社、一九八六年）
J・クリシュナムルティ『伝統と革命――J・クリシュナムルティとの対話』（大野純一訳、コスモス・ライブラリー、二〇一三年）
J・クリシュナムルティ『英知のターニングポイント――思考のネットワークを超えて』（神咲禮監修、大野純一監訳、渡辺充訳、彩雲出版、二〇一〇年）
J・クリシュナムルティ『静かな精神の祝福――クリシュナムルティの連続講話』（大野純一訳、コスモス・

ライブラリー、二〇一二年）
J・クリシュナムルティ『知恵のめざめ――悲しみが花開いて終わるとき』（藤仲孝司＋小早川詔訳、UNIO、二〇〇三年）
J・クリシュナムルティ『既知からの自由』（大野龍一訳、コスモス・ライブラリー、二〇〇七年）
J・クリシュナムルティ『生と覚醒《めざめ》のコメンタリー3――クリシュナムルティの手帖より』（大野純一訳、春秋社、二〇〇五年）
J・クリシュナムルティ『真の瞑想：自らの内なる光――クリシュナムルティ・トーク・セレクション②』（吉田利子＋正田大観訳、コスモス・ライブラリー、二〇一七年）
J・クリシュナムルティ『静けさの発見：二元性の葛藤を越えて――クリシュナムルティ著述集・第4巻』（横山信英・藤仲孝司・内藤晃訳、UNIO、二〇一三年）
J・クリシュナムルティ『英知の教育』（大野純一訳、春秋社、一九八八年）
J・クリシュナムルティ『生と出会う――社会から退却せずに、あなたの道を見つけるための教え』（大野龍一訳、コスモス・ライブラリー、二〇〇六年）
J・クリシュナムルティ『生と覚醒《めざめ》のコメンタリー4――クリシュナムルティの手帖より』（大野純一訳、春秋社、二〇〇五年）
J・クリシュナムルティ『未来の生』（大野純一訳、春秋社、一九八九年）
J・クリシュナムルティ『瞑想と自然』（大野純一訳、春秋社、一九九三年）
J・クリシュナムルティ『アートとしての教育――クリシュナムルティ書簡集』（小林真行訳、コスモス・

ライブラリー、二〇一〇年）
J・クリシュナムルティ＋A・W・アンダーソン『生の全変容』（大野純一訳、春秋社、一九九一年）
J・クリシュナムルティ『自己の変容――クリシュナムルティ対話録』（松本恵一訳、めるくまーる社、一九九二年）
J・クリシュナムルティ『スタンフォードの人生観が変わる特別講義――あなたのなかに、全世界がある』（中川吉晴訳、PHP、二〇一三年）
J・クリシュナムルティ『インド、アディヤル、神智学協会本部に於ける講話　一九三二年―一九三三年』（高橋重敏訳）

■クリシュナムルティ関連文献（伝記その他）

イーブリン・ブロー『回想のクリシュナムルティ第1部：最初の一歩・・・』（大野純一訳、コスモス・ライブラリー、二〇〇九年）
イーブリン・ブロー『回想のクリシュナムルティ第2部：最後の一歩・・・』（大野純一訳、コスモス・ライブラリー、二〇一〇年）
メアリー・ルティエンス『クリシュナムルティの生と死』（大野純一訳、コスモス・ライブラリー、二〇一三年）
『クリシュナムルティの世界』（大野純一著編訳、コスモス・ライブラリー、一九九七年）
G・ナラヤン『知られざるクリシュナムルティ』（玉井辰也訳、太陽出版、二〇一五年）
アリエル・サナト『クリシュナムルティとは誰だったのか――その内面のミステリー』（大野純一＋大野

龍一訳、コスモス・ライブラリー、二〇〇五年）
『クリシュナムルティの会会報・第5号【追悼特集】』（クリシュナムルティの会、一九八六年）

■クリシュナムルティ関連以外の文献

江口克彦『凡々たる非凡——松下幸之助とは何か』（H&I、二〇一七年）
ミッチ・アルボム『モリー先生との火曜日』（別宮貞徳訳、NHK出版、一九九八年）
モリス・シュワルツ『モリー先生の最終講義——「死ぬこと・生きること」』（松田銑訳、飛鳥新社、一九九七年）
大田堯＋山本昌知『ひとなる—ちがう・かかわる・かわる』（藤原書店、二〇一六年）
『美感遊創　第一八四号』（サントリーウェルネス、二〇一七年）
小山俊一『プソイド通信』（伝統と現代社、一九七七年）
堀川惠子『永山則夫——封印された鑑定記録』（岩波書店、二〇一三年）
鶴見俊輔『教育再定義への試み』（岩波現代文庫、二〇一〇年）
ヘンリー・ミラー『わが読書—ヘンリー・ミラー全集11』田中西二郎訳、新潮社、一九六六年）
『天声人語——2010・4・16』（朝日新聞朝刊、二〇一〇年）
吉本隆明『背景の記憶』（宝島社、一九九三年）
会田雄次『決断の条件』（新潮選書、一九七五年）
長谷川宏『ことばへの道——言語意識の存在論』（勁草書房、一九九八年）
河本英夫（『〈わたし〉の哲学——オートポイエーシス入門』（角川選書、二〇一四年）

高村光太郎『高村光太郎詩集』（岩波文庫、一九八一年）
大岡信『ことばの力』（花神社、一九七八年）
オルダス・ハクスレー『永遠の哲学――究極のリアリティ』（中村保男訳、平河出版社、一九八八年）
谷川俊太郎＋松本美枝子『生きる』（ナナロク社、二〇〇八年）
岩田慶治『自分からの自由―からだ・こころ・たましい』（講談社現代新書、一九八八年）
鷲田清一『〈折々のことば〉2015.10.28』（朝日新聞朝刊、二〇一五年）
監修／山本信『高等学校公民科用教科書「倫理」』（教育出版、一九九五年）
ジュディス・フーバー＋ディック・テレシー『3ポンドの宇宙：脳と心の迷路――心の科学から魂のニューフロンティアまで脳をめぐる革命的発見』（林一訳、白揚社、一九八九年）
マックス・ピカート『われわれ自身のなかのヒットラー』（佐野利勝訳、みすず書房、一九六五年）
山崎正和『リズムの哲学ノート』（中央公論新社、二〇一八年）
デヴィッド・ボーム『ボームの思考論――知覚を清め、洞察力を培う』（大野純一訳、コスモス・ライブラリー、二〇一六年）
井筒俊彦『禅仏教の哲学に向けて』（野平宗弘訳、ぷねうま舎、二〇一四年）
長谷川宏『いまこそ読みたい哲学の名著――自分を変える思索のたのしみ』（光文社文庫、二〇〇七年）
デカルト『方法序説』（谷川多佳子訳、岩波文庫、一九九七年）
小林秀雄『考えるヒント2』（文春文庫、一九七五年）
長田弘『すべてきみに宛てた手紙』（晶文社、二〇〇一年）

村瀬学『〈言視舎 評伝選〉 鶴見俊輔』（言視舎、二〇一六年）
浜田晋『心をたがやす——シリーズ 生きる』（岩波書店、一九九四年）
竹内敏晴『教師のためのからだとことば考』（ちくま学芸文庫、一九九九年）
木村元他『教育学をつかむ【改訂版】』（有斐閣、二〇一九年）
遠山啓『教育問答 かけがえのない、この自分』（太郎次郎社、一九七八年）
永井均『これがニーチェだ』（講談社現代新書、一九九八年）
山崎正和『新装版・自己発見としての人生』（TBSブリタニカ、二〇〇〇年）
古東哲明『現代思想としてのギリシア哲学』（ちくま学芸文庫、二〇〇五年）
古東哲明『ハイデガー＝存在神秘の哲学』（講談社現代新書、二〇〇二年）
三浦雅士『孤独の発明』（講談社、二〇一八年）
渡邊二郎『自己を見つめる』（放送大学叢書、二〇〇九年）
『愛媛新聞朝刊・2018.11.7』（愛媛新聞社、二〇一八年）
『withnews.jp 2018.8.18』（朝日新聞社、二〇一八年）
河合隼雄『こころの処方箋』（新潮文庫、一九九八年）
幸田露伴『努力論』（岩波文庫、二〇〇一年）
M・メルロ＝ポンティ『見えるものと見えないもの』（滝浦静雄＋木田元訳、みすず書房、一九八九年）
渡邊二郎『はじめて学ぶ哲学』（ちくま学芸文庫、二〇〇五年）
小林秀雄『私の人生観——わが人生観８』（大和出版、一九六九年）

中井久夫『いじめのある世界に生きる君たちへ――いじめられっ子だった精神科医の贈る言葉』（中央公論新社、二〇一六年）
大森荘蔵『流れとよどみ―哲学断章―』（産業図書、一九八一年）
村瀬学『「君たちはどう生きるか」に異論あり！――「人間分子観」について議論しましょう』（言視舎、二〇一八年）
『現代思想10　緊急特集　相模原障害者殺傷事件』（青土社、二〇一〇年）
保坂展人『相模原事件とヘイトクライム』（岩波ブックレット959、二〇一六年）
冨田恭彦『ローティ――連帯と自己超克の思想』（筑摩書房、二〇一六年）
村瀬学『「いのち」論のはじまり』（JICC出版局、一九九一年）
菅野盾樹『人間学とは何か：哲学教科書シリーズ』（産業図書、一九九九年）
『連続講義　現代日本の四つの危機―哲学からの挑戦』（齋藤元紀編、講談社選書メチエ、二〇一五年）
長田弘『奇跡―ミラクル―』（みすず書房、二〇一三年）
『讀賣新聞4月2日（火）朝刊第1面』（讀賣新聞社、二〇一九年）
『思想としての3・11』（河出書房新社編集部編、河出書房新社、二〇一一年）
加藤典洋『言語表現法講義――岩波テキストブックス』（岩波書店、一九九六年）
神谷美恵子『存在の重み：エッセイ集2――著作集6』（みすず書房、一九八一年）
福井達雨『ゆっくり歩こうなあ――愛のこころで出会いたい』（海竜社、一九九五年）
伊豆利彦『夏目漱石』（新日本新書、一九九〇年）

■著者：**稲瀬吉雄**（いなせ・よしお）
1956年、愛媛県に生まれる。1981年、愛媛大学法文学専攻科修了。在学中にクリシュナムルティの存在を知り、その教育観に心を打たれ、教職の道へ進む。36年間愛媛県の県立学校等の教職員として勤務、2017年3月、愛媛県立宇和島東高等学校長として定年退職。退職後、愛媛県立宇和島南中等教育学校・初任者研修指導教員並びに松山大学非常勤講師（教育学担当）に就き、現在に至る。約40年間、クリシュナムルティ研究を継続。個人誌『クリシュナムルティの世界』編集・発行〔創刊号（1996年）―第10号（1998年）〕
著書:『新しい精神世界を求めて―ドペシュワルカールの「クリシュナムルティ論」を読む』(コスモス・ライブラリー、2008年)、『クリシュナムルティ―その対話的精神のダイナミズム』（コスモス・ライブラリー、2013年)、『池田晶子の言葉―小林秀雄からのバトン』(コスモス・ライブラリー、2015年)

クリシュナムルティとの木曜日
一生をつらぬく自己教育のヒント

2019年7月14日　第1刷発行

発行所　㈲コスモス・ライブラリー
発行者　大野純一
〒113-0033　東京都文京区本郷3-23-5　ハイシティ本郷204
電話：03-3813-8726　Fax：03-5684-8705
郵便振替：00110-1-112214
E-mail：kosmos-aeon@tcn-catv.ne.jp
http://www.kosmos-lby.com/
装幀　河村　誠
カバー挿画　井上直美
発売所　㈱星雲社
〒113-0033　東京都文京区水道1-3-30
電話：03-3868-3275　Fax：03-3868-6588
印刷／製本　シナノ印刷㈱
ISBN978-4-434-26345-3 C0011
定価はカバー等に表示してあります。

「コスモス・ライブラリー」のめざすもの

古代ギリシャのピュタゴラス学派にとって〈コスモス Kosmos〉とは、現代人が思い浮かべるようなたんなる物理的宇宙（cosmos）ではなく、物質から心および神にまで至る存在の全領域が豊かに織り込まれた〈全体〉を意味していた。が、物質還元主義の科学とそれが生み出した技術と対応した産業主義の急速な発達とともに、もっぱら五官に隷属するものだけが重視され、人間のかけがえのない一半を形づくる精神界は悲惨なまでに忘却されようとしている。しかし、自然の無限の浄化力と無尽蔵の資源という、ありえない仮定の上に営まれてきた産業主義は、いま社会主義経済も自由主義経済もともに、当然ながら深刻な環境破壊と精神・心の荒廃というつけを負わされ、それを克服する本当の意味で「持続可能な」社会のビジョンを提示できぬまま、立ちすくんでいるかに見える。

環境問題だけをとっても、真の解決には、科学技術的な取組みだけではなく、それを内面から支える新たな環境倫理の確立が急務であり、それには、環境・自然と人間との深い一体感、環境を破壊することは自分自身を破壊することにほかならないことを、観念ではなく実感として把握しうる精神性、真の宗教性、さらに言えば〈霊性〉が不可欠である。が、そうした深い内面的変容は、これまでごく限られた宗教者、覚者、賢者たちにおいて実現されるにとどまり、また文化や宗教の枠に阻まれて、人類全体の進路を決める大きな潮流をなすには至っていない。

「コスモス・ライブラリー」の創設には、東西・新旧の知恵の書の紹介を通じて、失われた〈コスモス〉の自覚を回復したい、様々な英知の合流した大きな潮流の形成に寄与したいという切実な願いがこめられている。そのような思いの実現は、いうまでもなく心ある読者の幅広い支援なしにはありえない。来るべき世紀に向け、破壊と暗黒ではなく、英知と洞察と深い慈愛に満ちた世界が実現されることを願って、「コスモス・ライブラリー」は読者と共に歩み続けたい。